焦小婷 ◎著

非裔美国作家自传中的存在性焦虑研究

A Study of the Existential Anxiety in the Autobiographies of
AFRICAN AMERICAN
WRITERS

科学出版社
北京

内 容 简 介

本书以存在主义心理学为理论背景，探究了十位非裔美国作家自传中的存在性焦虑，展示了其"我只身前行，却仿佛带着一万雄兵"的孤勇和顽强的生命力。道格拉斯努力寻找价值、道德感，诺瑟普为奴 12 年竭力求生存，赫斯顿从未放弃超越、创造自我，休斯用写作应对焦虑，布克在事业中体现个人价值，赖特在困境中完善人格，马尔科姆玩世不恭却也志存高远，杜波依斯以大理想应对万变人生，安吉洛以长风破浪之势升扬生命勇气，戴维斯以大情怀为弱者谋未来。在焦虑、抑郁、精神内耗侵蚀人类生活的今天，读者可以借助这一群体的勇气和智慧，找到通往自己的路。

本书适合文学专业研究者做学术参考，也可满足普通读者的阅读期待。

图书在版编目（CIP）数据

非裔美国作家自传中的存在性焦虑研究 / 焦小婷著. --北京：科学出版社, 2024.8. --ISBN 978-7-03-079168-9

Ⅰ. K837.125.6

中国国家版本馆 CIP 数据核字第 202436K6A3 号

责任编辑：付　艳　卢　淼　贾雪玲 / 责任校对：王晓茜
责任印制：徐晓晨 / 封面设计：润一文化

科 学 出 版 社 出版
北京东黄城根北街 16 号
邮政编码：100717
http://www.sciencep.com
北京建宏印刷有限公司印刷
科学出版社发行　各地新华书店经销
*
2024 年 8 月第　一　版　开本：720×1000　B5
2024 年 8 月第一次印刷　印张：14 1/2
字数：230 000
定价：99.00 元
（如有印装质量问题，我社负责调换）

自　序

　　荣格说过："每件促使我们注意到他人的事，都能使我们更好地理解自己。"（转引自李夏旭，2021：17）这应该是本书最大的出发点之一。

　　笔者在 2017 年出版了《非裔美国作家自传研究》，书中广泛讨论了十几位非裔美国作家自传文本的思想性、文学性和道德感染力。随着阅读的深入，这些自传文本中的焦虑主题慢慢系统性、多元化地凸显出来。由于非裔美国作家众所周知的集体历史创伤和种族文化情结，他们的生命故事共享着相近甚至相同的存在性焦虑：在物质层面对命运和死亡的焦虑，在精神层面对空虚和无意义的焦虑，以及在道德层面对自责和内疚的焦虑。尽管其焦虑的形式、内容和特征在个体生命里表现各异，但作家们皆借力焦虑，表达自我，理解自我，呼唤自我，疗愈自我，且依凭勇气对抗焦虑，进而实现了各自人格的独立，并张扬出勃勃的生命力。笔者不禁感叹，在那样逼仄的文化环境里，作者们何以能活得如此神采飞扬、理直气壮！这正是笔者动念写本书的起因。

　　"每一本好书都是一本自助书籍——它能帮助读者通过书中所反映的内容，理解他自己和他自己的体验，获得关于他自己个人整合问题的启发"（梅，2008：2），存在主义心理学家罗洛·梅（Rollo May）如此说。的确，重新走进这些自传文本，笔者仍会被传主们跌宕起伏的生命故事所感染，除了形象、意象的鲜活生动，更有其透过文字传递出来的爱、温度，甚至心跳，也时时被他们的大无畏和不言弃的精神所感动。不管是木讷、寡言、敏感的，还是活泼、开朗、风趣的，不管是理性的，还是感性的，也不管是热烈的，还是冷酷的，他们人格的魅力、思想的灵动、澎湃着的生命激情，以及那些诗性的语言文字，都让笔者感受到深入内心的共鸣和灵魂共振，理解了什么是执着、信念、永恒、生与死等。

　　也许，笔者未曾从他们的经历中抽离出足够多的真理，提取足够多的智慧，但在焦虑、抑郁、精神内耗侵蚀人类生活的今天，希望读者们可以选择自觉地走近这些闪光的灵魂。人类的命运千差万别，但人性始终没变，他们距离我们并不遥远；如果我们不主动接近，或许他们永远在那个模糊的彼岸。本书所讨论的这群作家是一些被生活雕刻出棱角的人。他们那些饱满而热烈的生命故事，也许无法给我们提供生活中的所有答案，但一定会给我们带来某些智慧之光。让我们像他们那样，勇于突破生命中不能承受之重，去热爱生命，拥抱生活，再造意义。

岁末年初之际完稿，感触良多。在此，郑重地表达我的感激之情。

感谢河南大学外语学院提供的科研支持。

感谢科学出版社责任编辑常春娥老师前期的鞭策，更感谢后期付艳、贾雪玲两位编辑老师的悉心审阅和更正。她们一丝不苟的工作态度和耐心让我常常为自己文字中的一些错误或疏忽深感惭愧。

感谢我的先生和女儿，他们的支持和关爱是我学术生命永远的后盾。

感谢我的学生们，他们提供的学术信息或是在学业上的主动努力，都给我提供了可贵的支持和帮助。

最后，我要感谢书中的传主们！他们的生命故事，始终穿越时空地影响着我的生活！

是为序。

焦小婷

2023 年 12 月 25 日

目 录

自序

绪论 ……………………………………………………………… 1

第一章　弗雷德里克·道格拉斯的存在的勇气 ……………… 11
　　引言 …………………………………………………………… 11
　　第一节　在命运和死亡的焦虑中找勇气 …………………… 12
　　第二节　在空虚和无意义的焦虑中找价值 ………………… 20
　　第三节　在内疚和自责的焦虑中确立道德观 ……………… 23
　　结语 …………………………………………………………… 27

第二章　所罗门·诺瑟普的生命样态 ………………………… 29
　　引言 …………………………………………………………… 29
　　第一节　诺瑟普的生活感受 ………………………………… 30
　　第二节　诺瑟普的生活勇气 ………………………………… 35
　　第三节　诺瑟普的生命能量（生命力） …………………… 40
　　结语 …………………………………………………………… 44

第三章　佐拉·尼尔·赫斯顿的自我寻求 …………………… 45
　　引言 …………………………………………………………… 45
　　第一节　妈妈的孩子出生了 ………………………………… 46
　　第二节　妈妈的孩子在长大 ………………………………… 49
　　第三节　妈妈的孩子在流浪 ………………………………… 52
　　第四节　妈妈的孩子在挣扎 ………………………………… 54

第五节　妈妈的孩子在创作 …………………………………… 57
　　第六节　妈妈的孩子在言说 …………………………………… 61
　　第七节　妈妈的孩子走了 ……………………………………… 65

第四章　兰斯顿·休斯的生命之"海" …………………………… 66
　　引言 ……………………………………………………………… 66
　　第一节　种族隔离与白人文化威权主义 ……………………… 67
　　第二节　身份认同危机导致的身份焦虑 ……………………… 72
　　第三节　文字、文化与自然是他舒缓焦虑的良方 …………… 75
　　第四节　休斯与他的"文艺复兴" …………………………… 80
　　结语 ……………………………………………………………… 84

第五章　布克·T. 华盛顿的个人价值 …………………………… 86
　　引言 ……………………………………………………………… 86
　　第一节　布克的身体勇气 ……………………………………… 87
　　第二节　布克的道德勇气 ……………………………………… 90
　　第三节　布克的社会勇气 ……………………………………… 93
　　第四节　布克的创造勇气 ……………………………………… 96
　　结语 ……………………………………………………………… 98

第六章　"黑孩子"的自我完善 ………………………………… 100
　　引言 …………………………………………………………… 100
　　第一节　赖特的生存困境和勇气——焦虑（恐惧）、孤独、饥饿 … 100
　　第二节　自我的重新发现：精神城堡的搭建 ………………… 109
　　第三节　了解世界，完善自我 ………………………………… 112
　　结语 …………………………………………………………… 116

第七章　马尔科姆·X 的自我创造 ……………………………… 118
　　引言 …………………………………………………………… 118

第一节　审美阶段：享乐 …………………………… 120
第二节　伦理阶段：道德意识苏醒 …………………… 125
第三节　宗教阶段：信仰的力量 ……………………… 130
第四节　马尔科姆勇气的形成 ………………………… 132
结语 ………………………………………………………… 135

第八章　W. E. B. 杜波依斯的智慧与焦虑 …………… 136

引言 ………………………………………………………… 136
第一节　个人生活：自律、自信、自强 ……………… 137
第二节　为黑人民众的命运焦虑 ……………………… 150
第三节　树立全球意识，担忧人类命运 ……………… 152
第四节　杜波依斯看中国 ……………………………… 155
结语 ………………………………………………………… 157

第九章　玛雅·安吉洛存在的勇气 ……………………… 159

引言 ………………………………………………………… 159
第一节　生命的歌者——《我知道笼中鸟为何歌唱》 … 160
第二节　安吉洛何以成为玛雅·安吉洛 ……………… 178
结语 ………………………………………………………… 188

第十章　安吉拉·戴维斯的政治生命与梦想 …………… 190

引言 ………………………………………………………… 190
第一节　难逃地网 ……………………………………… 191
第二节　心如磐石 ……………………………………… 195
第三节　在"水域"中摸爬滚打 ……………………… 199
第四节　火焰般的斗争热情 …………………………… 201
第五节　高墙内外 ……………………………………… 207
第六节　墙塌即桥 ……………………………………… 209
结语 ………………………………………………………… 210

结束语 ……………………………………………………………… 212

参考文献 …………………………………………………………… 215

后记 ………………………………………………………………… 221

绪　　论

找到自己生命力的表达方式，也就找到了意义。

一、非裔美国作家自传发展流变概说

自传（autobiography）在《牛津英语词典》中，被定义为"把你的回忆或一生写成一本书，并将其公之于世"（转引自雅格达，2020：4）；在《通用词典》里，瓦珀罗给予自传不同于回忆录的属性特征，"自传（autobiography）留有大量的想象空间，写自传的时候并不一定要像写回忆录（memoirs）一样精确地陈述事实"（转引自雅格达，2020：5）。换句话说，自传就是个体以第一人称自述生平的一种写作模式，是人对自身的好奇与思考，是对自我的揭露与讲述，是"认识你自己"。非裔美国作家自传是指那些"在美国出生、成长、一直从事文学创作，且在文学史上有过一定贡献并公开发表过有一定影响力作品的黑人作家的生命故事"（焦小婷，2017：1）。

非裔美国作家的自我书写传统由来已久，开始于19世纪上半叶最具盛名的自传类型——奴隶叙事（slave narrative），是奴隶出身的非裔美国人用第一人称形式对生而为奴的真实生活的叙说。1865年美国内战结束前后，美国大约出版发行了近百部奴隶叙事的书或小册子。其中弗雷德里克·道格拉斯（Frederick Douglass）的《弗雷德里克·道格拉斯自传：一个美国奴隶的生平自述》（*Narrative of the Life of Frederick Douglass: An American Slave, Written by Himself*，1845年）、哈里特·雅各布森（Harriet Jacobs）的《一个奴隶女孩的生活事件》（*Incidents in the Life of a Slave Girl*，1861年），以及被世人忽略了一个多世纪的所罗门·诺瑟普（Solomon Northup）的《为奴十二年》（*Twelve Years a Slave*，1853年），都是这一时期该类叙事的优秀代表。

20世纪初期至中期，奴隶叙事日渐式微。这一时期的黑人自传作品大多以美国黑人中的领袖、作家、运动员或艺人的故事为核心。詹姆斯·韦尔登·约翰逊、兰斯顿·休斯（Langston Hughes）、佐拉·尼尔·赫斯顿、杰基·罗宾森、埃塞尔·沃特斯等榜上有名。1999 年，美国现代图书馆编委会整理了 20 世纪最佳非虚构类英语图书名单 100 本，其中前 20 本中有 7 本是回忆录或自传。布克·T. 华盛顿（Booker T. Washington）[①]的《从蓄奴制中崛起：自传》（*Up from Slavery: An Autobiography*，1901 年）、理查德·赖特（Richard Wright）的《黑孩子》（*Black Boy*，1945 年）、詹姆斯·鲍德温（James Baldwin）的《土生子札记》（*Notes of a Native Son*，1955 年）和《马尔科姆·X 自传》（*The Autobiography of Malcolm X*，1965 年）赫然在册。这一时期的黑人作家的自我书写不仅仅是一种个人表达，更兼有宣传思想、宗教的社会目的。

20 世纪后半期，非裔美国人书写的不再是身为奴隶的经历，而是自己在社会中遭受的不平等待遇。自传书写借此形成两种新风格。第一种风格是，作者聚焦于童年和青少年时期，叙事模式颇似带有场景、对话和人物描写的小说形式。第二种风格则选用一些特殊的写作素材，采用带有明显创伤的回忆模式（雅格达，2020）。玛雅·安吉洛（Maya Angelou）的首部自传《我知道笼中鸟为何歌唱》（*I Know Why the Caged Bird Sings*，1969 年）、安妮·穆迪的《在密西西比河长大成人》（*Coming of Age in Mississippi*，1968 年）就是这一自传形式的典型代表。

到了 20 世纪八九十年代，美国黑人学者们的写作兴趣从学术研究转向了回忆录的写作。哈佛大学教授小亨利·路易斯·盖茨的回忆录《有色人民——回忆录》（*Colored People: A Memoir*，1994 年）就是其中的优秀代表之一。这些回忆录虽然不乏文学价值，但更多的是反映"现实问题的作品，涉及社会、民族、医疗、心理、地域和个人处境等话题"（雅格达，2020：146）。

美国黑人作家的自传书写中，对种族主义和主流文化都有着大致相同的谨慎、开放的态度。纠结、犹豫一直是潜隐在其自传文本里的枝节短流。他们的笔调里有着相似的悲哀、慌张、克制、悲愤、咏叹，尽管也不乏偏激或理性的揭露和修辞掩护下的嘲弄反讽，但基本表现为肯定中有否定、

[①] 为避免和美国开国总统这一响亮的姓氏冲突，本书一律选用作者的名字"布克"。

否定中有肯定的中庸态度,少有公开的谩骂和诅咒,更鲜有颓废和绝望。更为突出的是,面对重重生存困境,黑人作家们承受喜乐,也承受悲苦,且皆以各自特有的叙事方式和语言技巧,通过自我书写、自我审视和自我疗愈,表现出巨大的"自我肯定的勇气"和道德感染力。

著名美国黑人传记作家安吉洛曾在为本书另一位非裔美国作家赫斯顿的自传写的前言里指出:"在美国黑人的传说、歌词和文学中,普遍存在着一种时而可悲、时而美丽的怪异的冲动,简单说,就是要讲述故事……讲述一个人自己的故事……他所知道的、经历过的,甚至死去的故事。"(Hurston,2005:8) 由于特殊的历史遭遇、种族渊源以及根深蒂固的创伤记忆,不同时期的美国黑人作家们带着先天性的文化敏感性和特有的生命意识,细数自己命运的酸甜苦辣咸,共情性地弥散着一种鲜明的存在性焦虑。这一哲学意义上的焦虑既是一种"社会疾病",又是一种创造性的情绪;既是"毒药",也是"偏方";既呈现出作家们的精神、心理困境,又生成一种疗愈焦虑、对抗命运的"解药"和勇气,从而为读者提供了见识生命、体悟生命、阅读生命的知识范本,给陷入焦虑、困顿中的人们以智慧、以启迪、以方向。

在美国本土,针对非裔美国作家自传作品的研究始于 20 世纪初对奴隶叙事的关注。研究主要集中于传主的身份、自由等主题。Rebecca C. Barton 的《见证自由:自传中的美国黑人》(*Witness for Freedom: Negro Americans in Autobiography*,1948 年)是第一部研究黑人自传作品的专著。丽贝卡·巴顿考察了 20 世纪早期 23 位美国黑人的自传作品,以纠正白人历史学家的错误,让未来的黑人及其子孙为黑人文化遗产和历史而自豪。20 世纪七八十年代,对黑人自传作品的研究有了不凡的突破。不管是期刊《美国黑人文学论坛》(*The Black American Literature Forum*,1967~1976 年,1976~2019 年)和《非裔美国人评论》(*African American Review*),还是一系列具有里程碑意义的专著,如 Stephen Butterfield 的《美国的黑人自传》(*Black Autobiography in America*,1974 年)、William L. Andrews 的《讲一个自由的故事》(*To Tell a Free Story*,1986 年)以及 Joanne M. Branton 的《黑人女性作家自传研究:传统中的传统》(*Black Women Writing Autobiography: A Tradition Within a Tradition*,1989 年)等,都对黑人自传作品进行了深度探究。20世纪90年代至今，黑人自传作品的研究进入相对繁荣时期。Samira Kawash 的《重置肤色线》（1997年）、Crispin Sartwell 的《如你所愿：美国黑人自传和白人身份》（*Act Like You Know: African-American Autobiography and White Identity*，1998年）和 Roland L. Williams 的《美国黑人自传和自由诉求》（*African American Autobiography and the Quest for Freedom*，2000年）等，大多采用文献考证、人物评论或艺术点评的形式进行分析，很少全面关注在美国学界已有相当影响的黑人作家群体的自传作品，而对于其共有的存在性焦虑问题，更是少有人论及。

在国内，自中西方传记文学研究20世纪70年代逐渐升温以来，相关领域的专家、学者们发表过一系列涵盖自传的真实性与虚构性（赵白生，2003；杨正润，2009等）、自传中的主体建构及身份意识（杨金才，1999）、自传叙事伦理（Xu，2007；王成军，2023）等理论探究和文本分析成果。到目前为止，有关黑人自传的研究大多是针对个别作家、作品的研究，学者们系统性地研究非裔美国作家自传作品的专著和文章较少，少有学者关注贯穿于非裔美国作家自传作品中的存在性焦虑及其重要的建设性意义。

同时，尽管国内外学界对文学中焦虑主题的研究也不乏成果，但学者们不管是对身份焦虑（Vidler，2000；Shonkoff et al.，2021；吴承学和沙红兵，2020；徐彬，2018；罗小云，2017等）、文化焦虑（Garber，2012；Grillo，2003；Vidler，2000；李涛，2017等）、政治焦虑（Mentzer，2007；刘明录，2013等），还是对语言焦虑（Horwitz，2010；毛延生，2012；林芸，2014等）的研究，大多只是单向探讨了虚构人物的种种现实焦虑问题，而且分析论证中存在对焦虑这一核心概念的混杂和交错；对作品中存在性焦虑的积极意义皆缺少系统、深刻的挖掘。

本书从不同时代的非裔美国作家的自传作品中，选取了十位具有代表性的自传作家的文本作为研究对象，力图通过文本的细读、重读，阐释其所呈现的鲜明的存在性焦虑，并透析传主们是如何突破人生的边界，成就自我的。

二、存在性焦虑及其勇气

焦虑（anxiety）是一个古老而崭新的术语，内涵庞杂。它最早源于古希腊语 angh，意指"闷"、"狭窄感"或"不舒服"等身体状态；同时也指"负担重"或"令人苦恼"等心理、精神状态。

自古以来，焦虑与文学、宗教和哲学的主张息息相关。"如果我们能穿透政治、经济、商业、专业或家庭危机的表层，深入地发掘它们的心理原因，或者试图去了解当代艺术、诗歌、哲学与宗教的话，我们在每个角落几乎都会碰到焦虑的问题。"（梅，2016：序言1）在基督教的世界里，焦虑与罪、救赎相关联。19世纪，丹麦哲学家索伦·克尔凯郭尔（Søren Kierkegaard）在其《焦虑的概念》（*The Concept of Anxiety*，1844年）一书中指出，"焦虑是人类存在的关键，是一种我们对于自由选择的惧怕感"（转引自勒杜，2021：11-12）；"焦虑（惧怕）是由'虚无'引起的……它源自我们认识到自己的存在并非基于这个世界，而是由我们的选择所定义的。我们通过做选择来防止重回虚无"（转引自勒杜，2021：15）。精神分析学家弗洛伊德最先把病理性焦虑的概念引介给了大众，"焦虑是大部分（如果不能说全部）精神疾病的根源……'毫无疑问，焦虑是……一个谜语，它的谜底必将为我们人类精神的存在带来一束光芒。'"（转引自勒杜，2021：14）。弗洛伊德强调，"焦虑是通行无阻的交易工具，不论上面写了什么观念内容，只要被压抑了，任何情感冲动便会被转换成焦虑"（转引自梅，2016：127-128）。不同于弗洛伊德把焦虑视为一种病态，让·保罗·萨特（Jean-Paul Sartre）、马丁·海德格尔（Martin Heidegger）、保罗·蒂利希（Paul Tillich）、梅等哲学家则把焦虑视为人性不可或缺的一部分。不过，弗洛伊德的影响力和知名度确实使焦虑一词成为第二次世界大战后美国文化的代名词。到了20世纪中叶，"在完全分歧的科学、文学、宗教、政治领域中，都共同关切焦虑这个问题"（梅，2016：4）。这一时期更是成了诗人W. H. 奥登（W. H. Auden）和阿尔伯特·加缪（Albert Camus）笔下焦虑的时代。奥登的长诗《焦虑的时代》（*The Age of Anxiety*，1947年）实质上扩充了"焦虑的时代"，让焦虑穿越世纪弥漫在之后的任何一个时代。

德裔美国存在主义哲学家蒂利希认为，"焦虑是'非存在'对'存在'的威胁而造成的人的心理状态"（蒂利希，2019：Ⅲ）。他指出，焦虑是一种群体现象。"文学和艺术，不论是内容上还是风格上，也将焦虑作为它们的创作主题。这一切的后果就是至少唤醒了受教育阶层，让其意识到他们自身的焦虑，并通过焦虑的种种观念和象征而使得这种焦虑渗透到公众的意识中。"（蒂利希，2019：37）人本主义心理学家的奠基者之一、美国 20 世纪最有影响力的心理学家之一梅在其《焦虑的意义》（*The Meaning of Anxiety*，1950 年）一书中，更是从文学、哲学、生物学和心理学层面，对焦虑进行了系统性的研究，拓展了焦虑的内涵及其价值，将焦虑视为"人的存在受到威胁时的反应"（梅，2013：序言 8）。梅还结合克尔凯郭尔、海德格尔和蒂利希的思想，抽离出如生命力、意向性、勇气、无意义的焦虑等概念，并用"存在性焦虑"（existential anxiety）来表达由于未能发挥生命潜能而引起的焦虑，也即"一种模糊的紧张意识、烦恼，或许甚至由于某种原因使本来能够达到的目标没有达到所引起的'安静的绝望'（quiet desperation）"①。蒂利希在其《存在的勇气》（*The Courage to Be*，1952 年）中把这一存在性焦虑分为三种：一是非存在威胁着人的本体上的存在，表现为对死亡和命运的焦虑；二是非存在威胁着人在精神上的存在，表现为对无意义和空虚的焦虑；三是非存在威胁着人的道德上的存在，表现为对内疚和自责的焦虑。这三种焦虑彼此交织，其共性都是存在性的，即它们所指的是人作为人存在、他的有限，以及他的异化（蒂利希，2019）。

显而易见，焦虑具有建设性的意义，"焦虑是我们的'良师'"（梅，2016：序 2）。"不管你是否相信，焦虑确确实实是一件好事。焦虑有助于你保持活力、舒服地生活，而且还有助于你保持人类的特性。"（埃利斯，2014：12）梅在其相继出版的《心理学与人类困境》（*Psychology and the Human Dilemma*，1967 年）、《人的自我寻求》（*Man's Search for Himself*，1953 年）、《焦虑的意义》（1950 年）和《祈望神话》（*The Cry for Myth*，1991 年）等书中，更是以人类的困境（焦虑）、自由、爱、创造性、勇气和价值为主题，探讨了在人与世界、人与人、人与自我的交互冲突中，人是如何认知自我、怀疑自我、反省自我、寻找自我，从而实现自我的整合，完成个体人格重建，进而形成丰富而完整的意义的。在《焦虑的意义》的再版序言中，梅指出，"焦虑是人类的基本处境"，"我们的生存之道已

---

① 佚名. 2022. 存在性焦虑：通往生命的意义. https://www.zhihu.com/tardis/bd/art/611122981?source_id=1001[2024-05-12].

是老生常谈，就是面对焦虑"，而"焦虑是有意义的"（梅，2016：1-2）。戴维·巴洛（David Barlow）也指出，若没有焦虑，"运动员、演员、企业管理者、工匠以及学生们的表现会大打折扣；人们的创造力会消失；农作物可能也不会被种植。我们可能会在这个快节奏的社会中过着田园牧歌式的悠闲生活，坐在树荫下消磨我们的时光。这对于一个种族来说是致命的，危险不亚于一场核战争"（施托塞尔，2019：21）。英国当代学者阿兰·德波顿（Alain de Botton）在《身份的焦虑》（*Status Anxiety*，2009年）中更是强调，"唯焦虑者方能成功"（德波顿，2009：113），他指出"一些特定的焦虑感可以帮助我们追求安全的状态，发展自己的能力"（德波顿，2009：113）。可见，人的存在性焦虑既以分明的形式逼近人类的日常生活，又以各种潜在的形式，贡献着自己建设性的价值和意义。

"焦虑让我们转向勇气。"（蒂利希，2019：68）随着哲学家们对焦虑的建设性意义的讨论，人的"存在"和"自我肯定的勇气"进一步被凸显出来。这一存在的勇气是一种具有"不顾"性质的自我肯定，可以不顾非存在的威胁而对自身存在进行自我肯定的勇气（蒂利希，2019）。丹麦著名存在主义心理学家博·雅各布森（Bo Jacobsen）在其《存在主义心理学的邀请》（*Invitation to Existential Psychology*，2022年）中也谈道："人类的基本斗争是在勇气和焦虑之间进行的。"（雅各布森，2022：13）[①]在《人的自我寻求》中，梅也曾指出，有完整人格的人是能创造自身存在意义的人，他们是具备了自由、勇气、爱以及意志等能力的人格特点的人[②]。勇气与人的存在有着密切的关联。"勇气并非面对外在威胁时的勇气，它是一种内在的素质，是将自我与可能性联系起来的方式和渠道。换句话说，

---

① 这里所说的焦虑主要是蒂利希和梅所谓的存在性焦虑。见博·雅各布森. 2022. 存在主义心理学的邀请. 北京：北京联合出版公司：13，14.

② 梅认为，自由是指"自由是人参与他自己的发展的能力。它是我们塑造自己的能力。自由是自我意识的另一面：如果我们不能够意识到自我，那我们将像蜜蜂或柱牙象一样，被本能或历史的自动进程推动着前进"（梅，2016：121）。他所谓的"爱"首先是一种关系模式，即人力图去培植、生产和塑造世界；其次，爱也是人的一种内在渴望，它引导人为寻求高贵善良的生活而献身；最后，爱还是一种内驱力，它激发人渴求知识，追求真理，使人趋向于自我实现。"意志"不仅敢于正视自身的欲望，而且能够建设性地保护、指导并且满足个人欲望，它是一种内在的人格特质。这种意志不以否定人的愿望为目标，而是旨在以建设性方式保护和指导人满足其愿望。这种意志在与爱的结合中承担了对亲密关系和个人行为的责任（梅，2008）。

勇气能够使得人面向可能的未来。它是一种难得的美德。"（梅，2008：23）梅进一步指出，勇于正视自己成长中的焦虑体验，勇于追求自我认识和自我实现，勇于与自己成长中所遇到的种种问题和情绪同行，勇于选择正视成长中的烦恼，勇于承担认识自己的责任等等都与勇气相关联。他还将勇气分为四种。一是与身体有关的身体勇气。二是道德勇气，指感受他人苦难处境的勇气。具有较强道德勇气的人能够非常敏感地体验到他人的内心世界。三是社会勇气，指与他人建立联系的勇气，它与冷漠相对立。四是创造勇气，也是最重要的勇气，是指"能够用于创造新的形式和新的象征，并在此基础上推进新社会的建立"（梅，2016：24）。

既然"勇气是所有创造性关系的基础"（梅，2008：189），而自我书写是一种创新性的活动，需要勇气获得自我意识和个人自由（梅，2008），那么将存在性焦虑及其与之相关的"勇气"概念和自传书写及传主的成长相关联，就有了切实的学术逻辑。

众所周知，自传书写是一种"自我解放"（安妮·埃尔诺语），是一种在回忆里寻找自己，在当下解读自己，为未来塑造自己的过程，是给自己生命赋予意义和目标的创造性活动。黑人作家们因生命故事各异、写作范式不同，其自传文本中的存在性焦虑呈现出多元、重叠、交互等复杂形态。相同的文化之根、文化身份，以及共同的历史创伤和精神诉求，使传主们具有共同的存在性焦虑的特征。

第一是孤独感：面对存在的意义和价值，他们感到自己是一个孤独的存在，无法与他人共享这种体验和感受。

第二是无助感：面对存在的复杂性和不确定性，他们觉知自己无法找到可靠的支撑点和归属感。

第三是痛苦感：在探索自我身份和存在的意义时，他们会经历一种内心的痛苦和挣扎，进而表现为对自我的否定、对生活的厌倦和对存在的恐惧等。

第四也是最重要的一点——意义感，即他们对人生意义的追问，也即自传文本中表现出的对生命意义、存在的价值的探索和思考。

本书是笔者从近年来积累起的六十余万字读书笔记中梳理、过滤出来的系统性的研究成果。相对于第一本自传研究作品，在本书中笔者对作家及其作品做了增删,特意增加了哈莱姆文艺复兴时期的诗人休斯的自传《大海》(*The Big Sea*,1940年)和当代有名的传记作家安吉拉·戴维斯(Angela Davis)的政治自传《安吉拉·戴维斯自传》(*Angela Davis: An Autobiography*, 1974年)。戴维斯是本书中唯一在世的传主,仍然笔耕不辍,续写着自己轰轰烈烈的人生故事。通过对作家们在自我书写中如何表现、对抗焦虑,如何获得更多的生命活力,以及如何实现个人人格的完整等问题的观照,笔者希望读者们可以借鉴这一特殊群体的勇气和智慧,找到一条通往自己的路。

必须指出的是,本书以存在主义心理学为理论背景,针对性地探究了诸文本中的存在性焦虑及其意义。然而,笔者并未拘禁于理论知识的条条框框,在文本中刻意寻求理论与文本的对应;更非带着幸灾乐祸的心态,去扒寻传主们遭遇焦虑时的困顿和挫败。相反,笔者立足文本细节,选用从存在性焦虑中析出的一些重要概念,如生活感受、生活勇气、生命力等,切入文本,阐释作家们生命故事中包含的种种生命情态,展示传主们"我只身前行,却仿佛带着一万雄兵"的孤勇(玛雅·安吉洛语),以及他们自我肯定的勇气和顽强的生命力。

除绪论和结束语外,全书共分十章。

第一章"弗雷德里克·道格拉斯的存在的勇气",以蒂利希的存在主义思想为切入点,全面探讨道格拉斯在其自传中如何从焦虑中找勇气、找价值、找意义、找道德感,进而凸显其真性情、真风骨与真人格。

第二章"所罗门·诺瑟普的生命样态",集中分析诺瑟普在为奴12年的时光里,如何把焦虑化成生活的能动力,寻得存在的勇气,活出充满忧患意识却不悲观的人生。

第三章"佐拉·尼尔·赫斯顿的自我寻求",立足于梅对人格的四种分类,探讨传主在人生的不同时期,如何寻找自我、表现自我、超越自我和创造自我,进而展示其如何踩着"路上的尘痕",走出一条洒脱充实的人生之路。

第四章"兰斯顿·休斯的生命之'海'",讨论了休斯所遭遇的种族隔离与白人文化威权主义、身份认同危机以及父子冲突,进而探究了他对待焦虑的态度以及应对焦虑的方法。

第五章"布克·T.华盛顿的个人价值",详细解读了布克在其生命的不同阶段是如何面对困顿、焦虑而展现出非同寻常的勇气,进而实现个体价值的。

第六章"'黑孩子'的自我完善",通过对赖特生存困境的梳理,展示了他是如何突围出生命边界,建构起完整丰富的精神世界,并借此实现人格完善的。

第七章"马尔科姆·X的自我创造",借助克尔凯郭尔对人生的三个阶段划分,即审美(或感性)阶段、伦理(或道德)阶段、宗教(或信仰)阶段,探讨了马尔科姆在短暂而传奇的生命流程中,如何玩世不恭、享乐生活,怎样体悟生命的本质和价值,怎样坚守对种族平等和社会公正的信念,从而成就非凡的自我。

第八章"W.E.B.杜波依斯的智慧与焦虑",阐释了具有大理想、大情怀、大格局的领袖级人物W.E.B.杜波依斯(W.E.B.Du Bois),是如何为美国的社会制度和种族政策、为黑人民众的命运、为自己的生命生活而焦虑,从而确证了自己深具理想主义色彩的思想。

第九章"玛雅·安吉洛存在的勇气",选取了安吉洛最具代表性的两部作品,全面展示了一代传记大家如何把那些悲欣交集的断片人生和积年累月的生活感触,注入诗性的文字里,活成了一名"生命存在的歌者"。

第十章"安吉拉·戴维斯的政治生命与梦想",以自传文本的自然结构为框架,展示了戴维斯在30年的生命历程中,如何带着一种理智、适度、自如、不失冷静的气质,关心社会和政治,并以一己之力,努力改变弱者的生命和生活困境。

有人说,真正的写作是从痛苦出发的,那么自传作品便是从作家们的痛苦中开出的花。在自身跌宕起伏的经历中,他们总会选择去尝试,去突破,去奋力一搏,且义无反顾。他们有勇气,但并非生而勇敢,而是因为他们心中有真正的信念,有对自己、对公正、对未知的信念。这些信念曾经照亮过他们的人生之路,也许还会照亮我们的生活。因为他们的自传书写通过对自我生命的重组和再思,不仅疗愈了自己,更体现着生命本身丰富而完整的力量和价值。

第一章　弗雷德里克·道格拉斯的存在的勇气

回忆是获得自由的方式。——哈罗德·布鲁姆

引　　言

道格拉斯是美国 19 世纪后半叶最具影响力的黑人、最早的废奴主义者、演说家和活动家。他生而为奴，七八岁时被送到巴尔的摩做男仆，在女主人的帮助和自身努力下学会识字。20 岁左右，他成功逃离南部蓄奴州，只身来到纽约，与自由黑人安娜·莫里结为夫妇。之后，他前往北方城市新贝德福德讨生活，并正式改名为弗雷德里克·道格拉斯。24 岁时，在马萨诸塞州反奴隶制协会举办的一次集会上，道格拉斯受邀发表演讲，引发轰动，该协会随后聘请他为演讲人。他的首部自传《弗雷德里克·道格拉斯自传：一个美国奴隶的生平自述》（下文简称《自述》）[①]的出版，打开了那一时期奴隶叙事的大门。该书曾在 5 个月内卖出 4500 本，5 年内销量达三万多本。1855 年和 1881 年，道格拉斯相继出版了《我的奴隶生涯和我的自由》（*My Bondage and My Freedom*）和《弗雷德里克·道格拉斯的生平和时代》（*Life and Times of Frederick Douglass*）两本自传。1895 年，道格拉斯去世。《自述》这一扣人心弦、影响深远的自我书写，让道格拉斯获得了一定的国际声誉，也让"成千上万的读者深刻认识到奴隶制的残酷和黑人对自由的人性渴望"（4）。

学界对《自述》的研究，大多聚焦于道格拉斯身为奴隶的愤怒、痛苦、绝

[①] Douglass, F. 2009. Narrative of the Life of Frederick Douglass: An American Slave, Written by Himself[M]. Cambridge: Harvard University Press. 本章引文凡出自此书，皆只标明页码。

望和抗争，却忽略了贯穿于文本中作者的种种焦虑及其对抗方式。本章将以蒂利希的存在主义思想为切入点，探讨道格拉斯在《自述》中如何在焦虑中找勇气、找价值、找意义、找道德感，进而凸显其真性情、真风骨与真人格。

蒂利希在其《存在的勇气》一书中指出，"存在"是生命，是创造；"非存在"就是包含在生命中的死亡、绵延中的停顿和在创造中的毁灭。存在也是肯定自身的不断追求，是克服"非存在"的永恒斗争。"焦虑是'非存在'对'存在'的威胁而造成的人的心理状态。"（蒂利希，2019：111）如前文所示，蒂利希把这一存在性焦虑分为三种类型：一是对命运和死亡的焦虑，二是对空虚和无意义的焦虑，三是对内疚和自责的焦虑。这三种焦虑彼此交织，共同指向人作为人存在、他的有限，以及他的异化（蒂利希，2019）。如果说焦虑是自我面对"非存在"的威胁时的状态，那么，存在的勇气表现为对这些焦虑的征服。具体而言，"勇气需要存在的力量，这是一种超越非存在的力量。在对命运和死亡的焦虑中我们体验到这种力量；在对空虚和无意义的焦虑中我们看到这种力量；在对罪过和谴责的焦虑中我们感觉到它的作用。把这三重焦虑承担起来的勇气一定根植于这样一种存在的力量之中"（蒂利希，2019：131）。创作者正是通过书写自我的过程，对自我进行肯定，表现出他"作为自我而存在的勇气"；而其作品本身就成了其"对作为参与者的自我进行肯定"，也是其"作为部分而存在的勇气"（蒂利希，2019：iv）。

写作是一种思考方式，是对生命的面对面监察。道格拉斯的自传书写既是自我生命困境的回顾和反思，也是对自我人生的把脉、治愈和释放，其间扬升着一种不顾及（死亡、命运、无意义、谴责）威胁而肯定自身的勇气。本章将以蒂利希的存在性焦虑和勇气为切入点，重点分析道格拉斯如何以勇气抵抗焦虑，进而达到自我实现。

第一节　在命运和死亡的焦虑中找勇气

非裔美国作家拉尔夫·埃利森（Ralph Ellison）说："美国黑人在拼

命地寻找自己的身份。他们不愿意接受强压给他们的二等公民的地位,他们感到被孤立了,因此他们一生都在寻找这些问题的答案:我是谁?我是什么人?我为什么存在?"(Ellison & Callahan,1995:785)。显然,"我是谁,我从哪里来,我去向何处"这类问题,同样困扰着19世纪蓄奴制盛行时的美国黑奴,一群无身份、无声音、无尊严、无主体、无自我、无自由的悲苦人。对命运和死亡的恐惧和焦虑,是他们生命的本色,贯穿在这一时期所有奴隶生活的始终。对这一特殊群体而言,死亡随侍在侧,如影随形。正如蒂利希所言,"对命运和死亡的焦虑是最基本的、最普遍的、最不可逃避的焦虑"(蒂利希,2019:37),它会随着个体化程度的加深而加深。正是自我肯定和勇气,决定了人们对待焦虑的态度,最终帮助人们达到完满的自我肯定,去获得存在的勇气。

《自述》记录了道格拉斯在南方种植园的为奴生活和逃亡北方成为自由人的艰辛过程。他先后逃跑过两次。他详细描述了第一次逃亡的计划、过程以及被同伙出卖被捕入狱的结果,但为了保护帮助过他的人和保障其他黑奴的逃亡之路,他一笔带过第二次成功出逃的细节。他精湛的语言表达、客观公正的描述和细致入微的感悟,让我们看到一个黑奴内在的力量、勇气和生命价值。美国著名的废奴主义活动家温德尔·菲利普斯(Wendill Philliips)在该书出版后不久写信给道格拉斯说:"人生经历是位热心的老师;早在你学会写字或是知道切萨皮克湾的'白帆'驶向何方之前,你就开始判断奴隶所受的苦难,不是通过所受的饥饿和渴望,不是所遭受的鞭打和劳役,而是笼罩着灵魂的死亡,残忍、毁灭性的死亡。"(Douglass,1845:xvi)

心理学家卡伦·霍妮(Karen Horney)说:"对父母亲的依赖是儿童焦虑的典型冲突,并会因为孤立和受威胁而被强化。"(梅,2016:150)道格拉斯对命运也即死亡的焦虑开始于他不幸的童年。他常常为不知道自己的生日而苦恼,不明白为什么白人小孩能说出自己的年纪,自己的这个权利却被剥夺。7岁时,他没见过几面的母亲离世,他从传言中得知主人安东尼船长就是他的父亲。正如梅指出:焦虑潜藏在小孩儿的恐惧之下……儿童的焦虑发展主要是来自他与父母的关系,许多孩童的恐惧乃是潜在焦虑的客观化形式(梅,2016)。这一无父无母、无归属感的孤独,是道格拉斯童年时最大的苦。

身为混血儿的道格拉斯的存在,"是对女主人永无休止的冒犯"(17),女主人"会故意挑他们的毛病,他们做什么都无法取悦她;只有他们挨鞭子时,她才感到心满意足"(17)。为了照顾白人妻子的感受,主人经常把混血儿卖给奴隶贩子,"如果不这样,他不仅要亲手鞭打他们,还要眼睁睁地看着自己的白人儿子把肤色略深的亲兄弟捆绑起来,用血淋淋的皮鞭抽打他们裸露的后背;如果主人支支吾吾说出个'不'字,会被认为他做父亲的偏心,只会让情况更糟糕,不管是对他,还是对他想要保护的奴隶儿子"(18)。

缺衣少穿,尤其是没有裤子穿的羞耻感和挨饿受冻,是道格拉斯童年时的另一段痛苦记忆。"不能下田干活的孩童们没有鞋、袜子、外套和裤子。每年的衣物只有两件粗亚麻衬衫。如果撑不过一年,他们就只能光着身子,等下一个发配额的日子。一年四季都能看到一些7~10岁的男孩和女孩几乎赤身裸体。"(23)"酷暑寒冬,我差不多都是赤身裸体——没有鞋,没有袜子,没有外套,没有裤子,除了一件到我膝盖的粗亚麻衬衫,我没有其他任何东西……睡在阴冷潮湿的泥地上。寒霜在我脚上冻出的裂口又深又长,能够装下我现在写字用的笔。"(38)用玉米糠煮的玉米糊被"盛在一只摆在地上的大木盘或木槽里……吃得最快的人吃得最多,最强壮的人占据最好的位置。但是,离开木槽时,没有几个人是吃饱的"(39)。

道格拉斯记忆中的第一次幸福感来自他七八岁时终于有了裤子穿。他要离开种植园被送到巴尔的摩去照看休斯·奥尔德家的小儿子小托马斯。带着对幸福生活的满满希望离开,没有任何亲情牵绊和遗憾,他坐在船上,"一直朝前望着,只在意远方而不是身旁或身后的事物"(41)。在母亲已死,外婆住得很远,兄弟姐妹之间长期疏离没有亲情可言的现实中,不确定的未来、远方,竟然都变成那时候的他的期待。

来到城市巴尔的摩,是道格拉斯人生的第一次大转折。"如果不是简简单单地从种植园来到巴尔的摩,我现在可能仍被奴隶制恼人的铁链所禁锢,而不是坐在自己的桌前,一边享受着自由和家的幸福,一边写下这篇自传。到巴尔的摩生活为我此后的成功打下了根基,开辟了道路。我一直将它看作是上帝的仁慈庇佑,从那之后我一直受到庇佑和偏爱。"(42)

在门口迎接他的白人奥尔德夫妇给他留下了非常深刻的印象："一张白人的脸，却闪耀着最为友善的情感，照亮了我通往光明幸福的道路。"（41）暂时的美好让他把这一切归功于上帝的护佑。"从我能记事起，我就深信奴隶制不会永远将我困在它的桎梏之下；而在我为奴最黑暗的日子里，这个信念和希望也从未离开过我，而是如解救天使般鼓励我度过黑暗。这种精神来自上帝，我给主送上感谢和赞美。"（42）然而，让他失望的是，曾经"脸上带着天使般的笑容，声音犹如宁静的乐章"的女主人，很快"笑意盈盈的双眼燃起了怒火，甜美悦耳的声音变得恐怖刺耳，天使般的面孔显出恶魔般的狰狞"（44）。是学会了认字、写字彻底改变了道格拉斯的认知。他不仅体悟到知识和智慧的力量，还有了人生重大的发现："让自己的奴隶一直如此无知，正是大多数我所认识的奴隶主们的愿望。"（15）

　　具有反讽意义的是，男主人坚决反对妻子教道格拉斯认字的托词，倒让道格拉斯茅塞顿开，看透了奴隶制的本质：拥有智慧才是白人奴役黑人的武器。教奴隶识字在 19 世纪 20 年代的白人看来，既不合法，也不安全。"学习会毁掉这世上最好的黑鬼。现在，你教那个黑鬼①识字，我们就留不住他。他永远都不再适合做奴隶了。很快，他会变得难以管教，对主人没有任何价值。对他自己来说，识字也只有很大的坏处，没有任何好处。这会让他不满足、不开心。"（44）男主人说给妻子的这番话，让道格拉斯明白了"从奴隶制通往自由的道路是什么样子的……他反对我识字的长篇大论只会激起我学习的愿望和决心"（44）。这个道理像光一样，引导着他看向自我，也看向未来。他最深的思考是站在一定的认知高度，看到了奴隶制对白人的伤害不亚于自己所遭受的迫害。"曾经虔诚、温暖、心肠柔软，会为所有的悲伤和痛苦垂泪，会把衣物、面包送给需要的人，会安抚那些伤心人的女主人索菲亚，也成了奴隶制的牺牲品。是奴隶制夺走了她身上这些天使般的美德……她堕落的第一步就是不再教我识字。"（48）

　　尽管道格拉斯在十三四岁时依然生活在水深火热中，但他的心智在逐渐成熟，"想到要当一辈子的奴隶让我心情很沉重"（49）。一本名为《哥伦比亚的演说家》的书，彻底改变了他的命运。书中的文章说出了他灵魂

---

① 笔者注：指道格拉斯。

深处一些有趣的想法，"这些想法常常在我脑中闪过，却因无法表达而逐渐消失"（50）。他欣喜地意识到："哪怕面对的是一个奴隶主的良知，真理也拥有强大的力量……这些文章使我能够说出自己的想法，能够反驳那些支持奴隶制的主张……它使我意识到自己的不幸，又不给出任何解救的方法。它让我看到自己身陷恐怖的深渊，却找不到可以爬出去的梯子。"（50）现状的残酷让他焦虑，智识和思考让他痛苦不已。他读到的东西越多，他就越憎恶那些奴役他的人。他陷入了沉思，甚至想到了死亡。当他终于明白"废奴主义者"的具体含义时，他觉醒了，开始想着逃离，尽管过程并不轻松。

在巴尔的摩生活的第五年，种植园的老主人安东尼船长和他的小儿子理查德相继去世，留下的遗产需要在剩下的孩子间平分。道格拉斯被接回种植园，和男男女女、老老少少、牛马猪一起进行估价。因为他已经见识过外面的世界，有幸尝到过被白人友好对待的滋味，所以当他再次看到安德鲁用脚踩住弟弟的头直到口鼻耳出血的场景时，他比以往更清楚地看到蓄奴制对奴隶和奴隶主带来的影响，他想知道为什么"白人们只需一个字，就足以让这世上最坚固的纽带断裂，让最亲密的朋友、最亲爱的家人分离"（55）。

1832年，十五六岁的道格拉斯被主人托马斯·奥尔德带到圣迈克尔。在行驶着的船上，他逃跑的念头又一次燃起。他暗自下决心，只要时机一到就立马行动。

在残忍、吝啬的奥尔德夫妇这里，他没吃过一顿饱饭，再次感到了饥饿啮心的痛苦，不得已还会去乞讨或偷窃。1833年1月1日，为了惩罚他的不服从，他被租借给以凶残著称的科维先生，这是他人生中第一次去田里干活。也是这一年，他"从奴隶变成了人"（80）。

和科维先生住在一起的前半年，他没有一周不挨鞭打。他在第一周就被科维打得皮开肉绽，裂口和他的小拇指一样粗。尽管这里食物充足，但吃饭的时间还不到五分钟。"严寒酷暑，风雨雹雪，再恶劣的天气也要下田。"（70）因生病无法扛动小麦，他被科维先生脚踢棒打，差点丧命。后来和科维先生的那场架，是他奴隶生活的转折点。德裔美国心理学家和精神病学家霍妮特别强调敌意和焦虑的互惠关系："敌意是刺激焦虑最普遍的内在心灵因素……焦虑带来敌意，而焦虑者的敌意冲动，又会刺激新的焦虑。"（梅，2016：151-152）太过残酷的生活环境一度让他消沉，但这场和奴隶主的对抗重新点燃了他对未来的希望，"我自己的男子汉气魄也被唤醒。它让我想起久违的自信，让我再次下定决心去获取自由。胜利所带来的成就感足以补偿任何可能的后果，哪怕是死亡"（78）。

1834年1月1日，他离开了科维先生，到了受过教育的南方绅士威廉·弗里兰先生的家，他遇到了一个和科维先生完全不同的人。这一年年尾，他更加渴望自由，"想要生活在一块自由的土地上"（86）。为此，他准备做最后一次决定命运的挣扎。"决定在1835年一定采取行动争取自由，且说服同伴们一起重生。他给他们传授自由的思想、计划逃跑的出路和方法，利用各种合适的场合让他们进一步了解奴隶制赤裸裸的欺骗和不人道的行为……"（87）

道格拉斯第一次出逃时被同伙出卖而被投进监狱，他后来被主人奥尔德上校救出后租给了一位造船主。他开始在那里学填塞船缝。那一年，道格拉斯16岁。船上恶劣的环境让他距离自己的梦想越来越远。为了赶工期，他被几十个木匠指挥着忙前忙后，被白人工人蔑视、谩骂、刁难、恐吓、毒打，四个白人差点把他的左眼打爆，他的全身血肉模糊。这样的屈辱让他再次坚定了逃跑的信心。

按照约定，道格拉斯靠补船缝挣来的工钱，必须全部上交主人，只留1美元50分。他从中意识到了权力的可怕，"仅仅是因为他有权力就逼迫我把钱上缴"（99）。在这一时期，他从来没有停止过思考，也没有忘记对梦想的追求。"在我当奴隶的经历中，我注意到——不管什么时候我的处境得到了改善，我都没有感到更加满足，反而让我更加渴望自由，去计划怎样获得自由。"（99）他还明白了一个白人惯用的伎俩："要一个奴隶知足就不能让他有自己的想法，必须屏蔽他的道德和思想视野，并尽可能毁灭理性的力量；必须让他看不到奴隶制里的反复无常；必须让他认为奴隶制是对的。只有他不再是个人时，他才能变成这样。"（99）

1838年9月3日，20岁的道格拉斯摆脱了枷锁，顺利地来到了纽约。在这个举目无亲、随时有可能被抓回去继续遭受奴隶制欺压的陌生的城市里，他开始觉得不安，并被孤独吞噬。"孤独打败了我。我身处数千万人之中，却是个彻彻底底的异乡人；我没有家，也没有朋友，在数千万兄弟之中

（我们都是主的儿女），却不敢向其中任何一人透露我的悲惨遭遇。"（107）

新贝德福德是道格拉斯新生活的起点。尽管那里的活儿干起来又脏又累，他呼吸到的却是自由的空气，而且第一次可以拥有自己挣到的每一分钱。在那里，每个人都熟悉自己的工作，在干活的时候都沉着认真，而且也很愉悦，这显示出他们对自己的工作有着浓厚的兴趣，以及作为人的尊严。让他感到最震惊而最有趣的事情是这里黑人的生活状况。很多人像他一样是逃奴，逃离禁锢还不到七年，就已经住进更好的房屋，过的日子比马里兰普通的奴隶主还要舒适。而且黑人们比他预期的要"生气勃勃"（112）。自此，他对反奴隶制的改革原则、措施和精神有了相当深刻的理解。

"对权力的反抗，不论在国家层面还是在家庭层面，都常会成为一个人培养其独立和勇敢的基础。"（弗洛姆，2017：22）道格拉斯在成长的过程中，一次次地在磨难和困境中找到了勇气，而这些勇气成为他为自己，也为他人争取自由的信心和动力。1841年8月11日，道格拉斯参加了在南塔基特举行的一个反奴隶制集会，这成为他生活中又一个重要转折点。此后，他一直在为黑人兄弟们的解放事业尽心尽力。

如果说道格拉斯的自身经历让他意识到自身的困境的话，那么他从他人的苦难中看到了奴隶制的本质、人性的险恶。

在主人的种植园生活的两年内，道格拉斯目睹了主人和监工们的血腥行为，对奴隶制有了初步印象，看穿了白人"愚昧他们的头脑，贬低他们的道德天性，抹去他们生而为人的所有痕迹"（加里森序言）的阴谋，更看到了生死无常。他开始为自己的命运而焦虑，因为他觉知到"自己将要跨过鲜血斑斑的大门，进入奴隶制的地狱"（18），这些恰恰成了他自我鞭策的勇气和动力，并坚定了他对自由的向往。

"我经常在凌晨被撕心裂肺的尖叫声吵醒，那是他把我的一位阿姨绑到托梁上，不停鞭打她，直到她裸露的后背鲜血淋漓。这个血淋淋的受害者，求饶也好，哭也好，祈祷也好，都不能动摇他的铁石心肠。她叫的声音越大，他抽得越狠；血流得最快的地方，他鞭打的时间最长。他会为了让她大声尖叫而去打她，也会为了让她安静下来而动手。不打得自己精疲力尽，他不会停止挥动血迹斑斑的皮鞭。"（19）

一位女奴海斯特因主人在晚上需要她时偷跑出去与黑人男青年私会，

"他让她站到凳子上，把她的双手系到钩子上……她的胳膊被钩子拽着，只能踮着脚尖站在那里……然后他卷起袖子，抡起重重的皮鞭，很快（在她的尖叫声和他的诅咒声中）温热的鲜血开始滴落到地上"（20）。第一次看到这么血腥的场面，他"惊恐万分……心想下次可能就会轮到我……意识到自己注定要成为一系列暴行的目击者和受害者，意识到自己将要跨过鲜血斑斑的大门进入奴隶制的地狱。那是极其骇人的景象……"（19）。为此，他焦虑不安，无能为力，却也无法逃避。

人如其名、生性冷酷的监工塞维尔先生（Mr. Severe，意为严酷、严厉的）的存在，"让种植园变成一片血腥之地、一处渎神之所。从日出到日落，他不停地对田里的奴隶咒骂叫嚣，甚至鞭打、砍伤他们，方式恐怖至极"（24）。这种恐怖的生活现状加深了道格拉斯对未来的焦虑和恐惧感，也激发了他逃避束缚、渴望自由的决心。

道格拉斯第一次对奴隶制本质的认识，反讽地源自于奴隶们在野外的歌唱。从这些发自内心的声音中，他听到了"备受痛苦煎熬的灵魂所吐露出的祈祷和愤懑。每一支曲子都是反对奴隶制的证词，都是在向上帝的祈祷"（17）。被挑中去"大屋农场"而暂时离开种植园的奴隶，行走在路上，方圆数里都回荡着他们的歌声。"他们一路走，一路作曲唱歌，不管时间，也不管曲调如何……有时，他们会用欣喜至极的调子唱出至深的悲伤，有时又用悲伤至极的调子唱出满满的欣喜。"（25）"奴隶们唱歌唱得最频繁的时候，也是他们最不开心的时候。奴隶的歌代表了他内心的悲伤，就像眼泪缓解了心中的痛苦，唱歌能让他们稍感轻松。至少，这是我自己的经历。我常常借歌消愁，但很少用它来表达开心。"（26）每当他听到这种感情浓烈的曲子，总会"情绪低落，内心充满难以描述的悲伤……泪流满面。甚至现在重提这些歌曲都让我感到痛苦；当我写下这些句子时，这种感情已经顺着我的泪沿脸颊淌落"（26）。这段抒情叙事是他第一次对奴隶制非人性的本质有了更深层次的理解。他激动地写道："如果有人想要感受奴隶制对灵魂的扼杀，就去劳埃德上校的种植园，在发放配额的那天，藏在浓密的松树林里，就在那里静静地研究那些将要穿过他灵魂的声音——如果这都不能对他产生影响，那只能是因为他冷酷的内心没有血肉。"（26）从黑奴们廉价的喜悦中，他看到了蓄奴制残酷的本质。

这种认识不是来自某些苦难，而是来自那些回荡在浓密的松树林里如泣如诉的歌声。

蒂利希在讨论如何克服或正确对待存在性焦虑时指出，勇气就是把他自己作为他参与其中的共同体的一部分来加以肯定。"……作为部分而存在的勇气，是通过参与行为来肯定人的自身存在的勇气……只有通过参与到世界的那些构成人自身生命的部分之中，对于世界的参与才是真实的……只有在与他人不断遭遇的情况下，个人才能成为并保持为一个人。"（81）德波顿在其《身份的焦虑》一书中也强调说："……对死亡的思考能够赋予我们以勇气。"（78）个人经历和对黑奴们的生活的体悟，迫使道格拉斯常常陷入对命运和死亡的焦虑之中，让他主动对自我生存和黑人同胞们的命运进行思考，且从中找到并肯定自身的勇气，从而为自由而努力。

第二节　在空虚和无意义的焦虑中找价值

如果说对命运和死亡的焦虑来源于道格拉斯身体所受的磨难和对周围环境的切身体验的话，那么他对空虚和无意义的焦虑则表现为他在精神上对自我肯定和生命意义的渴望。蒂利希指出："精神上的自我肯定出现在人创造性地生活于各种意义领域之中的每一时刻。在这一语境中的创造，并不是指天才所表现出的那种源发性的创造力，而是指人自发地生活在具有文化生活内容的行为与反应之中。"（蒂利希，2019：47）存在主义心理学家欧文·亚隆（Irvin Yalom）也说过，人是寻求意义的生物，意义又赋予人以掌控力，来塑造人的价值观和行为准则（亚隆，2015）。自传作为个人生命、生活、思想的文字呈现，是传主心理成长和发展性成长的自我记录。正是通过追踪精神上的成长和自我肯定，道格拉斯规避了空虚和无意义的焦虑，找到了人生的价值和意义。

道格拉斯从七八岁起，从自己没有确切的生日一事中，就意识到自己跟别的孩子的差异，意识到自己身为混血儿的处境，也意识到自己本该有的权利。

长期的体力劳作和主人的惩罚曾动摇甚至摧毁过道格拉斯的精神和意志。他经常遭受莫名的暴打，却无力回天，明明不公正却不得不屈服于权力；他能看穿奴隶主的虚伪和卑鄙，却无能为力。他不得不思考，但思考的结果是加倍的痛苦。只有当他与大自然独处时，他"才觉出自由的活力和丝丝希望"（45）。他常常独自站在切萨皮克海湾，望着远去的白帆航船感慨万分。看到在远方微风中扬起白色翅膀、乘风远去的船只，他对着它们直呼，是自由精神让这些航船生机焕发。自由精神也是他望而不得的模糊的理想。

道格拉斯从"不服从的勇气"中，体验到了生命的价值意义。道格拉斯在十五六岁时学会了记日期，他找到了时间里的自己。在对农场主科维先生的直接对抗和不服从中，他确认了自己的勇气，看到了希望和生命的意义。从那一刻起，"行将熄灭的对自由的些许渴望被重新点燃，我自己的男子汉气魄也被唤醒。它让我想起久违的自信，让我再次下定决心去获取自由。胜利所带来的成就感足以补偿任何可能的后果，哪怕是死亡。只有被血淋淋的奴隶制压迫过的人才能理解我深深的满足感。这种感觉我从未体验过——从奴隶制的坟墓中华丽地复活，然后通往自由的天堂。我长期饱受打压的精神振作起来，不再懦弱，取而代之的是勇敢的反抗之心。我下定决心，不论我的身体还要当多久的奴隶，我的内心被奴役的日子将一去不复返"（78）。他第一次出逃的计划正是他对未来、对命运的认知的结果，毕竟，生命的意义在于去做有意义的事情。

道格拉斯渴望自由，他必须出逃。"随着出发的日子临近，他日益焦虑，需要解释每一个困难，消除每一个疑惑，驱散每一个人的恐惧，并且鼓励所有人坚定意志，因为这对我们事业的成功不可或缺。"（89）他需要向伙伴们保证："如果现在不做，我们永远都不会去做；如果现在不打算动身，我们还不如双臂合拢坐下来，承认自己只适合当奴隶。"（89）出逃的危险、未来的不确定性和成败得失的责任沉重地压在他身上。但自由具有难以抗拒的诱惑力，尽管道路曲折，困难重重。"一旦我们失败，差不多就是死路一条"，"我宁可选择死亡也不愿被困在这令人绝望的枷锁中"（88）。这种普罗米修斯式的"我宁被铁链锁在悬崖上，也不做诸神驯服的仆人"（弗洛姆，2017：17）的勇气，让他知道未来会面对什么，他依然选择逃跑。克尔凯郭尔说："冒险会导致焦虑，但不去冒险却将会失去个人的自我……而在最高的意义上，冒险正是为了意识到个人的自我。"（梅，2008：4）道格拉斯的自我生命的意义，就此在他缜密的计划和勇敢的行动中得到了彰显。

出逃计划被泄露，他们被投进监狱。又一次，对未卜的前途、对出逃行动的价值和意义的怀疑，让道格拉斯陷入更深的焦虑："我独自一人，关在一所石头建成的监狱里，而就在几天前，我还满怀希望，希望自己已经安全到达一片自由的土地，可现在我愁眉不展、万念俱灰。没有任何获得自由的可能了。"（94）那一刻，他感到了痛彻的虚空。艾里希·弗洛姆（Erich Fromm）在《论不服从》（*On Disobedience and Other Essays*，1981年）一书中说："为了不服从，一个人须有勇气忍受孤独、忍受愆误、忍受罪咎。但仅有勇气尚不足够。一个人的勇气来自其发展水平。"（弗洛姆，2017：21）诚然，从心理、精神上来说，道格拉斯已经是个完全成熟的个体，他有勇气对"权势"说不，有勇气、有能力独对未来。终于，他彻底觉醒了，自由就是他生命的意义所在。

1838年，20岁的道格拉斯没有屈服于主人的权力，不愿把自己挣来的钱如数上交，便向主人提出自己只出租时间。他"下定决心坚持下去，为第二次出逃一心一意去挣钱"（105），但不得不告别情同手足的朋友们让他痛苦不已。"与朋友分别无疑是我所面临的最痛苦的挑战。对他们的爱是我的软肋，比其他任何事物都能动摇我的决心。除了分别的痛苦，心里对失败的恐惧和焦虑也比第一次尝试逃跑时的更剧烈。那次的惨败又来反噬我。"（105）然而，对这次行动后果的不确定性并没有使道格拉斯感到畏惧。1838年9月3日，他摆脱了枷锁，按计划顺利地来到纽约。

废奴主义报纸《解放者报》上的文章，点燃了道格拉斯的灵魂，他感受到从来没有过的激动。道格拉斯从此不仅有了身体的自由，也有了精神的滋养，找到了自己的价值。蒂利希说："空虚和意义的丧失，乃是非存在威胁精神生活的表现。这种威胁隐含在人的有限性之中并因人的异化而得以实现出来。"（蒂利希，2019：41-42）在不断成长的过程中，道格拉斯随着意识的觉醒和不服从的勇气的产生，在一次次的坚持和抗争中，规避、战胜了焦虑，实现了自我生命价值和意义的最大化。

第三节　在内疚和自责的焦虑中确立道德观

　　内疚和自责在人的生存中会引发焦虑，这种焦虑威胁着个体的道德认同。梅说过："当一个人面临展现或不展现生命潜能的选择时，焦虑就会出现。当一个人选择不去实现这种潜能时，另一种感觉就会出现：内疚。因为人类总是包含未实现的潜能，所以内疚和焦虑一样，也是每个人生活中都存在的东西。"（转引自雅各布森，2022：154）"为了避免这一极端的境况，人便力图把对于罪过的焦虑转变为道德行为，而不管这种行为的不完善与模糊不清。"（蒂利希，2018：45）道格拉斯由内疚和自责所引发的焦虑，在《自述》中表现为他对家人的怀念和关爱、他对某些白人的宽容和客观的描述，表现为他自发自愿地帮助、安慰、解救黑奴同胞们的责任感和使命感。他用爱心和善良回应奴隶主的冷血和残暴，用理性和公正回应白人奴隶主的强权和不公，用责任感和使命感回应白人轻掷黑人生命的反人性。正如菲利普斯所说，这本《自述》"不是单方面的叙述——没有满篇的抱怨——而是彻彻底底的公正；个人的善良和吃人的制度奇怪地结合在一起，每当个人的善良减轻了制度的残忍，你也给出了公正的描述"（Douglass，1845：xvi）。亲人、伙伴和同胞们的悲苦命运，不仅催生出道格拉斯的愤恨，更引发他因无可奈何、无能为力而产生的内疚和自责。

　　《自述》中有关母亲的回忆，只限于他三四岁之前的一些模糊记忆。像其他黑人孩子一样，他一出生，母亲就被租借给其他种植园。为了陪他几小时，母亲常常在晚上借着月光走 12 英里（mi）[①]偷偷赶路，天不亮又得赶回去。母子被隔离，亲情被割裂，因而他对母亲的记忆稀薄，就连母亲的死讯也没有触动他。但道格拉斯对外祖母的描写却是《自述》中最打动人的记述之一。一生都在服侍主人一家三代的外祖母年老力衰之后，被忘恩负义的主人赶到一片空地上自生自灭，孤独终老。他想象着外祖母临终时的孤苦状态，文字里似乎都带着泪水。

---

① 1 mi = 1.609344 km。

"年迈眼浊,喝口水她也要四处摸索。陪伴她的不再是孩子们的声音,白天她听到的是鸽子的呜咽,夜晚是恐怖猫头鹰的尖叫。四处一片阴沉。坟墓就在门口。现在,当年迈的痛苦将她压倒,当她弯着腰驼着背,当人类存在的最初和最终相遇,当无助的幼年和痛苦的老年碰撞在一起——就在这个时候,在这最需要人照料之时,在孩子们只能用温柔和爱来回报迟暮的父母时——我可怜的外婆,12名子女的亲爱的母亲,被孤零零地丢在那座小屋里,靠些昏暗的余烬度日。她站起来——她坐下去——她颤巍巍地走路——她倒下了——她呻吟着——她去世了——而她的孩子们、孙辈们都不能在她身旁,无法抹去她离世时布满皱纹的前额上冷冰冰的汗水,也不能够把她倒下的身体埋葬于地下。"(58)

显然,他对外祖母凄凉景象的想象有多具体、详尽,对外祖母的牵挂就应该有多深,对身为孙辈却无力回报她的罪责感就越强烈,对奴隶制所带来的一切不公平、不公正就越激愤。正如菲利普斯所说:"我们知道,你从杯中倒出的苦汁并不是偶尔的侵犯,不是一些个人的苦难,而是长久以来每一位奴隶都无可避免遭受着的折磨,是这个制度必然的组成部分,而不是偶然的结果。"(13)所以,他主动承担起了种族的重任,不仅争取到了自己的自由,还用余生为成千上万的黑奴书写、奔走!

道格拉斯的责任感和使命感表现为他对同伴的热心帮助和照顾。1845年4月22日,菲利普斯在信中这样评价道格拉斯,"你有少见的天赋,更少见的是你用这些天赋为他人服务,这使你为诸多热心人士所喜爱"(Douglass,1845:xvii)。在他刚有能力和自由安排自己的休息日时,道格拉斯就在一个自由黑人的家里偷偷办起一个安息日学校,每周有三个晚上教工友们识字,帮助他们成为"有智慧、有道德、负责任的人"(84)。指导奴隶同胞读书识字,是道格拉斯做过最愉悦的事,而且至少有一个人通过他的帮助获得了自由。"人们来到安息日学校不是为了跟风,我教他们也不是为了受人尊敬……残忍的奴隶主一直让他们的头脑处于无知状态。他们的心智一直被困在黑暗之中。我教他们,是因为这样做看上去能改善我们这个种族的状况。"(85)

1834年尾,道格拉斯的勇气和理想再次提升,他想要生活在一块自由的土地上。为此他准备做最后一次决定命运的努力。然而,他"不愿独自一人抱有这种想法。我的奴隶同胞们是我心爱的伙伴。我渴望他们能和我一起来做出这个能让我重生的决定"（86）。他主动热情地给同伴们传授自由的思想、计划逃跑的出路和方法，同时利用各种合适的场合，向同伴们讲述奴隶制赤裸裸的欺骗和不人道的行为。

道格拉斯最终成功逃到北方城市纽约。为了保障他人安全，他在《自述》中对第二次出逃的计划、线路和过程一笔带过，"因为那样做会带来风险，奴隶兄弟有可能因此失去摆脱奴隶制的镣铐和羁绊的一丝机会"（101）。弗洛姆说："价值观之根乃深植于人类自身所处的生存条件；对这些处境的认识，即对'人类状态'的认识，使我们树立起客观、真实、有效的价值观。"（弗洛姆，2017：1）道格拉斯基于对奴隶制本质的认识，基于对黑奴们的生存条件的了解，像世上其他一些伟大的灵魂那样，主动赋予自己某种使命和担当，愿意帮助同行者一起走出磨难。

客观地讲，不是所有的白人监工和农场主都嗜血成性，也不是所有的黑人奴隶都聪慧、理性。随着道格拉斯的心智逐渐成熟，他对自我和世界的认识也在提高。他在《自述》中一边同情奴隶们的生存状态，一边也在描述他们的某些缺点和偏见；一边抨击种族主义者行为的不公，一边客观公正地再现他们的优点和善意。

道格拉斯并不避讳谈论黑人奴隶的不当行为。"奴隶和其他人一样，其他人身上常有的偏见，他们也有。他们认为自己的东西比别人好。受到这种偏见的影响，许多人认为自己的主人要比其他人的好；在某些时候，事实却恰恰相反。确实，奴隶们为自己主人的仁慈而争吵失和的事并不少见，每个人都争着证明自己的主人比其他主人更仁慈。"（31）有时候，黑奴们为了逃离田地里工头的鞭打，争取某些权益，他们也会"争着讨好他们的监工，那份殷勤和政党里谋求官职者讨好、欺骗人民的手段并无二致"（25）。同时，奴隶们还常常会互相攀比谁的主人更好，且不惜为此大打出手。因为"身为奴隶已经很糟糕，而做一个穷人的奴隶，确确实实算得上是种耻辱了"（32）。

对于曾帮助很多奴隶顺利逃往北方自由州、被普通读者褒扬和赞赏的"地下铁路"，道格拉斯以亲历者的身份，给予了中肯的评价。"虽然积极但却是祸害。它们并不能启迪奴隶，反而点醒了主人，让主人更加警觉，方便他们捉拿奴隶。我们对身处南方的奴隶有责任,对逃到北方的奴隶也有责任;在帮助后者走向自由时,我们必须小心谨慎,不去做那些妨碍前者逃离奴隶制的事情。"(101)这也是他不愿详尽叙说自己成功逃跑的线路和过程的原因,而他之所以不愿书写自己成功逃离的详细经过,却是出于爱心!

《自述》中对一些白人的客观描述和部分肯定,除了表现对受众群体的考虑,更表现了道格拉斯的理性和公正。整个文本以陈述事实为主。他甚至站在一定的精神高度,再现白人除了残忍、暴力,还是奴隶制的受害者的事实。例如受过教育的南方绅士威廉·弗里兰先生,是他"遇到过最好的主人,直到我成为自己的主人"(13)。不同于别的庄园主,弗里兰先生会给奴隶足够的吃食和吃饭时间、足够的休息时间,雇佣足够的劳力分担活计,还会提供不错的工具。弗里兰先生也"在乎荣誉,对公平和人性仍有所尊重"(81)。在宗教仅仅是为了掩盖最恐怖的罪行,证明惨绝人寰的野蛮,为奴隶主最黑暗、猥琐、明显、残忍的行为提供庇护的南方,"他不信教,也不假装信教"(75)。对于有蛇蝎之名的白人奴隶主科维先生,那个曾经打得他皮开肉绽的奴隶主,道格拉斯也给予了一定的肯定,说他是"少数几位能干活,也会亲自动手干活的奴隶主。他很努力"(68)。对于接替塞维尔先生的霍普金斯先生,他更是给予了中肯的评价,霍普金斯先生"没那么冷酷和大不敬,也不会弄出那么多噪声。他的特点是没有过于寻常的残酷。他鞭打人,但似乎并不热衷于此。奴隶们认为他算个不错的监工"(24)。

适时地表达感激,一直是道格拉斯宽容和善良的明证。对于教他识字的女主人,他满怀感恩之情。"就识字而言,我得益于女主人善意的帮助,但同样也受益于主人严厉的反对。两者我都得承认。"(45)道格拉斯同时承认的还有他在女主人家时自己生活条件的改善。"和种植园的奴隶相比,城里的奴隶几乎可以算得上自由人。吃穿要好很多,享受的特权也是种植园的奴隶所不知道的。在这里,正义感和羞耻感在很大程度上阻止并抑制了种植园里司空见惯的残忍恶行"(45),因为"没有几个奴隶主愿意被人认为残忍而不受欢迎。最重要的是,他们可不愿别人认为他们没有能力喂饱自己的奴隶"(45)。

在巴尔的摩的船上干活时，他曾遭受其他白人工人的毒打，向来冷酷无情的主人休斯对他的同情和关心，让他甚为感激。"他专心地听完这个野蛮暴行的前因后果，并对此感到非常愤怒"；女主人更是担心地流了泪，为他包扎伤口，清洗瘀血，让他感到了母亲般的温暖和爱。"曾经温柔慈悲的女主人，能再次感受到她的善良，不得不说这对我所遭受的痛苦是一种补偿。"（97）

道格拉斯在为奴的日子里既看到了苦，又懂得了爱，也学会了感恩。他一直用自己的行动本身践行着自己的道德观。"我真诚地、衷心地希望这本小书能让人们对美国的奴隶制度有些了解，数以百万身负枷锁的兄弟们能因此更快地迎来解放的那一天。我卑微的努力靠的是真理、爱和正义的力量；我郑重承诺将重新投入到这一神圣的事业中，我自愿献身。"（Douglass，1845：107）道格拉斯在该书的附录中如此说，他后来的一系列行动证明他也是这样做的，类似的思想也隐藏在他的《自述》的字里行间。

"自由、责任心、勇气、爱以及内心完整等特质是理想的特质，从来都没有人曾完整地认识到这些特质，但是它们是我们的心理目标，为我们走向整合的过程赋予了意义。"（梅，2008：234）对自由、责任心、勇气和爱的深入思考和践行，既是道格拉斯一路走来焦虑的原因，也是他思考、选择的结果。有幸的是，他从这些存在性焦虑中"发展了自己的能力"（阿兰·德波顿语），这些激发出他追求自由的勇气，强化了他的责任感，实现了他个体生命的价值和意义。

结　语

对命运的追问和不甘，对死亡的恐惧，对人生意义的追求，是贯穿道格拉斯首部自传的主要思想。智识和责任让道格拉斯思考，思考让他焦虑，焦虑让他生发出勇气并寻索到生命的价值和意义，建立起责任、义务和使命感以及完整人格，并选择"献身于伟大的事业，折断压迫者的权杖，解放被压迫的人们"（Douglass，1845：v-vi），为数以万计的黑人群体的命运不懈努力。

美国19世纪著名的废奴主义领袖人物威廉·劳埃德·加里森在该书的序言中激动地说："一个人在品读这本书时，如果眼中没有含着泪水，胸口没有因激动而起伏，精神没有受到煎熬；他的内心没有充满对奴隶制及其教唆者们无法言表的厌恶，他没有下决心去想方设法立刻废除这个可恶的制度……那他必是铁石心肠，能够胜任贩卖'奴隶以及人们灵魂'的角色。"（Douglass，1845：x）道格拉斯的遭遇"不是一些个人的苦难，而是长久以来每一位奴隶都无可避免遭受着的折磨，是这个制度必然的组成部分，而不是偶然的结果"（Douglass，1845：xvii）。近两百年过去了，种族主义，从某种程度上来说，依然是美国社会的顽疾。尽管蓄奴制在法律上已经被废除，但其种族主义思想的内核依然潜藏在所谓的民主国家的各个层面。

第二章　所罗门·诺瑟普的生命样态

知道为什么而活的人，便能生存。——维克多·弗兰克尔

引　言

《为奴十二年》是诺瑟普的一本个人自传，作者以具体的、翔实的传记事实，叙写了自己作为一位普通黑人自由民被绑架后变卖为奴，惨遭苦刑和苛虐，却从未放弃希望，且学会在苦难中寻索意义的小人物、大命运的故事。诺瑟普以农耕和演奏小提琴为生，与妻子和儿女们生活得安然无忧且怀揣梦想，后来被两个白人奴隶贩子以给马戏团伴奏为由绑架到华盛顿后变卖。在随后的12年里，他亲历、目睹了黑奴悲惨的生存、生命、生活状态，最终在自己的不懈努力和好心人的帮助下重获自由。在12年炼狱般的奴隶生活里，传主诺瑟普竭力保全性命，以对家人的至爱、对上帝的信仰、对大自然的顾盼来消解身心的屈辱和劳困。面对存在的挫折，诺瑟普战胜了痛苦，依凭内在的力量和精神的自由，历练意志，拓展生命力。

被称为美国存在主义心理学之父的梅，首次系统地把存在心理学理论体系称为"研究人的科学"（a working science of man）——对人及其存在进行整体理解和研究的科学，从而为理解人的存在结构方式、增强人的存在感、促使人重新发现自我存在的价值，提供了科学的考证方法。梅尤其重视人的建设性的一面，他以探究人的经验和存在感为目标，重视人的自由选择、自我肯定和自我实现的能力，将人的尊严和价值放在心理学研究的首位。丹麦哥本哈根大学心理学家雅各布森教授在《存在主义心理学的邀请》一书中，以梅的存在主义心理学为基础，提出了三个基本的生活概念——"生活感受、生活勇气、生命能量或生命力"（雅各布森，2022：

18），借此把人类的自我寻求过程和特点条分缕析地加以分类，凸显出人类如何在自由选择、自我肯定、自我实现中，达到对人尊严和价值的实现。

自传书写是人自我寻求的一种特殊形式，作家们往往带着积极的、建设性的目标，通过回忆、构思、写作，在文字里认识自己、发现自己、成全自己，进而超越自己！以梅的人的自我寻求思想为切入点，介入19世纪中叶的美国奴隶叙事精品《为奴十二年》，我们看到了传主悲惨却不悲观的生命路程。传主把焦虑变成生活的能动力，寻找到一种蒂利希所谓的"存在的勇气"，活出了完整的自己。

第一节 诺瑟普的生活感受

在生存、生命的细节里感受生活，体验真实、活力、完整，从而避免自我感的丧失，是诺瑟普这本自传作品的突出特点。雅各布森指出，生活感受是指我体验自己的存在，并形成对生活的感受，借此了解自己的基本价值观，如善与恶、好和坏、对和错的评判。这些观念不仅来自父母或社会的标准，而是从我们自身中有机地生长出来的，从而形成真实、有活力、完整，安全的生命感受，以避免自我感的丧失（雅各布森，2022）。诺瑟普对生命完整性的感受既来自其原生家庭的幸福，也来自为奴12年里对空间、时间、自然和人文环境的体验和感悟。

积极、健康、温暖的原生家庭氛围给诺瑟普提供了超出普通家庭的教育，培养了让他终身受益的艺术爱好——读书和小提琴。父亲"除了给我们兄弟俩提供优于普通水准的教育，他还通过自己的勤俭挣得了一份家产，足以让他获得选举权……他尽力向我们的头脑灌输道德情操，教我们将信任与信心放在无论贵贱都一视同仁的上帝手中"（3）[①]。"小提琴是我年轻时最大的娱乐爱好，从那时起，它就是我获得安慰的来源。"（4）

温馨的小家庭让诺瑟普感受到情感生命的完整性。他21岁结婚，妻

[①] 所罗门·诺瑟普. 2014. 为奴十二载. 常非译. 北京：北京大学出版社. 本章引文凡出自此书，皆只标明页码。

子安妮美丽、善良又勤劳。三个可爱的孩子"让屋里充满欢笑，在我们的耳朵里，他们稚嫩的童音就是音乐。我和妻子给这三个天真无邪的孩子编织了无数美好的梦"（9）；"只要在孩子们的身边我就觉得幸福。我把他们抱在温暖而充满柔爱的胸膛里，他们身上那层暗色的皮肤就像白雪一样洁白无瑕"（10）。尽管肤色会让孩子们受到歧视，他们的生活也颇为寒苦，但诺瑟普一直对未来满怀憧憬。

诺瑟普生活的真实感来自他的勤奋劳作和他对俗常生活的富足感。婚后的诺瑟普找了一份修筑运河的活，有了一些积蓄后，他买了两匹马和其他跑运输所必要的东西，并雇了几个得力的帮手。接着，他承包了从尚普兰湖往特洛伊筏运木材的生意，并在这个过程中熟练地掌握了筏运的技巧和窍门。在生活的历练中，他悉心体悟生命的细节，几次出游加拿大的机会，不仅培养起他的方位感，也提升了他的阅历和见识。1832 年，诺瑟普和妻子还承包了一块地，种植了 25 英亩（acre）①的玉米和一大片燕麦，后来举家搬到了萨拉托加斯普林斯。丈夫辛苦劳作，妻子勤俭持家；丈夫长于小提琴演奏，妻子的厨艺远近闻名；几个孩子乖巧可爱，一家人的小日子过得和和美美，尽管并不富裕，但衣食无忧。一种富足感和希望弥散在日常的日出、日落间，幸福感在诺瑟普的字里行间弥漫。

然而，一直生活在自由北方的诺瑟普并没有满足现状。他一直渴望能在白人主导的世界里为自己争得一席之地，因为"我了解自己同样希望在白人世界占有一席之地的心情。任何一位智力与普通人相当的白皮肤美国人都有如此愿望"（9）。原生家庭给予他的基本技能和道德观念、坚定的信心、勤劳的本性和他天生的智慧和动手能力，让他的日常生活充实、稳定且充满活力。正是这些给予了他生命的安全感，让他有信心展望未来。然而，幸福的日子因两个白人骗子的出现被拦腰截断，一起被截断的还有他对未来的种种美好期许。

如果说诺瑟普对被绑架之前的生活感受是温暖、希望、真实和完整的话，被变卖后，他的生命被推到极致，他感受到的是生活的苦涩、虚幻和绝望。

---

① 1 acre = 4046.86 m²。

1841年3月，诺瑟普还在计划着他下一段的人生，却被两个白人对他小提琴演奏水平的奉承、丰厚的演出酬劳和大城市的繁华所迷惑。他甚至没来得及和妻子告别，就带着满心的欢喜和期待，驾着马车跟从两个白人骗子从萨拉托加到了纽约；第二天揣着一张开好的自由证渡河到了泽西城，然后直奔费城、巴尔的摩，再到华盛顿。一路上，两个白人"从第一次见面到现在，他们一直都非常友善。言语上对我称赞有加，没有丝毫怠慢"（15-16）。等他从毒酒中醒来，才发现自己"在一团漆黑中，发现自己孤身一人被链条锁着"（19）。然而，他暗黑的生活才刚刚开始。

在接下来漫长而残酷的日子里，诺瑟普只能在面对疼痛、孤独、恐惧、死亡以及贪欲的人性的情境中，无奈地体悟着自己的存在；在具体的时间、空间、人物、地点、环境、方位、个人情绪变化等诸多细致描写中，确证着自己的此在。

被关押在华盛顿的一个奴隶围圈内，诺瑟普被一位臭名昭著的奴隶贩子伯奇打得皮开肉绽，"现在回想起当时的情景，还记得皮开肉绽的感受，整个人像是置身于烈火，那种痛苦只有燃烧的地狱可比"（25）。刚清醒的时候，处于极度孤独中的他迫切渴望能看到个人影，随便什么人都可以；"我孤身一人，迫切希望能见到个人，不管是谁。想到有人来了，我浑身战栗。看到人的脸，尤其是白人的脸，让我惊恐不已……身体已经变得十分僵硬，疼痛难忍，浑身布满了水疱，稍微动弹一下都极为困难"（26-27）。然而，在那种生不如死的环境里，他的"精神并没有垮掉。我沉浸在逃跑的期待之中，越快越好。我琢磨着一旦有关我的情况真相大白，人家不会如此不公地把我当奴隶一样拘禁起来"（27）。诺瑟普在对疼痛的感知、对未来的希望、对世间勇气的信仰、对险恶人性的参透、对命运的慨叹中，悟到了应对不幸命运的办法：不放弃抗争，但更需要智慧。

时间在继续，诺瑟普半夜被奴隶贩子叫醒，一行人被押着从黑暗走向另一种黑暗，但他逃跑的决心从来没有改变。"我们戴着镣铐沉默地走在华盛顿大街上——穿过这个国家的国会大厦，它告诉我们这个政府所建立的理论基础，是人类不可剥夺的生命权、自由权和追求幸福的权利！"（35）那一刻，"在经过华盛顿的坟墓时，铃声再次响起。博奇恭敬地弯腰脱帽，向这位将自己辉煌一生奉献给国家自由的圣人的骨灰表示敬意"（35）。

这一段反讽式的描写不仅仅表现出命运的不公，还表现出畸形的奴隶制度下的各种荒唐。

被禁锢在南下的货仓里，诺瑟普没有像其他同伴一样哀叹自己的悲惨命运，而是冷静地思考并"在脑中思索着上百条逃跑的计划，打算在头一次时机成熟时以身试验。到了这个时候，我确定自己的对策是在生为自由人这个问题上不再多说，多说只会将我置于被虐待的境地，而这会减少我获得自由的机会"（36）。他在南方种植园恶劣的生存环境里犁地、播种、锄草、摘棉花、收玉米、焚烧茎秆，还附带着砍柴、轧棉、养猪、杀猪等，年复一年，这让他苦不堪言。那里没有足够的睡眠时间，唯一能领到的食物只有玉米和熏肉。"害怕自己第二天早晨睡过了头，违例的人至少会被抽上二十鞭。奴隶沉沉入眠，暗自祈祷自己在听到第一声号角时能够清醒地起身。"（139）他住在用木头搭建的小屋里，屋里没有地板也没有窗户，只有透过木头之间的缝隙才能看到亮光。但一遇刮风下雨，水会直接灌进去。没有任何柔软的床褥，他"躺了许多年的这张睡椅，是一块十二英尺①宽十英尺长的木板，枕头是根木块。铺盖是一张粗糙的毯子，身旁连块破布也没有"（139）。

摘棉花不是他的特长，诺瑟普经常因采摘不够量而挨打。"新一天的劳动和恐惧便开始了，直到收工前绝不会有休息这回事。奴隶们在白天害怕落后于人，晚上害怕带着棉花篓前往轧棉厂，躺倒休息时，仍害怕自己清早睡过了头。这就是一个奴隶在贝夫河岸的摘棉季节里一天的生活，它真实无比，没有丝毫夸张。"（140）

诺瑟普所受的皮肉之苦和身体疲累构成他最真切的生命体验。在主人艾普斯家干了十年，他想换个主人的想法被主人知道，他挨了一次让他刻骨铭心的鞭打。"我恳求他，试图用各种理由软化他，但徒劳无用。我别无选择，只能跪倒在地，将裸露的后背置于皮鞭之下……他一连抽了二三十鞭，一刻不停地用各种表达方式重复着'皮匠'这个词。打够了以后，他才准我站起身来，用半带着恶意的笑容向我保证，如果我还想着那件事，他会随时好好教训我一顿……"（211）

---

① 英尺（ft），1 ft = 0.3048 m。

诺瑟普在自传中用精准的人名、地名、空间、时间、方位、距离，凸显着他生存的立体感、空间感和真实感。他这样描述松林里印第安人舞会的场景，"中午时分，我们来到一处约三四英亩的开阔地，那里立着一间未粉刷过的小木屋、一座玉米粮仓，还有一间原木搭起来的厨房，与木屋有一杆的距离。木屋是马丁先生的夏日居所。在贝夫河，拥有大片田地的富有农场主常在这些树林中消磨炎炎夏日，这里有清澈的溪水和宜人的树荫"（70）。文本中像这样真切的画面描写处处皆是："福特的种植园位于大松树林的得克萨斯路上，距离拉穆里十二英里。我们被告知这段路没有通行公路，需要徒步行走。"（69）"一所比马丁先生的屋子还大的宅院坐落在这片空地上，别墅有两层楼高，正面有一道门廊。屋后有一间原木搭起来的厨房、家禽舍、玉米粮仓和几间黑奴小屋。宅子附近有一座桃园，花园里种有橘树和石榴树。这片空地四周被树林围绕，草坪青翠，郁郁葱葱。此处安静宜人，少有人来，算是荒野中的一处绿地。这里就是我的主人威廉·福特的住处。"（70-71）诺瑟普写贝夫河，"河水蜿蜒迟缓，是那片地区常见的一滩死水。它从离亚历山德里亚不远的某地起始，沿东南方向逶迤而去。河长五十多英里。河两岸是大片的棉花和甘蔗种植园，延伸至无边无尽的沼泽边界"（81）。赫夫鲍尔河畔的一处种植园，更是被标出了精确的方位："这间种植园离霍尔姆斯维尔两英里半，离马克斯维尔十八英里，离切尼维尔十二英里……"（133）

诺瑟普把棉花种植、打理、采摘的过程，描述得犹如一本说明书。他把犁地、耙地、翻地、播种、锄地、间苗、打枝、摘棉花、称棉花、晒棉花等如此条分缕析地罗列下来，仿佛只要愿意，跟着他的步骤流程，人们都可以种出棉花来。从他画面感极强的文字中，我们仿佛看到黑奴们劳作着的背影，看到了作者诺瑟普！

谈到诺瑟普对生活的感受，一定要说说他对身边人的细致观察和共情。实际上，从该书中几乎每一页上，我们都可以读到一个有名有姓的人。姓名、肤色、性格、外形和来历样样俱全，而作者的生命影像就掩藏在这群人中。读者不仅看到他遭受过的苦、干过的活儿、遇到的人、吃过的饭、走过的路、蹚过的河，还能感受到他的喜、怒、哀、乐、愁与苦，以及他依稀的希望。

赫尔曼·黑塞（Hermann Hesse）在《悉达多——一首印度的诗》（Siddhartha——Eine indische Dichtung，1922年）里有这样一句富含哲理的话，"如果一个人扼杀了感官意义上的偶然之我，却喂养思想意义上博学多能的偶然之我，他是不会寻得自我的"（黑塞，2017：44）。的确，在逼仄的空间内，在大自然的空旷里，在人与人的互动中，失去自由的诺瑟普始终积极地感知生活。至暗时刻，他没有自怜，没有绝望，还分出一些心思读自然万物，细察身边人像，读自己的内心，用一切机会体验生命的真实、完整，尽管困难重重。

第二节 诺瑟普的生活勇气

梅在《人的自我寻求》中指出，生活勇气作为生活感受的重要组成部分，是一种有意识的态度，在这种态度中，人肯定自己的生活，无论存在什么样的阻力。生活勇气是指一种存在的勇气，包含自然成分和道德成分：前者是生活本身的部分，后者是个人努力追求的东西。生活勇气就等同于选择活下去，在自然的生命过程中加入个人的决策力（雅各布森，2022）。如前言所述，梅将勇气分为身体勇气、道德勇气、社会勇气和创造勇气。为奴12年之久的诺瑟普，就以这四种交错着的勇气，在苦涩艰难中活出生命的意义来。

一、诺瑟普的身体勇气

身体勇气是指"与身体有关的勇气"（梅，2013：23），是指人们能够忍受恶劣的环境，顽强地生存下来。从被骗到华盛顿落在奴隶贩子伯奇手里的那一刻起，恶劣就成了诺瑟普生存环境的底色，他也从美国自由民变成了"牲口"。皮肉之苦累、对死亡的恐惧尽管让他感叹生不如死，但也激发了他对活着的渴望和对自由的向往。

死亡的威胁是焦虑最为常见的象征（梅，2008）。恐惧死亡是人类共有的焦虑，然而作为自由人被绑架买卖，在船上遭遇风暴、晕船、呕吐、被鞭打，让他一度觉得死亡对他来说成了一种解脱。"在我不幸的生活之中曾有过这样的时刻，想到一死了之也许是件好事，可以结束这尘世的悲伤，让这副疲惫不堪的身躯长眠于坟墓之中。可这些念头在危急时刻消失得无影无踪。即便铆足力气，也没有人能够在'恐惧之王'面前镇定自若。生命对每个活物来说都是宝贵的。在地上爬的虫子也有求生的欲望。在那个时刻，对于身为奴隶，饱受欺虐的我来说，生命无价。"（107）

被关在黑暗潮湿的地下室里，诺瑟普被奴隶贩子打得皮开肉绽；被禁锢在奴隶围圈内，"买主们可以摸摸我们的手、胳膊和身上，让我们转个圈，问问我们会做什么，让我们张开嘴露出牙齿，就像马贩子在买货或者交易时检查马匹一样"（57）；运奴船遭遇风暴，"这对我们来说是件高兴的事情——它可以让我们不必再经受上百次的鞭打之后悲惨地死去"（45—46）。运奴船越驶向南方，他的生存境况越是恶劣。他第一次夺船逃跑的计划，随着同船的罗伯特的暴毙和突然出现的恶疾落了空。他"凝视着一望无际的水面，情绪低落"（49）。到了新奥尔良，看到同船的亚瑟被人救走了，"我的心中一片废墟，被绝望和后悔填满，我只恨不能随罗伯特葬身海底"（52）。染上天花，不省人事被送入院，他以为熬不过这一关了。"我希望自己死掉。尽管摆在我面前的生活前景黯淡，可死亡的临近让我惊骇不已。我想过在家人的怀抱里放弃自己的生命，如今，在这样的情形之下，在陌生人中间咽下最后一口气，该有多么苦涩！"（60）绝望、恐惧、焦虑、憎恨都是他面对死亡时的种种感受。

他另一次和死亡擦肩而过，是跟新主人提比兹的第一次对抗。他先是遭遇狠毒的鞭打，后来手脚被困，站在炽烈的太阳下暴晒，等待被吊死在树上。那时的他，"希望在我心中渐渐死去，我的死期到了。我将再也看不到新的一天的阳光，再也无法看到我的孩子们的脸——那是珍藏在我心中的甜蜜期待。我将挣扎在令人恐惧的痛苦死亡之中！无人为我哀悼，也无人为我复仇"（89）。身为奴隶的他日复一日地辛勤劳作，忍受虐待、辱骂和嘲弄，睡在硬邦邦的地上，吃着最粗糙的食粮，惶惶不得终日。"为什么不让我英年早逝，在上帝给了我挚爱的孩子之前？这样就可以免于承受不幸、痛苦和悲伤。我渴望自由，可奴隶的锁链绑住我，无法撼动。我只能忧愁地凝视着北方，想着横亘在我和自由之地之间的数千里路，这是一个黑皮肤的自由人无法跨越的距离。"(99)看似一心求死的诺瑟普，内心却满是对生的期望。

discuss诺瑟普的身体勇气，再也没有他痛打了主人后被猎狗追杀的场景更典型了。他毅然决然地选择了逃跑，"在沼泽里做个游魂、逃犯和流浪儿也比我现在的生活强"(108)。"恐惧给了我力量，让我发挥到了极致。每隔一阵子我就能听到猎犬的叫声，它们赶了上来。狗吠一声近过一声。我设想着它们跳上我的后背，长长的牙齿嵌进我的肉里。它们为数众多，我知道它们会把我撕成碎片，把我立刻咬死。我气喘吁吁，上气不接下气地向上帝祈祷救我一命"(110)。逃开了猎狗追踪，等着他的是潜伏在水里的上百条水蛇和鳄鱼，而那一刻他不知道"最惧怕什么——猎狗、鳄鱼还是人！"(113)这一次，他只身对抗的除了主人，还有跟主人一样恶毒的猎狗、水蛇和鳄鱼。

诺瑟普对死亡的焦虑还表现在日常劳作中。摘棉花的季节里，皮鞭的抽打声和奴隶的惨叫声每天都会在种植园响起，从收工后到睡觉前不绝于耳。有时候奴隶们累得恨不得直接趴在地上痛哭，但主人还是逼着他们都强打起精神欢快地跳舞。主人喝醉酒后来了兴致，所有的奴隶都会被逼着整夜跳舞。"整整十年我用无尽的劳动为他增加财富。整整十年我不得不低眉顺眼，摘下帽子跟他讲话，用奴隶的态度和语言。我对他没有丝毫亏欠，除了不该承受的皮鞭和打骂。"(150)

心理学家弗兰克尔说过："生命在任何条件下都有意义，即便是在最为恶劣的情形下。"(弗兰克尔，2018：8)这种无限的人生意义涵盖了痛苦和濒死、困顿和死亡，我们坚信与命运的抗争纵然徒劳，亦无损其意义与尊严。生存环境恶劣如此，也没有影响诺瑟普想要活下去的勇气。他渴望回家，渴望自由，并为此默默做着各种努力。他的不放弃，正是他用勇气彰显出的生命的价值和意义。

二、诺瑟普的道德勇气

道德勇气是指能够"感受他人苦难处境的勇气。具有较强道德勇气的人，能够非常敏感地体验到他人的内心世界"(梅，2016：23)。正是靠着道德勇气,在该抨击奴隶制以及奴隶主的残酷行径的奴隶叙事中,诺瑟普却选择给予一些白人以有限的认可和客观的评价。

威廉·福特就是诺瑟普大加赞赏的白人奴隶主之一。他竭力解释福特蓄奴的原因是对奴隶制本质的认识有问题。"在我看来,他是一位和善、高尚、正直的基督徒,这番形容完全公正,并无虚言。围绕在他身边的结交之人和影响,让他看不到奴隶制度根源处的本质错误。他从未怀疑过将人屈服于人的道德权利。他与他的先辈所处环境相同,因此看待问题的角度一致。若是在其他环境和影响下成长,他的观念毫无疑问将有所不同。尽管如此,他仍是位道德典范,按照他自己的理解方式行得端走得正,那些被他买下的奴隶是幸运的。如果所有人都能像他那样,奴隶制度的苦涩将会减去一大半。"(67)诺瑟普用这一事实告诉读者,世界本就不完美,世人有善有恶,不该以肤色为红线,但他的苦难却无不来自自己的黑。

再看看他笔下的"艾普斯太太"。不同于她的丈夫,这位太太对年轻女奴帕茜的残酷迫害,"只是被妒忌的恶魔主宰了。除此之外,她的性格中有不少可敬之处……她在密西西比河岸的某处学院受的教育,容貌美丽,颇有成就,教养良好。她对我们都很和善,除了帕茜。丈夫不在时,常从自己的餐桌上给我们端来一些美味佳肴。在其他情况下——在贝夫河岸其他社交团体中——她可能会被视为一位高雅而迷人的女性,只是不幸入了艾普斯的怀抱"(163-164)。

对于帮助他获得自由的巴斯先生,诺瑟普更是不惜笔墨,赞赏有加。"他人高马大,年纪在四五十岁,白皮肤,浅色头发。他是个冷静自控的人,喜爱辩论,但总是在深思熟虑后才会开口,从不会说冒犯人的话。"(221)巴斯先生还强调过,奴隶制是"完全错误的——完全错误……这里面毫无公平正义"(222)。

另一个被诺瑟普高度赞誉的是白人奴隶主麦考伊小姐。"她深受奴隶们爱戴,能够在如此和善的主人手下工作确实应该心怀感激。河沼上下没有任何地方能像麦考伊女士的庄园宴会一样充满了欢声笑语。远近种植园的老老少少都喜欢在这里度过圣诞假期,找不到比这里更美味的佳肴,别处也听不到如此悦耳动听的音乐。诺伍德庄园的独身女士麦考伊小姐深受爱戴的程度无人能及,没人能像她一样在数千奴隶的心中占据了如此大的一块地方。"（240）奴隶们的圣诞节舞会聚餐，就在麦考伊小姐家举行。也许诺瑟普也自知对白人的溢美之词过多，所以特意增补了解释，但却透露出某些投白人所好之嫌："我之所以怀着愉悦的感受将这位温柔美丽的女士形容出来，不仅是因为她激发了我的感激和欣赏之情，还因为我想让读者们明白，贝夫河上的奴隶主并不是都像艾普斯、提毕兹或吉姆·本茨那样。尽管少之又少，但偶尔还是会碰到威廉·福特那样的好心人和年轻的麦考伊小姐那样的善良天使。"（241）在那个声讨反人性的蓄奴制时期，在那个黑白之间对抗激烈的时代，如此肯定白人的人性之光，并非诺瑟普的最佳选择，但他选择把一些善的色彩留给那些曾给过黑奴滴水之恩的白人，也确实需要一点勇气。

三、诺瑟普的社会勇气

社会勇气是指与他人建立联系的勇气，这种勇气与冷漠相对立（梅，2013）。诺瑟普和个别白人之间的某些信任关系，以及和其他黑奴们的友谊，都是其社会勇气的表现。

被运往南部的"奥尔良号"船上，诺瑟普的逃跑计划失败，他选择信任一位24岁左右、身材高大结实、看上去善良的好心人约翰·曼宁。曼宁在得知他的遭遇后，不仅给他提供了写信的机会和纸笔，还帮他寄出了那封求救信。在很多年之后，他才知道那封信确实已经寄出，但由于信上没有写明他的确切下落，所以当时没法营救他。他和水手之间短暂而又友好的关系，曾是照亮他那一段至暗时刻的微光。

诺瑟普曾与白人福特老爷关系平和。他们常常在一起谈今生来世，谈上帝的仁慈和伟大，谈人世间的浮华。他还曾得到福特老爷的信任，负责监督其他奴隶干活。老爷"交给我一把皮鞭，命令我抓到不干活的便抽上去。如果我没有照办，会有另外一把鞭子抽上我的后背"（160）。不得不说，诺瑟普手里的鞭子让他尝到了平等的滋味，也体会到了权力的力量。

12年为奴的生活，诺瑟普始终小心翼翼，不给任何人吐露自己的信息，但他认准了巴斯先生，恳请他帮自己写封信给在北方的亲友。白人巴斯先生不顾自己的性命危险，为诺瑟普传递信息，给他苦难的生活带来了生的自然，诺瑟普和那些跟他一样失去自由的黑奴们建立起了很深的情谊。有一次主人命令他鞭打女奴帕茜，"打了三十鞭之后，我停下手，转身望着艾普斯，希望他已经满意了。可他骂得更凶了，命我继续打。我又抽了十几下，此时，帕茜的后背布满了长长的鞭痕，密密麻麻地交织成网状……我扔下鞭子，说自己没法再打下去了。他命令我接着打，威胁说若不服从，会挨一顿比她更狠的。这毫无人性的一幕让我的心愤而反抗，在没有考虑后果的情况下，我断然拒绝再拿起鞭子"（214-215）。诺瑟普对奴隶主偶尔的不服从，也帮他保住了身为奴隶的那一点点尊严。

作为八年的领班，诺瑟普常常利用自己仅有的权力，保护同伴们免受皮肉之苦。为此他练就了精准挥鞭的技巧，"我已经能够准确而灵活地掌握挥鞭的技巧，手中的这根皮鞭能够毫发不差地落在后背、耳朵和鼻子上，绝不会刮到别的地方。如果艾普斯在远处观察，或是我们预感到他躲在附近某处，我便狠命地抽起鞭子来。根据事先安排，同伴们会扭动身体惨叫起来，仿佛痛苦万分，实际上鞭子没有擦到他们一下"（188）。

梅说过，所谓的"勇气并非面对外在威胁时的勇气，它是一种内在的素质，是将自我与可能性联系起来的方式和渠道"（梅，2008：23）。在极端恶劣的生存环境里，诺瑟普的生命朝不保夕，但他仍然选择利用自己仅有的机会和勇气，与个别白人保持某种友好关系，与黑人同伴相互照应，从而为自己求得生存，为他人求来平安。

第三节 诺瑟普的生命能量（生命力）

梅指出，面对焦虑，我们的任务是加强自我意识，找到自我力量的中心，这些中心能使我们抵制住周围的混乱和困惑（梅，2016）。诺瑟普在为奴 12 年的经历中，对大自然的深刻感受和体验，对友情、亲情的细腻体悟，以及在创造和创作中对自我价值和意义的确认，都是其生命能量的彰显。

在一本以诉苦为主的奴隶叙事文本中，诺瑟普对大自然的细察和书写，不仅没有违和感，反而让我们看到隐喻意义上的"自然空间"；不仅为文本增添了诗意，还为他自己打造出某种"伊甸园式"自由领地。

诺瑟普通过关注自然环境稀释自己对命运的焦虑。诺瑟普尽管被铐在船尾，前途一片漆黑，且知道反抗无望，但抬头看向自然风景："这是个舒服的早晨，河两岸的田野郁郁葱葱，早熟于我所熟悉的这个季节。阳光温暖地照耀着，林间有鸟儿在歌唱。我羡慕那些快乐的鸟儿。我希望像它们一样长着翅膀，那样我就会划过长空，飞向在凉爽的北方徒劳等待着父亲归来的小鸟。"（36）

在被猎狗追逐亡命逃跑中，他视自然为陪伴："月亮升起，柔和的月光爬上枝枝蔓蔓，上面吊着长长的苔藓……沼泽地里鸭声一片！那种死一般的寂静消失了，仿佛太阳当空照耀。我的入侵惊醒了这群长着羽毛的部族。它们密密麻麻地聚集在这片沼泽地里，扯开聒噪的喉咙，发出成百上千个声音。"（112-113）

逃回到福特先生的大松林，他生死未卜，但看到"现在已是群鸟安静的季节，在寒冷的气候中，树木褪去了夏日的繁盛，但各色玫瑰依旧盛开着，茂盛的藤蔓植物攀爬在屋墙上。绯红和金色的果实半掩在新老桃树、橘树、李树和石榴树之间。在这片恒温地带，一年到头都会有树叶落下，嫩芽开花"（118）。大自然不仅给了他美的力量，也给他传递了生命的力量。在很多时候，他干着最粗的活儿，却也观察着最美的自然风景："棉花从五英尺长到七英尺高，每根茎干上都长着许多枝条，伸向四面八方，重重叠叠地长在水沟上。宽阔的棉花地开花时是少有的美景，像一片一望无际的新落下的白雪，轻盈而纯洁。"（136）审美稀释了他的疲累，自然治愈了他的伤痛。生命的意义在没有自由的环境里也发出灿烂的余光。

诺瑟普还在亲情、友情里，续存自己的生命力，寻求生存机遇。"远离家人，回味过往的美好时刻成了诺瑟普体验亲情的唯一方式。"（焦小婷，2017：43）自传中对亲情的回味，让诺瑟普触摸到生命的意义，并将其凝练成奴隶叙事文本中少见的温情。

"在荒凉的环境中，人们不能畅所欲言，唯一正确的做法就是忍受痛苦，以一种令人尊敬的方式去忍受，在这种处境中的人们也可以通过回忆爱人的形象获得满足。"（焦小婷，2017：43）因为"爱是人类终身追求的最高目标……拯救人类要通过爱与被爱"（弗兰克尔，2018：45-46）。如前文所示，在华盛顿的威廉奴隶监狱，诺瑟普被打得疼痛难忍，浑身布满水泡，在其情绪极其低落时，对妻儿的思念占据着他的头脑，他的精神并没有垮掉，他仍期待逃跑。在他受酷刑鞭打时，孩子是珍藏在心底的甜蜜期待，对妻儿的思念成了他之后几乎每个夜晚的必修课。在备受侮辱、奚落和嘲弄时，他希望自己死去，但又无法割舍对孩子的亲情，捶胸感叹上帝给了他挚爱的孩子们之前怎么没让他死去。诺瑟普常常通过回味亲情来稀释眼前的疾苦，并滋养精神的成长。正是在对亲情的回味和不舍中，他竭力保全性命，顽强地活了下来，让存活本身张扬出生命的意义。

弗兰克尔指出，人们可以从不同的途径寻求到生命意义。一是创造，做有意义的工作或实事，以实现内在的精神能力和生命的价值。二是体验，体验世间亲情、友情，体验大自然、艺术中的真善美。三是肯定苦难在人生中的意义（弗兰克尔，2018）。诺瑟普还充分利用创造本身，表现他生命的韧劲，用创造本身延展自己生命的力量。

在被卖往南方的"奥尔良号"船上，心灵手巧的他用小刀在发给奴隶的锡杯上，刻下自己名字的首字母，还主动帮同伴们分别刻上他们的名字，此举曾让同船不识字的黑人伙伴们羡慕不已。他借此收获了感激，也强化了自我的存在感。在贝夫河两岸，他娴熟的木筏技术让那些头脑简单的木工们大吃一惊，赢得了主人的赞许；他给福特老爷出主意，改用水路运送木材，既节省了成本，又扩大了收益。他亲手为福特夫人制作了一台织布机，大大提高了工作效率；他为另一位主人艾普斯制作了南部少见的"曲柄斧子"，被主人当成新奇之物向到访的人炫耀，而他成了传说中松树林最聪明的黑奴。他还构思并制作了鱼笼，解决了奴隶们吃不上肉的问题；他用白色的枫树树皮制成墨水，用鸭子的羽毛做成笔，借着火光用偷偷藏起来的一张纸写求救信。他还是砍甘蔗能手，动作巧，速度快，为自己额外积攒了 10 美元。

诺瑟普的小提琴演奏技能成了他那段惨痛岁月里的慰藉，而且还帮他赚到了不少钱。"许多个夜半时分，当恐惧吓跑了睡眠，对命运的思索让我的灵魂烦躁不安，小提琴便会唱起一首令我平静下来的歌。每逢安息日，有一两个小时的空闲时间，我会带着它在河岸找一处僻静之所，然后它便扬声唱出温柔动听的歌。它让我扬名于此地，结识朋友，否则无人会注意到我。"（180）诺瑟普庆幸自己一直有小提琴的陪伴，否则"不知道自己该如何熬过这漫长的奴隶生活"（179-180）。他靠小提琴走进白人的大宅里，攒下钱为自己买烟和鞋；最重要的是，他还能暂时远离残暴的主人，重拾片刻的欢喜。大自然之美、友情亲情、创造和创作，赋予诺瑟普以生命的能力，让其始终积极面对人生，而重获自由是他一直抱持在心的梦想。

蒂利希在其《存在的勇气》一书中指出，写作是应对焦虑、鼓足勇气肯定自身的最好的方式之一（蒂利希，2019）。写作之于死亡，是一种思考方式，是对生命的面对面监察。写作之于无意义，是一种自我肯定。写作之于谴责，是一种自我反思，是自我使命感的完成、自我责任感的形成。毕竟，大胆书写蓄奴制的罪恶的同时，写亲情、友情的宝贵，写自然山水之大美，写个人创造带来的荣耀，更写个别白人的良心善意，也何尝不是一种勇气。

"在我属于艾普斯的十年时间里，没有一天不暗自考虑逃跑的前景。我制定过许多计划，当时都以为这些计划周密完美，可后来都一一放弃了。不身在其中的人无法理解拦在一名奴隶逃亡路上的那成千上万个阻碍。每一个白人举起的手都在阻拦着他，巡逻队的人盯着他，猎狗随时会跟上他的踪迹，整个南方都是如此，他根本无法安全通过。"（201）不得不说，诺瑟普尽管不愿放弃任何逃跑机会，但也理性地反对一些不理智的鲁莽。无畏地以卵击石，轻掷生命既是他的经验，也是他的教训。"起义的计划在贝夫河的奴隶人口中并不新鲜。我不止一次参与过此类话题的严肃讨论。有许多次，只要我开口说出我的想法，就会让数百名同胞对我产生蔑视的态度。没有武器弹药，即便是有，我认为迈出这一步一定会招致失败、灾难和死亡，因此我一直提高声音予以反对。"（208）所以，在整篇自述中，诺瑟普的情绪起起伏伏，从希望到失望到绝望，再从绝望中寻找希望，在希望中和命运抗争，如此构成了文本的情绪线，而始终围绕在这条情绪线周边的是他渴望自由的目标和信念。

1853年1月3日，诺瑟普最后一次下地摘棉花；那天就是他永远告别为奴的日子。他们"马不停蹄地赶到码头，登上了靠岸的第一艘蒸汽船，很快便沿着红河而下。十二年前，我曾带着满腹心酸和沮丧踏上了这条河"（262）。这一天，他结束了为奴 12 年的生命历程，成了他自己。他一直依凭的从来都是他的生活感受、生活勇气和生命能量。

结　　语

尤瓦尔·赫拉利（Yuval Harari）在《未来简史》（*Homo Deus: A Brief History of Tomorrow*）中有这样一句话："大多数人生活的意义，都只存在于彼此讲述的故事之中。"（赫拉利，2017：129）我们从诺瑟普的生命故事中，看到了他在跌宕起伏的命运中感受生活，从存在性焦虑中生发勇气，在苦难中积聚起生命的力量，最终实现了其心理和精神的成长。

不得不说，12 年为奴的生活是传主诺瑟普所憎恨的，但他热爱生命，并肯定生命。因为他幸运地从中看透了痛苦的奥秘，所以他不愿用忽视、幻想或矫情的乐观态度来减轻种种折磨所带来的痛苦。在当今这个充满挑战的时代，诺瑟普的生命故事或许能让我们学着反观自己，忠于自己，最终成为自己。

第三章　佐拉·尼尔·赫斯顿的自我寻求

你不应该追问抽象的生命意义。每个人都有自己独特的使命。
　　　　　　　　　　　　　　　　　　——维克多·弗兰克尔

引　言

赫斯顿是非裔美国著名小说家、民俗学家和人类学家，也是 20 世纪前期美国最成功、最重要的黑人女作家。在 30 多年的职业生涯中，赫斯顿先后出版了四部小说、两本民俗故事、一本自传、数十篇短篇小说和一些散文、剧本。在赫斯顿的自传《路上的尘迹》（*Dust Tracks on a Road*，1942年）[①]中，她以简洁直接、风趣幽默的语言，记录了自己"倔强、聪明、好斗"的生命故事。

重读这本自传，除了同样被赫斯顿幽默、洒脱的语言文字吸引，笔者更被她张扬的锋芒、斗志和勇气所折服。她选择把自己的一生系挂在七个梦境中逐次展开。勤奋与天赋是她的支柱，好运与歹运永远分不开，波折和坎坷夹杂在喜怒哀乐里，恨时咬牙切齿，爱时百转柔肠，焦虑时意乱心烦，激动时手舞足蹈，自信时气势如虹。不管是纯真阶段的美妙幻想、反抗阶段的勇气倔强、平常阶段的内疚焦虑，还是创造阶段的自我认证和鞭策，赫斯顿始终都在寻索着那个独一无二的自己。

梅在其《人的自我寻求》一书中以自我意识为线索，通过人摆脱依赖、

[①] Hurston, Z. N. 1995. Dust Tracks on a Road[M]. New York: HarperCollins e-books. 本章引文凡出自此书，皆只标明页码。

逐渐分化的程度，勾勒出人格发展的四个阶段：纯真阶段、反抗阶段、平常阶段和创造阶段。纯真阶段主要是指两三岁之前的婴儿时期；反抗阶段指的是两三岁至青少年时期；平常阶段与前一阶段在时间上有所交叉，主要指青少年之后的时期；创造阶段是指成人时期，是人格发展的最后阶段。这一时期的人能够接受命运，以勇气面对人生的挑战；能够超越自我，达到自我实现（梅，2008）。本章对赫斯顿自传文本的探讨，将以梅对人格发展的四种分类为基准，探讨传主在人生的不同时期，如何寻找自我、表现自我、超越自我和创造自我，进而展示赫斯顿如何踩着"路上的尘痕"，走出一条洒脱充实的人生之路。

第一节 妈妈的孩子出生了

赫斯顿在自传中多次用"妈妈的孩子"来指代处于困境中的自己。"妈妈的孩子"的纯真阶段自然开始于她出生的小镇——佛罗里达州的伊顿维尔的梅特兰镇。梅特兰镇是美国第一个合并的黑人城镇。那里"有五个湖，三个槌球场，三百张棕色皮肤，三百个善泳者，两所学校，没有监狱"（26），那里风景奇特，白人和善，黑人的日子还不错。

"不管怎样，反正我是真的出生了。"（27）赫斯顿用一句俏皮幽默的话，把自己带入自传文本中。在1月份，大家都在忙着挖红薯、宰牲畜时，母亲临产，一位路过的中年白人男子帮母亲接了生，母亲的朋友帮孩子起了名：佐拉·尼尔·赫斯顿。小赫斯顿身体结实，但一岁多还不会走路。一头母猪追着她手里的面包，迫使她第一次站了起来，从此她发现了"双脚的用处，带着某种内心的冲动四处游荡"（30）。母亲惊恐不安，相信在她出生的那天，一定有人在家门口撒了"旅行灰尘"（30），因此她才如此向往陌生和远方。

赫斯顿从小就知道找寻自己，总有问不完的问题。"从他人那里得到的答案很少，但我一直在问，因为我无法用感觉做任何其他事情。"（31）那时候的她一直觉得死亡、毁灭和其他痛苦类的事情永远不会发生在自己身上，因而世界、天空自然会更偏向自己。"有很长一段时间，我都在为一个快乐的秘密沾沾自喜：在户外的月光下玩耍时，我无论朝哪个方向跑，月亮都会跟着我。我出来玩时，月亮总是高兴得像一只漂亮的小狗跟在我后面。其他孩子可不会这样。"（32）自然世界是赫斯顿最感兴趣的内容，燕子归不归来，花儿有没有开，都是她关注的对象，她深陷其中，探索一切秘密，寻找并确认自己。当明白月亮不只跟着自己走时，她第一次明白，"世界不会在我的脚下倾斜，也不会为了让我高兴而偏向我"（32）。她懂得了自己不是世界的中心，也不是月亮的唯一，世界不单单属于她自己。

赫斯顿的母亲曾鼓励孩子们"跳到太阳上去"（22）。赫斯顿解释说："我们可能不会在太阳上着陆，但至少我们会离开地面。"（22）的确，带着一种被压抑的渴望，妈妈的孩子对世界、对自我的探索在升级。小赫斯顿常常爬上家门前那棵苦楝树的树顶眺望遥远的地平线，揣摩地平线"像裙子的下摆一样被卷在下面，还是只是一个急剧下降的虚无？"（33）她心里装着很多梦想，却不清楚如何表达，也无处表达。"我只是寂寞，需要一个有足够勇气的人和我一起承担这一切……好几个星期我都看见自己骑在骏马上，鞋底是天蓝色的，我骑着马去看世界的肚腩。"（34）她时常徜徉在自己的想象里，"骑马奔腾"到遥远的地方，去看大人和其他小伙伴根本不懂的风景。

8~10岁的赫斯顿不喜欢跟女孩子们一起玩，跟男孩子玩又总是吃亏。于是，她"被逼入内心，过着不为人知的精彩生活"（35）。就像后来每到关键时刻总有白人出现救她于困顿之中一样，第一个点亮她小世界的是一位身材健壮的白人男子，如果不算把她接到这个世界的第一位白人的话。他喜欢带她去钓鱼，夸奖她勇敢，用她喜欢的方式和她说话，会讲一些有趣的故事，也喜欢听她编故事；他提醒她永远不要说谎，提醒她多动脑子，只做有把握的事；他告诫她"我要你边走边鼓起勇气。别让我听到你在撒谎。如果你照我说的做，你会活得很久。如果你不被骗的话，没有什么能打败你的"；"不要威胁你不想打的人……要信守诺言……无论如何，不管你做什么，总有人会恨你的"（36-37）。这个"好骑马、好喝酒、好骂人、游泳技术好、枪法准、有积累、不欠债、诚实守信、很坚强"的白人男子，似乎给她设定了一个完美的人生，让她很早就明白了美与丑、强与弱、贫与富、真与假的分界线。为赫斯顿儿时的世界添彩的还有从她家门前路过的白人游客。"我过去常常在门柱旁，看着世界从我身边走过。看到马车和汽车从眼前的路上奔驰而过，激动不已……白人游客会带我走半英里，再把我放下来，我独自回家。不顾大人们的呵斥，依然我行我素，目不转睛地盯着他们，只要有可能，我就'走上一段路'……"（39）

为赫斯顿打开外部世界这扇大门的同样是白人，一群来参观学校的北方人。她在课堂上聪明机灵的表现给白人留下了很深的印象，还得到了两位白人的礼物和邮寄给她的一大箱书和一些旧衣服。"它们的光芒照亮了整个世界。打动我的不是贪婪，而是这件事的美。"（43）来自白人的礼物、书籍，让她觉得自己站上了人生的巅峰。从此她在各种童话世界里畅游，吮吸着知识，滋养着梦想，扩张着自己的天和地。

"在某种程度上，早期阅读给我的整个童年和青春期带来了极大的痛苦。我的灵魂与众神同在，而我的身体却被禁锢在村子里。"（45）赫斯顿"想要摆脱泥泞，在激烈的斗争中伸展四肢……我躲在高高的野燕麦丛中，它们像闪闪发光的面纱一样飘动着。我一口一口地啃着甜燕麦的茎干，倾听着穿过高大松树树冠的风声飒飒"（46）。佛罗里达美丽的自然风光丰盈了她奇特的幻想。"当春天从海面上大踏步而来，带着它的狂喜美丽了全世界时，我待在树林里兴高采烈。那时我会躲在摇曳的橡树枝叶之后，咀嚼着橡树那略带甜味的茎秆，聆听着春风在高耸的松树树冠间飒飒作响，仿佛在低吟浅唱。"（46）

不到 7 岁时，赫斯顿在邻居家的门廊上睡着了，在梦境里看到了 12 个幻境：她会成为孤儿；她会无家可归；在她无助之时，家已零散；她会在冷酷无爱的世上流浪至死；当她绝望时，在一个黑色池塘边看到一条缓缓游动着的大鱼；她带着疑惑、担忧匆匆赶火车去一个地方寻找安慰，结果愿望落空；她会穿过轨道坐上一列列的火车；她会来到一间简陋、没有粉刷的屋子，那里藏着命里注定的磨难，但她必须走开；爱会被背叛，但她必须忍耐、理解，她没有回头路；她会走进一间大屋子，两个女人在那里等候她，她看不到她们的脸，但知道一个年轻一个年长，一个在摆弄着她从未见过的形状奇特的花；她走近这两个女人，朝圣之路就此结束，但生命还在；她最终会明白什么是平和、什么是爱，还有与它们相关的一切。

赫斯顿借此"提前知道了自己的命运,从此背上了重负"(47)。赫斯顿解释说:"没人能理解我童年的孤独。世上很少有人有我这样的幻觉和梦境,这是这个世界给予我的祝福。"(48)世界大而神秘,而赫斯顿幼小单纯;她与同龄人又无法同频共振;由于她自己的认知能力有限,她想不通很多道理。所以,有思想、幻想、梦想的她感到了内心的孤独,为自己跟别人不一样而焦虑。"我认为我真正的童年就这样结束了。诚然,我和其他孩子一起玩耍、打架、学习,但我的内心总是与他们分离。我经常在一些孤独的荒野遭受奇怪的事情和痛苦,而其他孩子在同一个院子里无忧无虑地玩耍。我问自己为什么是我?宇宙般的孤独是我的影子。我身边没有什么人和事真正打动了我。"(48)妈妈的孩子在长大,觉知到精神的孤单。

第二节 妈妈的孩子在长大

"每个人的香料盒子里装着属于自己的食材。我用自己的方式理解着我周围的世界,用自己的仪器摄取周围生活的影像,依据内心的汁液吸收我所收集的东西。"(49)大家都觉得卫理公会教堂、浸信会教和学校对她生活的这个小城影响巨大,但小赫斯顿却不以为然。她认为,乔·克拉的商店长廊才是小镇的消息源泉和心脏,那里总有男男女女聊着五花八门的话题。"没有秘密。只有公开的善意、愤怒、仇恨、爱、嫉妒等,一切情感都是赤裸裸的,毫无遮拦……小道消息是成年人的双关语。"(49-50)正是从这里,她了解了男人和女人以及男女之间的很多事情,听到了很多黑人民俗故事,也学到了习俗、成语和俚语,懂得了不少道理。最让她感兴趣的是男人们的"谎言会"和各种民间故事。上帝、魔鬼、兔子兄弟、狐狸兄弟、棕熊兄弟、猫姐姐、蜗牛夫妻、狮子、老虎、秃鹰,所有树林里的动物都像人一样活了起来。"当男人们的女人从院子里催他们去挑水劈柴时,他们根本不理睬,说什么'别理她,你劈多少柴,她就用多少,不劈柴她们也能凑合'。"(52)故事在继续,"我听得入了迷直到妈妈扯着嗓子喊我回家,等米下锅"(52)。赫斯顿生动的语言描述带动起整个文本的节奏，各种色彩、意象、声音、味道充斥其中，烘托出一个妙趣横生、无忧无虑的童年。

想象丰富了小赫斯顿单调的童年生活。她经常与大自然对话，与小动物对话，与自己对话，并从中揣摩世界、揣摩自己。"我对动物会讲话一点儿也不觉得奇怪，生活早已为一切做了安排。我从听到的内容里提取点点滴滴光亮储存起来为我所用。风穿过高高的松树冠和我交谈，我为这些声音填上词。我常常坐在树下没有玩具也可以玩几个小时，我和树讲我的世界里的一切，有时直接唱歌……树有时候也会摇动着，颤抖着，向我点头。"（55）当童年的她急于理解、急于表达、急于交流、急于想象和思考的时候，也是她最为孤独和寂寞的时候。物质世界太单调，她去精神的天地里去寻索，毕竟"在儿童们沦陷于世俗的事情而不能和这些看不见的东西为伴之前，他们是需要有灵魂相伴的"（60-61）。

小赫斯顿还时常藏在生活褶皱中观察着时间、空间和他人。"人们很少注意到自己的变化。比如早上出门，或春天去采花。你自顾自地挑选、闲逛，突然发现光不见了，花儿在你手里枯萎了。然后，你说你必须回家。但你已徘徊到一个地方，大门是关闭的。再也没有强烈的阳光。灰色的草地到处都是，只有水仙花盛开。你透过永恒的大门回望过去，那里的阳光仍然带着怀旧的渴望照耀着鲜花盛开的田野，但上帝把人的脚趾指向一个方向。人们对时间的流逝和所走的距离感到惊讶，但却回不去。"（56）阅读赫斯顿这一段对时间和空间的描述，我们的脑海中会自然生成一幅幅色彩斑斓的画面，画面的中间站着一位心有千军万马却无法驰骋疆域的少女赫斯顿。于是，她开始就地取材，把自己编织在故事里"游戏生活"，毫不在意大人们的警告和看法。

"当无生命的东西不再像自然人一样与我交流时，我便有了其他的梦。动物们呈现出除了我之外没有人知道的生活和特征。人们做的或说的小事情，在我这里都成了奇妙的故事。"（61）赫斯顿在自己的幻境中慢慢长大，她不断地用现实中所看到、听到、感受到的人、事、物、情编织故事，为自己打造了一个个虚拟的空间，她遨游其中且乐此不疲。

赫斯顿对童年的回忆带着深刻的怀恋和不舍。那是属于她的世界，她是她自己的主人。她畅游其中，无所不能、无所不为、无处不在地享受着全知全能式的自由！从某种意义上说，赫斯顿自传的前半部分更像是她为自己年少时飞扬的想象力做的传记。原材料的来源、跌宕起伏的剧情、扣人心弦的冲突，还有她希望看到或害怕看到的结局等，都记挂在她灵动简洁的文字上。她丰富的精神世界消解了现实生活的单调无趣，还时时把读者拉回到自己的童年，不自觉地捡拾起一些时光碎片，感叹一下岁月的无情。这大概也算一部好自传的功能之一。毕竟，又有多少人选择给自己曾经飘忽不定的想象力作传，使其生成时间的凝固点，再把玩其中的要义，让生命的长度、宽度和深度在不经意间得以拓展呢！

然而，"看着湛蓝的天空，呼吸着柔和的空气，云朵被雕刻成英雄般的形状"，她开始"相信宁静的日子终究要过去"（61）。在赫斯顿9岁时，母亲离世，她对死亡第一次有了体悟，还为自己未能完成母亲的嘱托悔恨不已。"生活把我从妈妈的床脚一把抱起，悲伤、自卑和所有的一切使我无法忍受"，"如果人死后还有什么意识，我希望妈妈知道，我尽力了。她一定知道我为我的失败所受的痛苦"（68）。母亲病重期间，交代赫斯顿在她咽气之前不要拿走头下的枕头，家里的钟和镜子也不能急着遮盖。但混乱之时，大人们没人听得见她的坚持和呼喊。"爸爸紧紧地抱着我，其他人都皱起了眉头。妈妈还在挣扎，嘴里似乎在咕哝着什么。我想她是想说话，她是想对我说话……也许她是在告诉我……把枕头挪一下比较好，这样她可以死得轻松些。也许她是在指责我软弱无能，没能完成她最后的心愿吧。"（67-68）赫斯顿的悲恸和追悔仿若她的眼泪从文字里流淌出来，感人至深。不同于大多数的黑人作家，赫斯顿有个相对快乐的童年。但她田园诗般的生活随着母亲的离世戛然而止。"从那一刻起，我开始了流浪"，她后来写道："不是地理上的，而是时间上的。那就不是时间上的，而是精神上的。"（68）

赫斯顿生命的童真阶段主要是她对环境和自然的依稀记忆，都是小女孩的小心思、小情趣、小矛盾、小理想，但贯穿始终的是她对未知和远方的寻访。现实世界跟不上她的想象力，她在虚拟中寻找机会；大人们对她有种种限制，她去大自然里寻索趣味；小镇太狭小，她爬到树梢看地平线；门前的路太短，她搭着白人的马车、汽车朝前赶。她的意识总跑在现实的前面，她在倔强中慢慢长大。

第三节　妈妈的孩子在流浪

　　母亲离世后，父亲的工作地较远，赫斯顿跟着哥哥姐姐到了杰克逊维尔去上学。曾经温暖的家随着父亲的再婚而破碎。夜晚，路过凯瑟琳湖区，赫斯顿看到了梦境中的第一幅景象："走在一条弯道上，离开了家，悲伤地鞠躬下拜，从此再也没真正回去过……"（71）这一次，赫斯顿闯进了一个黑白分明的世界。她"明白自己是个黑人女孩……走进商店再也不会有人给一块糖果或一袋饼干……在学校，女孩们总在抱怨在她们聊天时我总是不合时宜地出现，嫌我碍事；说我的内裤为什么不补？头发乱得像鸟窝？"（71-72）。

　　陌生的环境、陌生的人让她更加想妈妈。她时常产生幻觉，"那个女人坐在摇椅上，就像妈妈以前那样。一定是妈妈！还没等我走近，那个女人转身回屋了……我下定决心，总有一天要找到那所房子，让妈妈知道我在哪里……慢慢地，我接受了丧亲之痛"（72-73）。

　　赫斯顿的父亲再婚后，一直被父亲视为掌上明珠的姐姐萨拉被继母赶出了门，带着两岁多的弟弟远嫁他乡。赫斯顿想不通那个曾愿意为姐姐摘星星的爸爸，怎么忍心赶姐姐出门。赫斯顿说，她并不嫉妒父亲的偏爱，因为她有属于自己的快乐。她把怨恨都集中在继母身上，六年后，她和继母之间的那场打斗释放了她的耿耿于怀。"直接开打，一切后果我负责……六年来所有的感觉像阀门里的蒸汽一样喷薄而出，我不屑于说话，直接开始肉搏。连踢带打，再加她的两颗丑陋的门牙，不一会她就瘫倒在地上——像太阳下的狗一样嚎叫着。活该……我向自己保证，一有机会，将来新账旧账一起算。几年后，当我从巴纳德女子学院毕业后再次见到她时，她已经是个慢性病患者了，脖子上得了一种不可治愈的溃疡病。我不好下手，转身开车离开，内心十分沮丧。我只希望她的脖子腐烂得更快点。"（78）

　　赫斯顿离开家上小学时，学习优秀，获得过不少奖。由于没有足够的钱交学费，她每个星期六都会打扫楼梯台阶并帮助清理厨房，以此来挣取自己的学费。在那一时期，赫斯顿还陷入了单相思，偷偷爱上了学校校长，只盼着自己快快长大嫁给他。这一段想象中的恋爱故事给她的流浪生活增加了不少温暖。"我写了几封假装是他写给我的信，每次都含着泪读着他的似水柔情。我在洗衣房后面做了个秘密邮局。有一天，我把他写给我的信都埋起来，第二天再把它们挖出来读。然后，我会写回信，向他保证我打算等他们允许我穿长裙的时候就嫁给他，我希望那不会太久。再过一两个月我就长得差不多了。"（80）

不过，她这段单相思因为她不当的行为戛然而止。出于嫉妒，她把一块湿砖头偷偷放在了她的情敌——一位女老师的床上，因此还挨了校长的打。她还理直气壮地想："真是大惊小怪！不过就是把一块雨桶里泡了一夜的砖头放在她被单上么，有什么大惊小怪，又不是冰淇淋被禁止了。"（80-81）校长的行为让赫斯顿觉得受到了侮辱，她计划好将来怎么去报复他。他"把我带进他的办公室，不仅没有慈爱地把我搂在怀里说：'亲爱的！我明白。你做这一切都是为了我。'"，而是把她的裙子撩起来打了她的屁股，以此来侮辱她。"我要让他渴望得到我的爱而不得……我还要选择一种可怜的孤独的戏剧化的形式死去，让他追悔莫及……等我长大成人，坐在我美丽的宫殿里吃着炖牛肉和炸鸡，我要让那个值勤的女孩在我的后院啃门把手。"（81）细腻的笔法栩栩如生地描绘出一个少女懵懂又可爱的小心思。

放假了，她没钱回家。老师出钱帮她回到那个没有母亲的家。墙壁上沾满了灰尘，弟弟妹妹衣衫褴褛，父亲看上去憔悴了不少。赫斯顿的第二个梦境在现实中成真："我看到自己无家可归，无人照顾……我觉得寒冷、孤独、寂静……我的流浪在现实中开始了。我知道我的旅程有一个终点，那里有我的快乐……但它的痛苦同样是肯定的。就在我面前，没有人能饶过我的朝圣之旅。责罚的杖放在我的背上。我必须走这条路。"（85-86）这是她人生的至暗时刻。她开始颠沛流离，"从一家亲戚到另一家亲戚，但没有什么地方像家一样的舒心。大部分时间都没有书可读……我很痛苦，这无疑也使我周围的人痛苦，他们看不出我是怎么了，我对他们的事情也无半点兴趣"（87）。赫斯顿人生新的阶段拉开了序幕。

第四节　妈妈的孩子在挣扎

梅指出，平常阶段的人能够在一定程度上认识到自己的错误，能够在选择中承担责任。他能够产生内疚感和焦虑，以承担责任。现实社会中的大多数人都处于这一阶段，但这并非真正成熟的阶段（梅，2008）。在这一阶段，赫斯顿闻到了贫穷和死亡的味道。"贫穷闻起来有死亡的味道。死亡的梦想像干旱季节里的落叶一样在脚下飘零，冲动在地洞腐臭的空气里变得窒息。灵魂活在病态的空气里，人们成了鞋子里的贩奴船。"（87）这种无法用语言描述的感觉一直跟随她，从10岁到20多岁，直至她可以自食其力。

阴郁是她这一阶段生活的主要底色。由于没有钱交学费，她的学习生活时断时续。她知道自己最大的问题是"尽管一无所有，却不知道怎样谦卑。像我这样的孩子应该知足，头顶有屋檐，桌上有饭吃。从他们的角度来看这没错。但于我，胃痛并不是最痛苦的。我想要的，他们无法想象。我不能透露自己，因为缺乏表达，即便有希望别人也理解不了"（87-88）。心智和认知能力远远超过同龄人的赫斯顿，孤独而痛苦着。她没有足够多的书读，没有理解自己的知己。而她想要的有朝气、有活力、有梦想、有目标的生活，她的周围没有人有。

14岁的赫斯顿突然发现自己可以养活自己，但知易行难。她说自己发育慢，身体不够强壮，找保姆的工作时经常被拒。她深夜躺在床上时常会委屈地想："我妈妈知道我出去找工作吗？"（88）妈妈的孩子陷入了绝望，她找不到人生的方向，只"想要家人的爱，想要和平和一个安身之处。想要读书和学校……"（96）。她先后找到两份做保姆的工作。第一家女主人友好和善，两个孩子活泼可爱。难得的快乐时光却因黑人保姆嫉妒被辞退而结束。第二家女主人卧病不起，孩子性格冷漠，男主人一直对她图谋不轨。她继续找工作，"要么是我不适合别人，要么是别人不适合我。有时候我的五脏六腑都受着折磨，我焦躁不安，情绪极差，差点崩溃"（96）。

她跌入生活的低谷，无法突围。那一刻，她看到梦境中的第三个幻象：无目的地的游荡。

她一度回到了父亲的家。赫斯顿在自传里用了很长的篇幅来描述父亲的第二次婚姻，字里行间既有她对于家庭、爱情、婚姻的理解，也有对故去的母亲的怀恋。在她看来，继母能力一般，眼界有限，格局太小，心胸狭窄；而父亲只喜欢和老朋友（女人）鬼混，不怎么顾家，又急于逃避失去妻子之后的家庭责任。没有前妻在背后的支撑、经营和提携，父亲的资产在七年内被挥霍一空，而他竟然全然没有觉察。赫斯顿的出现又成了催化剂，加速了这个家的灰飞烟灭。

在赫斯顿读高一时，父亲在车祸中丧生。她这样总结父亲的人生："我父亲实际上像个孩子。母亲走了，没人来指引他。生活并没有伤害他，是他放松了自己，伤害了自己。当他意识到这一切时，他的孩子们已经四散，他为此痛苦不已。我们都为他难过，但不像预料的那样痛苦。老天爷把天赋给爸爸时，把方向盘给忘了。"（137）一位有才气、有力气、有思想的多情的父亲，却败给了生活的方向。赫斯顿还顺便提及其他兄弟姐妹的生活状况。在孟菲斯工作的哥哥是一名药剂师和药店的老板，大弟弟乔尔当了亚拉巴马州迪凯特的黑人高中的校长，二弟约翰在佛罗里达州杰克逊维尔做着不错的生意，最小的弟弟埃弗雷特在纽约布鲁克林的邮局里上班，不怎么负责任的可爱的三弟迪克没上过学，是一名厨师。最可怜的是姐姐萨拉，照管着那个没人性的、生病的姐夫，"我们都希望她的丈夫病短一点，葬礼快一点"（138）。

高中毕业，赫斯顿再次出发，漂泊向另一个陌生城市讨生活。这"见鬼的五年"因为她大哥的一封信有了改变。刚从医学院毕业的哥哥来信说要供她上学，她"喜不自胜。跳上火车，没有向任何人道别，只跟这个城市、跟孤独、跟失败、跟挫折、跟困苦的生活、跟单调的屋子、跟乏味的苦闷、跟我不想了解的人、跟那个时代，挥了挥手说了再见，转身坐进火车座位的垫子里"（99）。这一段简短中带着急促感的文字，仿若她急于逃离流浪日子时兴奋的心情。她满怀希望，奔向那个有书可读、有学可上、有家的感觉的地方。一路上的暮色秋景、夕阳黄昏又怎样，她即将拥有的是阳光，她陷入无限的遐想。

事与愿违，哥哥是想让她帮忙照看妻子和刚出生的婴儿。赫斯顿表示，她喜欢跟他们在一起，但又觉得她在哥哥家所做的一切，其实是替哥哥尽丈夫的责任，而且是无偿服务。她连休息的时间都没有，连一块手绢都买不起。她美好的愿望落了空。有位朋友给她介绍了给歌星 M 小姐当随身女仆的工作，她迎来了成长中最快乐的一个时期。一周十块钱的报酬让她觉得自己有座银行。

赫斯顿跟着善良、开明的 M 小姐赶火车、跑剧场，"一切都是令人愉快和兴奋的。天堂也无非这个样"（102）。在这个剧团中，三十多个来自不同阶级、种族的人聚集在一起，相互嬉戏玩闹，插科打诨，从来不带任何偏见。"我不再敏感，无论去哪里，都不会意识到我的种族身份。我也发现，你注定会受生活的排挤。但这本身不一定危险，除非你的裤子口袋里揣把张开着的刀。路人不会伤害你，但你这样出出进进会伤害到自己……对于种族问题，不可以太敏感，否则伤害到的是自己。"（116-117）

剧场演出出于各种原因停办了。在这一年半的时间，她已习惯了这种宽松自由的工作环境，尽管工资不能保障。她试过做餐厅服务员，不仅工作内容单调，还得屈尊俯就应对那些傲慢的眼神，还有似乎不经意的非礼动作。赫斯顿再次立下誓言，要"拿起朝圣的手杖再次出发……手里牢牢抓住了唯一的武器——希望，然后站起来迈开脚步。或许从此以后一切柳暗花明"（117）。在人生的关键时刻，妈妈的孩子焦虑过，彷徨过，迷惘过，如今的她已穿好战袍，扛起精神的武器，出发了。

在纽约做阑尾炎手术时，赫斯顿向上帝默默起誓。"只要活下来，我一定努力找准方向和路径。"（118）病愈后的她继续找服务生的工作，但总是不如意，"就像你在梦中试着奔跑，每走一步膝盖都陷在软泥里。这些泥巴不仅让我的脚感到恶心，而且让我的鼻子闻起来也很脏。怎么拔出来？"（119）最后她选择上了巴尔的摩的一所夜校。那里的一位英语老师"消除了我的阴郁和沮丧"，让她重拾信心，并鼓励她"总有一些美妙的东西在前面等着你。让我们去看看到底是什么"（119）。她放弃了仅仅上了两周的夜校，去了摩根学院的高中部注册，正式开始了高中学习生活。黑人院长帮她找了份早晚间为鲍德温夫人服务的工作。从此，她既有了住的地方，又可以挣到学费。

鲍德温夫人家的图书馆成了爱读书的赫斯顿的乐园，她广泛地读了几百本书，从而养成了终身阅读的习惯。赫斯顿在校期间，曾以教职员工为人物原型创作寓言，并贴在摩根会议大厅的黑板上，这些寓言在校园里一度引起轰动和热评，她的写作因此初露锋芒。两年非常愉快的高中生活结束了，"学校学到的每一件新东西都让我高兴"（125）。毕业后，她上了当时最好的黑人大学霍华德大学。手握大学录取通知书，赫斯顿豪情满腔，期待一个更开阔的未来。

暑假在华盛顿一家贵族俱乐部打工的经历，让赫斯顿看清了种族问题的另一面。一位黑人男青年贸然出现在贵族俱乐部的门口，固执地要在那里理发，结果被大伙联手扔出大门。她对此很纠结，一方面觉得自己应该反抗，不该纵容白人的行为；另一方面，她想到这样会威胁到自己的利益。她进一步想，自己本应和其他黑人一起来反抗，还可以借此上报纸头条；但这样做的后果很可能是这家黑人连锁俱乐部停业，这也就意味着很多人因此丢了工作而没法生存、生活、上学。同时，黑人老板人很善良，经常给需要帮助的黑人提供工作机会，哪怕是几个小时的零工。她很迷茫，"虽然搞不清这件事最后的权力应该是什么，但我明白我当时的个人感受。总有些恶魔类的人以一种残忍或令人厌恶的形式威胁你生存的方式。这是人类的本性"（132）。

第五节　妈妈的孩子在创作

梅把人格发展的第四阶段"创造阶段"视为人生最重要的阶段。"此时的人能够接受命运，以勇气面对人生的挑战。他能够超越自我，达到自我实现。他的自我意识是创造性的，能够超越日常的局限，达到人类存在最完善的状态。"（梅，2008：19）赫斯顿的强大的创造性潜力爆发于她的大学时代。

"我永远不会忘记第一次大学集会，坐在那所了不起的大学教堂里。我激动万分，对着霍华德的灵魂说：'你收留了我。我成了你伟大的一小部分。我向你发誓，我永远不会让你以我为耻。'"（126）大学生活开启了她人生闪光的那一页，"梯子就在我的脚下"（126），她决心努力攀登生活这座高峰。

赫斯顿在霍华德大学一边打工，一边学习。她参加了校园里所有的文学活动，还成立了一个小型文学社团，发表了两篇名为"沐浴在光中"和"泼妇"的短篇小说。本可以念满两年，但到学期结束时，她因交不上学费、身患疾病而不得不休学。在《机遇》杂志编辑的鼓励下，赫斯顿带着写作的冲动、1.5 美元和很多希望，动身去纽约闯荡。

1925 年 5 月，在《机遇》杂志主办的一场文学奖典礼上，赫斯顿共获得四项大奖，成了哈莱姆艺术圈小有名气的青年作家。是年秋天，赫斯顿申请到了去巴纳德女子学院上学的奖学金，并选择了人类学专业。尽管她依然贫穷，但这一时期却是她一生中最有意义、最珍爱的时期。

赫斯顿凭着自己的聪明才智和努力，在校期间赢得了老师、同学的广泛关注和尊重。"我在巴纳德和在霍华德大学时的感觉一样，只是更强烈。我觉得自己何其有幸，并决心充分利用它。"（136）显然，她很珍惜这一学习机会，经常用布克的话自勉，"判断一个人，不能看他有多高，而要看他曾陷得有多深。于我，这些荣誉是意义非凡的，尽管它们在世人看来微不足道。对伊顿维尔的流浪儿我来说，这是一大步。我从内心深处感激这个世界，它对妈妈的孩子并不无情"（137）。

1928 年，赫斯顿以优异的成绩获得学士学位。毕业前两周，她还成功申请到去南方搜集黑人民间习俗的社会实践项目。那时候，她已成为美国民间学会的一名会员，很快又成为美国民族学协会的一员，还加入了美国人类学协会。赫斯顿的人生，前景光明。

赫斯顿的自传文本中，但凡提到校园生活，她都文笔生辉，灵动的叙述语言中充满着想要征服全世界的勇气和力量。

如果说大学阶段是赫斯顿创造阶段的前奏的话，她深入美国南方的田野调查才是她生命创造的正式启动。她的一篇学期论文引起了人类学博士弗朗茨·博厄斯的注意，赫斯顿放弃了读文学的梦想，决心做一个像导师那样有创新思想、知识深度和认知能力的人。因为前期方法不得当，赫斯顿前半年的田野调查没有收获，还遭到导师的批评。她的教母梅森夫人愿意每月拨出 200 美元，让她继续工作两年（1927~1928 年）。为了调研，赫斯顿冒险去过许多偏远的地方，工作环境险象环生。"如果不知道怎么照顾自己，这几年内任何一天都可能丧命。"（141）美国南方腹地的民风粗犷，居民情绪多变，时而如阳光般明媚，时而恼怒不已。这里还有大量的逃犯，因身处边缘，法律鞭长莫及。所以，"一些只言片语、一个眼神或一个手势就能让他们爱上你，或者在你的肋骨间捅一刀"（141），而如何把握这期间微妙的平衡显得尤为重要。赫斯顿在采访期间就差点被一名喜欢弹吉他的男子的女友砍杀。

对这一段南方田野调查的工作，赫斯顿再次选用诗性的语言和架构，以及凌乱、断裂的黑人俗语，把波尔克县的民风民情，打架斗嘴和矿工、伐木工人们放纵不羁的夜生活，描述得既野性疯狂，又神秘有趣。在这一时期，赫斯顿先后发表了《约翰·雷丁走向海》等六篇人类学的文章。

调研任务结束后，赫斯顿回到了新奥尔良，开始钻研巫术。她对"同情魔法"①痴迷至极，开始学习"如何缔结和破坏婚姻的套路，怎样赶走和惩罚敌人，怎样影响法官和陪审团的思想使之有利于当事人，如何遥控杀人等精神技能"（151），过了一段"形而上"的荒诞生活，为精神、为灵魂寻找归属地。尽管随后她曾吐露，那一时期正是她婚姻岌岌可危的时候。

赫斯顿还大胆、详细地记述了她印象深刻的两次体验。第一次体验是她赤身裸体地躺在一张长沙发上三天三夜，肚脐上贴着一张专门为此准备的响尾蛇皮。她不吃东西，只有一罐水放在长沙发头的一张小桌上，避免灵魂因四处找水受到邪恶力量的攻击而回不来。在这个特殊的仪式上，她手指被割破，最终成了响尾蛇的结拜兄弟。她那时候相信，"我们将永远互相帮助。我带着力量与风暴同行，在风暴中我找到对生活和事物的答案。闪电的符号被画在我的背上，将永远成为我的一部分"（152）。赫斯顿的另一次体验是午夜坐在十字路口的黑暗里，等待与魔鬼会面，订立契约的荒诞行为。"几个月后我才开始怀疑"（152），赫斯顿只用了这一句简短的话，总结了她这段鬼使神差的荒唐日子。

---

① 笔者注："同情魔法"是一种迷信的思维方式，认为通过模仿或与目标事物建立联系，可以影响或控制它。"同情魔法"通常在原始宗教和巫术实践中出现。

1927年2月,赫斯顿前往南佛罗里达州搜集民俗故事。随后她又去巴哈马国搜集更有原创性和具有非洲特色的巴哈马音乐和舞蹈。她不虚此行,收集了一百多首曲子。1932年,赫斯顿回到纽约,利用自己收集来的舞蹈和音乐素材,策划并组织了各种演出,这些演出在纽约艺术界掀起了一股流行音乐的新趋势。"我无意把音乐视为我的工作领域。我想向在场的人展示这些材料的财富和美丽,因此我觉得我的工作开始时做得很好。"(154)她的团队随后被邀请去了各大城市剧场演出,效果轰动。显然,赫斯顿深爱着这些黑人的故事、歌曲、民谣和舞蹈。她在自传中不惜用大量篇幅展示它们的种种魅力。她从中汲取的是能够促发其生命力、滋养其精神的黑人传统历史文化艺术之精魂!

赫斯顿还描述了她在英属西印度群岛和海地调研期间的一些奇特的经历,包括参与的巫毒仪式,观察到的宗教活动,听到的劳动号子、蓝调和灵歌。"如果科学有一天能把海地和非洲的巫毒教弄个水落石出,人们会发现,那是一些至今仍不为医学所知的重要医学秘密,不仅仅是一种仪式,而且具有某种力量。"(164)"我很满意,我的想法得到了证明。从那以后,所有的黑人歌唱团体都明显受到了那场音乐会的启发和影响。原始的黑人舞蹈得到了飞跃性的推动……令我兴奋不已。"(166)

人类学、民族志学的田野调查工作,需要的不仅仅是智慧和方法,更是勇气、魄力和坚持。多年来的一线调查,让赫斯顿掌握了大量第一手宝贵的民间资料,她也借此发表、出版了诸多文章、小说和专著。

1932年5月,在美国的经济大萧条时期,赫斯顿没有申请到研究经费,她选择回到故乡,决定把一直藏在心里的故事写出来。她首先完成了小说《骡与人》(*Mules and Men*,1935年),紧接着在《故事》杂志上发了短篇小说《苏沃尼的六翼天使》(*The Gilded Six-Bits*,1933年),又用三年的时间完成了《约拿的葫芦藤》(*Jonah's Gourd Vine*,1934年)的写作。厚积薄发的赫斯顿在1941年前后连续出版了五本书,而她最具代表性的小说《他们眼望上苍》(*Their Eyes Were Watching God*,1937年)只用了七周的时间写完。

赫斯顿的自传《路上的尘迹》完全是意料之外的成果。1941年,她本是受朋友之邀去加利福尼亚州(简称加州)休息的,没想到完成了一本书。回顾这一年，赫斯顿说："1941年也是艰难的一年。朋友带我走遍加州。这一年结束前，我觉得自己仿佛走了两个月的捷径……史诗！没什么，冷静！我是说冷静！"（170）赫斯顿在此用一些迷惑性的文字记录了她在这一时期的创作生活。或许她是在提醒自己保持冷静，不能好高骛远，史诗吗？先别想。

第六节　妈妈的孩子在言说

谈到匆匆落笔完成的《他们眼望上苍》，赫斯顿说她"希望可以重写，至今还为某些部分的不当而后悔"，而"人生的悲剧之一，就是刚开始时不能拥有所有的智慧。也许，一时冲动和愚蠢也不失为一种好办法"（169）。显然，该自传后面以"我的人民，我的人民"、"两位女性朋友"、"爱情"、"宗教"和"审视自我"为专题的五章内容，是她对前面某些思想的补充和强调，是她自我审视后的结果，也是她鼓足勇气挑战人生命运的表征。

"我的人民，我的人民"是一篇关于"当黑人在说'我的人民，我的人民'时他们在谈些什么"的文章，"是出于同情、蔑视和无奈的放弃而被迫发出的声响，是一个阶层的黑人对另一个阶层的黑人兄弟的所作所为观察的结果"（171）。赫斯顿以大量的民间故事和历史事实为基础，总结出了"我的人民，我的人民"这样的感叹所蕴含的丰富、复杂的内容。该内容有哀其不幸，有怒其不争，有被误解的无奈，有自惭形秽的哀叹，有自愧不如的遗憾。她认同布克的观点："如果你体内有东西，它很可能会被释放出来；如果没有，无论你是白人、黑人、绿色或樱桃色，都不会有任何区别。"（185）她认为，黑人族群与其总在抱怨，还不如去做一些有益的事情。赫斯顿最后总结道："我们的生命如此不同，内在的态度如此各异，面貌和能力如此不等，因而不可能有个包罗万象式的分类涵盖住我们所有的人，除了'我的同胞！我的同胞！'"（185）

"两位女性朋友"一章是赫斯顿对影响过她的两位女性的画像。一位是著名艺术家范妮·赫斯特，另一位是当红歌星埃塞尔·沃特斯。两人都有"罕见的才能和丰富的人生阅历"（350）。赫斯顿在上大学期间是范妮·赫斯特的秘书，她用速写的方式描绘了赫斯特一会儿庄重严肃、一会儿像小姑娘一样欢快活泼的性格特点。两人有一次出行的经历，曲曲折折里都是欢笑、任性和可爱。她们本是去异地探访一位朋友，途中赫斯特却随心所欲地屡屡改变行程，结果她们跑到加拿大的安大略省度过了两个星期；她们还开车游览了好几个乡村，路过古色古香的小旅馆就停下来过夜，只为了一顿小餐；在回纽约的路上，两人还钻进樱桃园偷樱桃，就因为果园的主人太显摆，"这太好玩了！谁没吃过偷来的水果？"（190）。的确，偷水果本没有什么，但赫斯顿这种看似无意的反问却非常调皮，尽显大家对语言的把控力和幽默，更有她对待生活的态度。

赫斯顿说自己和歌星沃特斯之间的友谊，是自己一手"设计出来的"（193）。志趣相投的两人，惺惺相惜，从"偶遇"发展到无话不说的挚友，相互之间取长补短，从而促进了各自事业的拓展。赫斯顿在这段有关知己的书写中，运用了众多的修辞手法，读来既有深度，又充满喜剧感。让人觉得，人生遇到这样一个性格内向、没怎么上过学但却满脑的智慧、张口就是幽默的好朋友何其有幸。似乎不管用多么美的语言赞美都不为过，不管表达什么样的爱都不会腻，不管揭穿多少个糗事都不带恶意！沃特斯的那句"佐拉，不管音乐有多好，你不可能每场都跳舞"的提醒，让赫斯顿深深地懂得了"没有人能拥有一切"（194），懂得了知足才能常乐的道理。

在"爱情"一章，赫斯顿是以疑问开始的："我对爱情了解多少呢？"她说："爱就像唱歌，人人都可以做到自足，尽管他人并不那么看。"（195）赫斯顿从大一开始恋爱，1927年从巴纳德女子学院毕业后结婚。本应是"自己最幸福的时刻，但实际上她并不快乐"（196），因为"当记忆之风吹向过去时，带回来的是冰冷的雾"（196）。

离婚三年后，赫斯顿爱上了一个代号叫P.M.P.的帅气青年。他毕业于城市学院，又是哥伦比亚大学的硕士。除了没钱，他有孤傲的灵魂、健硕的身姿、深刻的思想，有连他自己都不知道的谦卑。他们深爱着对方，却因害怕失去对方而互相猜疑，结果陷入了"无法分开，又不能避免彼此不受伤害"（200）的爱情怪圈。因为担心会阻碍他的事业和未来，赫斯顿在申请到古根汉姆基金资助后，"心里淌着伤心的血泪去了牙买加"，把"对他的感情都投注到《他们眼望上苍》的文字里"（202）。受过爱情之伤的赫斯顿没有勇气和信心期待圆满。她时而认真，时而敷衍，时而快乐，但痛苦是常态。她总结说："爱很有趣，爱是一朵绽放的花；如果你想要指尖被咬，就戳向负鼠。"（205）

写到宗教信仰，赫斯顿绝不像牧师父亲的女儿。她有太多关于生死、关于邪恶、关于天堂、关于原罪、关于人们嘴里说的和现实的差距的疑惑。她认为，人们需要宗教，但祈祷不过是一种软弱的呼喊，一种试图通过欺骗来避免游戏规则的行为。她"不愿意承认自己的弱点。我接受责任的挑战。尽管如此，生命并没有吓倒我，因为我已经在宇宙中找到了我的和平，并服从于它的法则"（216）。她相信"没有什么东西是可以毁灭的，事情只是改变了形式。当人的生命意识停止时，我知道我仍将是世界的一部分。我是太阳形成之前的一部分，在变化的荣耀中爆发出来"（216）。赫斯顿更愿意相信自己，做自己的主人，并承担自己的生死命运。"即使太阳毁灭了，我仍然以物质的形式存在。"（216）这些铿锵有力的文字里再次洋溢出赫斯顿强大的信心和勇气。而且，这些勇气是她赋予自己的。

该自传的最后一章"审视自我"可以说是赫斯顿对于命运的宣言书，升扬出一种气吞山河之势和强大的生命力。"回顾过去，有灿烂的光辉，也有尖利的影子和模糊的中间地带。我曾身处痛苦的厨房，舔舐过所有的锅灶。如今我站在高高的山岭上被彩虹包裹，左手拿琴，右手拿刀。"（218）她说："痛苦不是我的避难所……它不过是对失败不知耻的承认罢了。到目前为止，我还不想向世界作出任何让步。"（218）

没错，赫斯顿对于种族问题和种族历史从来不屑于隐瞒自己的看法。"我没有种族偏见。我的家人和同胞都曾被深深地爱过。我的日常生活环境也是如此。他们既有美德，也有恶习。"（222）她认为，黑人应正确地看待历史，"不该被过去牵绊，应该冲出去，像白人一样争取机会"，因为"没有必要紧盯着蓄奴制和重建时期。回头去谴责坟墓里已经死了好久的白人没有任何意义……受剥削的祖先死了，剥削过他们的白人也死了……我对那些时代没有个人记忆，也没有责任……我不想浪费时间去敲击一个古老的坟墓。我知道我无法撬动时间那紧紧攥着的手。我会把我所有的思想和能力用于当下"（219-220）。"与其在历史中纠结，不如站在当下打算未来"（417）；"当我用手绢蒙着眼睛为1619年第一批奴隶的登陆而哭泣时，可能会错过1942年正在发生的一些重大事情"（221）。

黑人传记大家安吉洛在该书的前言里说："不管是她的书写形式还是语言细节，充满了让研究者困惑的混乱、挫伤和矛盾。"（7）那么，一个回避不了的问题便是，我们该如何诠释她对自己年龄的虚构，如何理解她对3K党当时在美国南部的种族灭绝恶行的回避。或许这句黑人俚语给出了答案，"如果一个人问你要去哪里，你就告诉他你去了哪里。这样你既不会撒谎，也不会泄露秘密"（9）。实际上，赫斯顿在自传中早已给自己的这些混乱做了微妙的注解，有的有掩耳盗铃之嫌，比如与年龄相关的话题。她写道，"理解我，他们的年龄与他们的生日无关"（186）；她还一再强调上学期间自己看起来太小，找工作时也因为发育慢、年纪小常常被拒绝；而提她的生日，她只说了那年冬天，她用一句俏皮话，代替了年份："不管怎么，反正我是真的出生了。"（27）

至于"语言的模糊"，也许没有比总结自己的写作生涯的这段话更令人困惑了："EPIC nothing! LEVEL! Level California! And I do mean LEVEL!!!"（170）被她大写了好几次的level是什么，或许只有她自己知道。毕竟，我们都知道，她写的生活并不是她所能过的生活；而她编写出来的那个自己，无疑更像她小说里的一个人物。

在结束该本自传时，赫斯顿说："我伸出友谊和爱的右手，希望能握到同样的手……我会把你们所有人想得很好，也恳请你们不要把我想得太坏。不只是我。那些有呼风唤雨能力的人，请为那些走在泥泞道路的人想想。身处卑微环境里的人也请为别人想想。到目前为止，世界上没人可以证实，如果你大权在握，就该趾高气扬。让我们成为无话不说的好友。想一想，有了宽容和耐心，连虔诚的魔群在几个世纪之后还可能建起一个高尚的世界。或许今生我们不能相遇，但将来说不准还会一起吃烧烤。"（222）至此，谁又会计较她生活里的那些诗性的发挥呢？她的年龄、她的信仰、她的近乎完美的感情生活，还有那些已然成为过去式的信息和细节，刨根问底又怎样？但我们知道，她的确寻到了自己，只是没有把握好自己而已。尽管我们注定没法像她期待的那样跟她"一起吃烧烤"，但我们会通过她清冽、紧凑和幽默的语言，感受到她对待命运不服输的态度、豪情和勇气。在世道灰黑、不辨左右的苦涩与曲折中，她把自己活成了一个顶天立地的人。

第七节　妈妈的孩子走了

　　对于自己的未来，赫斯顿在自传里写道："我希望它充实，因为工作是离幸福最近的东西……当我老了，可以坐下来写自己……慢慢地、仔细地阅读东方的神秘主义，带着爱和关心重读斯宾诺莎……我想我可以变得成熟，会善意地看世界，因为我懂得友谊的苦与乐。我为他人服务过，也被他人服务过。我树敌不少，但我并不遗憾。我无私地爱过，我用地狱烧红的火钳抚摸过仇恨。这才是生活啊。"（221-222）遗憾的是，赫斯顿的晚年并不遂人愿。她的传记作者 Hemenway 说："佐拉过着一种艰难的生活——孤独、傲慢、疾病缠身，总在为无法完成的一本书而忧心忡忡。"（279）

　　她过早、过多地耗费了她的自由和财力。1948 年 9 月，她又因猥亵一名 10 岁男童而被捕，声望迅速滑落。在她生命最后的十年，她不得不靠为别人代课，在佛罗里达州做女仆，以及福利券而活着。1960 年 1 月 28 日，妈妈的孩子（赫斯顿）因高血压、心脏病，死在圣露西县福利院，被葬在皮尔斯堡天堂花园一个没有墓碑的坟墓里。

　　1973 年 8 月，著名黑人女作家爱丽丝·沃克（Alice Walker）在一片荒草中确认了赫斯顿的墓冢。两年后，沃克用《寻找佐拉·尼尔·赫斯顿》（"In search of Zora Neale Hurston"，1975 年）一文，才把赫斯顿重新引进读者的视线。沃克还自掏腰包，为赫斯顿选了一块普通的灰色墓碑，借用吉恩·图默（Jean Toomer）的一句诗词作为她的墓志铭：

　　"佐拉·尼尔·赫斯顿：南方的天才。"

第四章　兰斯顿·休斯的生命之"海"

文学是一望无际的大海，里面有很多鱼，我撒下网去捕捞。我还在拉网。

——兰斯顿·休斯

引　言

休斯是 20 世纪美国最杰出的黑人作家、诗人、小说家和剧作家之一，是美国哈莱姆文艺复兴运动的中坚人物。休斯一生发表和出版过小说、戏剧、散文、传记等各种文体的作品，尤其以诗歌闻名，被誉为"黑人桂冠诗人"。他的处女作、自由诗《黑人谈河流》（*The Negro Speaks of Rivers*，1921 年），把黑人的灵魂比作古老黝黑的河流，至今仍被人传诵。1926年，他发表在《民族》杂志上的《黑人艺术家与种族大山》（*The Negro Artist and the Racial Mountain*），激励过无数黑人作家们，直接确立了他在哈莱姆文艺复兴运动中的领袖地位。休斯唯一的一部长篇小说《不是没有笑声》（*Not Without Laughter*，1930 年），描写了一个普通黑人家庭的生活。他的《大海》和《我漂泊，我彷徨：自传式旅程》（*I Wonder as I Wonder: An Autobiographical Journey*，1956 年）两本自传、短篇小说集《白人暴行录》（*The Ways of White Folks*，1934 年）、《共同的东西及其他故事》（*The Things They Carried and Other Stories*，1963 年）以及一些剧本、论文、儿童读物、历史读物，构成了他后期创作的主要内容。

必须要提的是，像当时美国一些黑人左翼青年一样，休斯向往十月革命后的社会主义苏联。他曾于 1932 年出访苏联，随后还来到了中国，见到了中国文坛叱咤风云的人物鲁迅。后者在《准风月谈》（1934 年）的后记中那句"黑人的诗也走出英语圈子了"，说的正是休斯。

休斯的自传《大海》共分三部分。第一部分"二十一岁"主要记述了他的成长过程和写作经验。他强调要把黑人故事"写得真真实实,让遥远国土上的人们都欢喜读它,甚至在我死了以后"(温军超,2015:115)。在第二部分"大海"中,他按照自己的漂泊路线,描绘了世界各地的风土人情。他在其中总结出,世上只有两种人:穷人和富人,或者低层人和高层人,或者被压迫者和压迫者。在第三部分"黑人文艺复兴"中,休斯从自身的经验出发,揭露了美国,特别是美国南部罪恶的种族歧视制度的同时,对美国黑人文学历史中举足轻重的哈莱姆文艺复兴运动,给予了特殊的评价。他认为,这场运动既没能从物质上改善黑人的生活,也未能从精神上给他们以滋养。休斯还毫不含糊地展示了某些上层黑人喜欢接近白人、歧视同胞的劣根性等。他"摒弃了更为暴力、愤世嫉俗、痛苦的黑人情感模式,摒弃了激进种族主义思想,以诚实的、如水般清澈的散文使读者信服"(xxv)①。

对美国种族主义的痛击,对美国黑人不屈精神和勇气的赞誉,对黑人民间音乐和民歌的热爱,一直是休斯作品的核心主题。本章将按照自传文本内容的自然分类,重点探讨在漂泊不定的生活里,在种族主义的重重围攻下,休斯是如何突破自己的生活边界,找到自己的生存之路的。前三节主要讨论他所遭受的种族隔离与白人文化威权主义,身份认同危机导致的身份焦虑以及文字、文化与自然是他舒缓焦虑的良方;最后一节探讨他如何通过创作和对黑人传统文化要素的认同,建构自己的身份,从而形成完整的自我。

第一节 种族隔离与白人文化威权主义

随着 20 世纪的到来,虚无主义的氛围在西方世界蔓延开来,本应来临的极乐世界,因为尼采的"上帝死了"的宣判,变为一片荒原。强烈的

---

① Hughes, L. 1993. The Big Sea[M]. New York: Arnold Rampersad. 本章引文凡出自此书,皆只标明页码。

孤独、不安、无意义感刺激着人类的内心，无序的街景、缥缈的海滩、晃动的大地使人眩晕。这是那个时代西方大多数人的焦虑，更包括饱受种族主义之害的美国黑人。

1861～1865年美国黑人解放运动之后，美国黑人摆脱了身体上的枷锁，但无形的精神枷锁依然存在。因此，除了自我建构所引发的种种焦虑，他们不得不应对来自白人的敌意，克服对于白人的恐惧，并破除白人文化威权主义建构起来的黑人形象。

休斯在自传《大海》中，结合自己的生长环境和文化境遇，描绘了美国黑人种族的集体焦虑：种族隔离、刻板印象和被"面具化"的命运。作为个体而存在的他，也因身份认同危机、父子冲突而迷茫、惶恐和焦虑。的确，他曾因此而痛苦、恐惧，但痛苦中却孕育出一首首精巧的诗歌，这便是"焦虑的意义"。

1862年，休斯出生的40年前，美国总统亚伯拉罕·林肯正式颁布了《解放黑人奴隶宣言》。不久之后，美国宪法第13条修正案赋予了黑人美国公民以平等与权利，但"黑人法典"的出现依然让黑人处于受限制的环境（丁鹏，2008）。1868年，美国宪法第14条修正案明确了黑人的公民地位，但黑人依然没有选举权（丁鹏，2008）。直到1870年，美国宪法第15条修正案的颁布才赋予了黑人群体选举权。然而，法律上的平等并没有实质性地改变黑人的社会地位，来自社会的偏见与敌意如雾霾一样，弥散在他们生活的环境里。

种族隔离制度是引发美国黑人焦虑的重要元素。有违于美国宪法人人生而平等的规定，美国针对黑人实质上一直实行的是"平等但隔离"的政策。南北战争期间，美国部分地区便普遍实行种族隔离，教堂、剧院、旅馆、餐厅、公园等公共场合禁止黑人进入。19世纪末，种族隔离政策在美国全国范围内正式确立，并且涉足铁路交通和教育领域。进入20世纪，随着美国现代工业的蓬勃发展，大量黑人涌入城市，黑人内部出现了阶级分化。少数黑人抓住机遇，通过才智和努力步入中层阶级甚至上层阶级，但大部分黑人仍被限制在特定的区域，贫困、拥挤、污浊充斥着他们的生活，教育的缺失更使得贫民区内骚乱不断，大量黑人青少年流落街头，失业率与犯罪率高涨。而这种局面使种族隔离政策更为严格①。

休斯在自传中多次提及生活中的种族隔离现象。"吉姆克劳车厢、挂有黑人勿入标志的电影院、黑人无法进食的餐厅、黑人无法企及的工作、黑人无法加入的工会……"(251)在美国移民潮时期,休斯跟随母亲来到的克利夫兰就是一个有着明显种族边界的城市。"随着黑人如潮水般从南方涌来",城市中的白人不断"退却","他们从自己的木屋中搬出并以高价租售给黑人"(30),就此形成了特殊的黑人聚集区。休斯在高二的暑假来到芝加哥与母亲一起生活,因为误入白人区而遭到白人青年的殴打。几年之后,他前往华盛顿谋生,"华盛顿的黑人只能生活在贫民区内,只有在这里,他们才能观赏戏剧、用餐或是仅仅喝一杯可乐。说来奇怪,这些霸道的行为居然发生在世上最民主的国度"(195)。1927年,休斯受邀前往费斯克大学朗诵诗歌,在这个南方城市里,"有一些特定的公园禁止黑人进入或是穿过。如果一座这样的公园坐落于始发地与目的地之间,你不能像白人一样穿越公园,而只能绕个大圈"(265)。

休斯擅长用反讽的手段表现种族隔离政策的荒谬。在"归家"一篇中,他从墨西哥返回克利夫兰,需要在得克萨斯州中转,由于"吉姆·克劳"法案的存在,他不得不伪装成一个墨西哥人以享受美国白人的"特权"。被白人识破后,他"仓皇逃窜,仿佛看到瘟神一般"(50)。之后,他途经圣路易斯市,在一个冷饮摊位想购买冷饮时又被断然拒绝。"如果你是墨西哥人,我会为你服务;如果你是个黑鬼,那绝不可能。"(51)讽刺的是,在美国白人眼中,黑人并不那么可憎,真正可憎的只是"美国黑人"。

种族隔离政策意欲把美国白人与黑人的生存空间分隔开来,结果却成为"一层无形却坚韧的薄幕将黑人社会与一切'白人(色)的东西'隔绝开来",尽管"黑人还是可以看到白人的世界,这让他们对'白人的东西'——白人的汽车、白人豪华的房屋、白人的孩子和女人——产生了一种既害怕又羡慕的感觉"(安吉洛,2013:50)。美国黑人渴望拥有白人所拥有的一切,但种族的鸿沟又总让他们望而却步。这种反差使得他们努力抑制本能的欲求,而未得到满足的力比多转化成焦虑(梅,2016)。

---

① 笔者注:这种现象在本书其他黑人自传中也很常见。

文化身份是造成美国黑人"不确定性"的主要缘由。黑人在饱受身体奴役与强制劳动之苦时，曾奋起抵抗以求生存；如今身体上的枷锁已然去除，精神的枷锁依然顽固。白人不再统治这群有色的躯体，却掌管着他们"黑色的"魂灵。面对白人文化霸权的统治，黑人近乎"失语"，因此建立属于自己的文化身份尤为重要，尽管在白人主导的世界中完成自我建构并不容易。

美国黑人想要摆脱自己所背负的各种标签，势必会招致白人的鄙夷、嘲笑、侮辱甚至殴打。所以，他们不仅需要懂得如何建构自我的形象，还得准备好承担相应的后果。如果说第一步是对显性界限的僭越，第二步则是对于"未知"的试探；如果说第一步要求黑人克服对于白人的恐惧，第二步则要求其拥有应对焦虑的勇气。毕竟，自我建构意味着自愿"成为我所不是者"，它不是"指导"，而是"背离"，它只许诺"不同"，至于前景如何，它皆避而不谈（海德格尔，2016：115）。无疑，自我建构充满诱惑，因为它给予黑人种族希望，但同时也使其面临极大的不确定性。海德格尔如是说："这却不是仅仅缺少确定性，而是本质上不可能有确定性。"（海德格尔，2016：130）而这种不确定性正是焦虑，是一种"剥夺了此在沉沦着从'世界'以及从公众讲法方面来领会自身的可能性"的焦虑（海德格尔，2016：217），以及为世人开创出本真的可能性和随之而来的异常的苦痛。因此，本真生活或是自我建构通常需要存在的勇气作为支撑。然而，并非所有黑人都拥有如此的勇气来践行自我的可能性。美国黑人作家赖特曾写道："当我在孟菲斯当搬运工时，令我惊讶的是，我经常把自己当作自己的朋友，任由白人踢来踢去。现在，我在芝加哥工作，我发现，这种身份的焦虑和不确定性比被人踢更加难受……我现在更同情那些绝望的黑人，他们请求白人'踢我吧，如果别无选择。踢我吧，让我感觉舒服点，让我得到些许安慰'。"（Wright，1996：213）相比于身份的不确定性所带来的焦虑，白人的威胁似乎已经变得微不足道。

如果说种族隔离政策是对黑人生活空间的限制，白人文化威权主义则钳制了他们的心灵。首先，拥有文化主导权的白人赋予了黑人一种特定的身份。在他们眼中，黑色的皮肤代表着肮脏、下贱、懒惰、卑鄙、野蛮、愚蠢、丑陋、邪恶等，他们选择隔着距离观察黑人，而选择忽略其黑色皮囊下的灵魂，他们不相信生活的洗礼会使黑人的灵魂变得高贵。黑人的刻板印象就此形成。

刻板印象意味着黑人不再是一个个鲜活的个体，而成了一座座"劣迹斑斑"的雕塑，承载着各种白人的偏见、社会的不公、命运的捉弄。他们本该鲜活的生活"平静"得如一潭死水，泛不起半点涟漪。或许，正是对于"固化黑人"的倾向的抵制，休斯选择用"大海"作为自传的标题。毕竟，海水从不会被固化，永远充满活力，永不停息。毕竟，海水的力量可以击碎那些强加于他们的刻板印象，呼唤自我，重建自我。

面具化是美国黑人的自我伪装。皮格·麦克特史认为："'白色'是进入美国主流社会的万能钥匙，而白色的特权就像是一个无形的、没有重量却装有特殊供应品的帆布包，它包括有保证金、工具、地图、导游图、密码簿、护照、签证、衣服、罗盘、急救器械和空白支票。"（转引自张立新，2006：61）巨大的物质利益对于本身处于劣势的黑人族群极具吸引力，并在一定程度上驱使黑人接受白人的标准，戴上白色面具，通过白人的眼光看世界、看同类，甚至看自己。休斯笔下的乔治便是这样一位黑人。乔治是美国土生土长的黑白混血儿，尽管拥有与非洲人相同的肤色和发质，却不愿意承认身体里流淌着的黑色血液。他痛恨"黑色"这个词语，更痛恨别人将他与这个词语联系起来。在他的眼中，黑肤色意味着一种耻辱，只有通过"变白"才能够出人头地。

休斯的父亲也对美国黑人充满鄙夷。"我的父亲憎恶黑人。我想他也憎恨自己是黑人。他讨厌他的家人，因为他们执意留在美国，却无法摆脱成为奴仆的命运——就像我的母亲，她曾在堪萨斯大学接受良好的教育，结果却沦为餐厅的侍女，伺候那些黑鬼，或是白人厨房里的帮工。"（42）休斯讨厌自己的父亲，但他也明白父亲尽管精明能干，却不能通过自身的努力获得成功。因为在美国，"没有公司愿意接受一个黑人，没有工会或是教职会对一个黑人开放，没有银行给一个黑人贷款，也没有保险公司愿意接受一个黑人的业务"（41）。所以他的父亲"逃离"了美国，定居墨西哥并在此发迹；所以他的父亲不明白为什么其他黑人顽固地留在美国，忍受贫穷，忍受白人种族的欺辱；所以他的父亲便把自己对白人的憎恨，转化成对于黑人同胞的轻蔑。

由此可见，在白人文化霸权主义的背景下，面具化成为部分美国黑人种族自我发展的一种趋势。他们选择隐忍，选择顺应，不敢轻易突破自己的边界，却反而遭到白人文化的侵蚀，将白人的价值奉为圭臬，最终深陷自我否定的泥潭，无法自我肯定，进而无法成为真正的自己。

第二节　身份认同危机导致的身份焦虑

作为合众国的美国，种族身份问题是作家们和学者们历来讨论的热门话题之一。"一直以来，我都对（第一代）黑白混血儿问题极感兴趣，我想知道是否他们的肤色足够浅以至于能够被当作白人。"（245）

在《大海》的开篇，休斯利用巧妙的倒叙，引入了混血儿的身份问题。21岁那年，他踏上了前往非洲的航船，开启了一段全新的生活。成长的烦恼早已使得休斯伤痕累累，白人的漠视、鄙夷、偏见、歧视更使其苦不堪言。由于对黑人传统知之甚少，休斯希望返回黑人的故乡——非洲，融入黑人族群，从而获取本土文化的滋养。然而，正是在非洲——一个想象中狂野又友爱的国度，一个居住着美丽的黑色人群的国家，他遭遇了前所未有的身份危机。"当我与当地人谈论的时候，有一件事深深刺伤了我。他们紧紧盯着我，怎么都不相信我和他们一样，是一个黑人。"（15）那时的休斯尚未完全意识到美国白人社会对黑人身份的塑造。非洲自然环境和文化环境的差异让他产生了种种疑虑。在美国，一个人的身体中只要有一滴黑色血液流淌，他便被视为黑人；而非洲黑人有着更加纯粹的意味，只有拥有黝黑皮肤的人才称得上黑人。因此，棕色皮肤的"我"被排除在外。至此，休斯的"黑人身份"不复存在。

英国学者斯图亚特·霍尔认为，身份反映共同的历史经验和共有的文化符码，为我们提供了在变幻的历史经验之下稳定不变和具有连续性的意义框架。任何民族在繁衍生息的过程中，必然会创造出属于自己民族的文化，经过时间的洗礼，这些文化转变为民族的根基，为整个民族提供养分，同时也为个体提供意义标准和价值基础（钟亚妹，2018）。因而，个体身份的丧失则意味着特定意义的缺失。在遭到美国白人与非洲黑人群体排斥之后，休斯面临的最大风险便是意义与价值的缺失。面向未来，他感到了迷惘。

蒂利希认为，人的存在包含着他与意义的联系，而意义的缺失则将人抛向空虚（蒂利希，2018）。正如死亡是对人本体的威胁，迷惘、空虚则扼杀了一切精神上的可能性。随着融入非洲黑人群体的幻想破灭，休斯陷入了深深的焦虑。他努力寻找出口而不得。正如他在《非洲晨雾》（*African Fog*）中写道："你不懂这晨雾，尽管我们这些自诩文明的异乡人总在其中航行。"（106-107）焦虑便如同这晨雾，弥漫在空气之中，经久不散。对此，他选择视而不见。在返回美国的路途之中，他沉沦于世间，求助于"众人"，沉溺于酒色之中。

除了黑白文化的矛盾与冲突，父亲的武断与专制造成的父子之间的矛盾，也是休斯产生焦虑的源头之一，他甚至还曾萌生出死的念头。"有一天，只有我一个人待在家里，我将上了膛的手枪抵住自己的脑袋，想了很久，如果我扣下扳机，是否我将更加快乐。"（47）

休斯父子之间的矛盾首先表现在对待黑人的态度上。休斯在自传中记录了形形色色的黑人角色，从处于社会底层的服务员、酒吧驻唱或者流浪街头的瘾君子，到才华横溢的黑人艺术家，再到中产阶级的黑人医生、律师以及身居高位的市政人员。他们中的一些人生于贫穷，却不卑不亢。如"我的祖母"一生清贫，从不愿为五斗米折腰；但她坚韧而勇敢，始终鼓励着黑人种族争取自己的权利。也有些生活在华盛顿的中产阶级有色人群，他们有的博览群书，思维敏捷，高瞻远瞩，极具批判精神，如华莱士·瑟曼（Wallace Thurman）；也有的尽管极具才华，却被利益蛊惑，逐渐丧失了自我，如不仅放弃了写作，而且背弃了自己的种族的图默。他们当中还有一些人慷慨善良，乐于助人，如把他介绍给许多编辑、帮助他出版诗集、鼓励他写短篇小说的卡尔·范·韦克滕。还有一些哈莱姆俱乐部的黑人老板，认为白人的光顾使得他们有利可图，于是便"效仿著名的棉花俱乐部，禁止黑人进入"（214）。

尽管休斯在自传中毫不留情地揭示了黑人的种种弊端，但文字间更多体现的却是对于黑人传统文化的热爱。他热爱黑人的舞蹈、音乐、文学，赞美他们黑色的肌肤、厚重的文化以及为世界所作的贡献。相反，他的父亲却对黑人充满憎恨。他像白人一样审视自己的族人，认为他们懒惰、无知、下贱等。

父子两人的金钱观截然不同。"我的父亲正是墨西哥人口中的美国佬，一个典型的美国人。他和我以往认识的所有人都不同。他的眼里只有钱。虽然母亲与继父也爱钱，但是他们赚钱是为了享受生活……但父亲却是一个不折不扣的守财奴。"（41）在父亲眼里，金钱是衡量一切的标准，也是他成功的标志和生命的价值。除了积累财富，休斯的父亲无法通过其他方式自我肯定。不同的是，休斯并不贪恋金钱，他愿意与仆人分享自己的零花钱，愿意与巴黎的同伴分享为数不多的生活费，愿意为了自己的生活趣味放弃"体面却高薪"的工作。休斯对待金钱的态度常常招致父亲的不满，"你和你母亲一样，只知道挥霍"，"不要给印第安人任何东西，他们不会心存感激"（45）。在休斯的父亲看来，穷人多是自作自受，他们懒惰、卑贱，缺乏教育；但在休斯眼里，穷人的生活同那些含着金汤勺长大的富人的生活一样值得赞美。"我只认识那些伴我成长的人，他们并没有擦得锃亮的皮鞋，不曾上过哈佛，也从未听过巴赫。但对我来说，他们都是好人。"（250）

休斯的父亲武断且专制，希望能操控儿子的未来，而完全不顾其意愿。在他眼中，休斯只需要言听计从，完成好被交代的任务即可。休斯在墨西哥和父亲一起生活期间，父亲"让我待在家里学习算账。他给我的题目被从来都不擅长算数的我做得一塌糊涂。我的愚钝使他非常恼火，他还经常因我没有一个好的商业头脑而训斥我"（46）。当然，他的父亲也很勤勉，"父亲似乎有无限的精力，他总是步履匆匆……他早上5点起床就开始整理账务、阅读邮件或是查阅法条，一直到上班的时间才离开。然后一直忙碌于各种事务，直到晚上11点钟左右，只有在吃饭时才会休息片刻……对他来说，其他人的节奏太过慵懒，所以他总会说'快点！'"（47）。在陌生的国度，面对陌生的语言，休斯无人倾诉，也无人陪伴。他每天学习西班牙语，应付账目，练习射击，"大多数的时间里，我感到抑郁、悲伤且无趣"（47）。后来，"忽然宣布，他已经想好，要送我去瑞士学习采矿工程"（61），不过，"一想到外语授课的物理、化学等学科，我便难以忍受"（62）。他想要去哥伦比亚大学的愿望，遭到父亲断然拒绝。

"日子一天天地过去，我越来越不想跟父亲说话。他的生活方式与我的截然不同，他对于生活以及人们的态度也令我吃惊，所以当他在家的时候，我就缄默不语。"（46）观念的不和使得休斯与父亲难以亲近，而后者的武断更使休斯痛苦不堪。从某种意义上来讲，父亲的专制剥夺了休斯的自由。而这自由关乎休斯自我的发展，毕竟，自由的缺失意味着人格的压缩。

第三节 文字、文化与自然是他舒缓焦虑的良方

焦虑无从避免，只要人存活于世，就随时可能遭遇焦虑的侵袭。如上所述，休斯所经历的焦虑大致可分为三种。第一是黑人族群的集体焦虑：种族隔离迫使黑人压抑自己的欲望；白人文化将黑人制成雕像、剥夺黑人的生存可能性；面具化激起黑人的自我厌恶。第二是意义的缺失所造成的焦虑：身份认同危机，以及自我构建的失败。第三是自由的缺失所引起的焦虑：父亲的武断与专制。

面对焦虑，自我固化、成为他人、沉溺酒色、自我封锁或许可以在一定程度上缓解焦虑，因为"一旦行为模式被结构化，成为一种心理症状的形式，产生焦虑的冲突在到达意识觉醒层次之前，便被压制下来"（梅，2016：323）。但如此一来，焦虑只是被延缓、悬置，它依然存在，并隐藏起来，如同猛兽一般，伺机而动。因此，应对焦虑的有效措施并非对其视而不见，而是突破固化的行为模式，直面焦虑以及随之而来的痛苦，才有可能应对焦虑。梅指出，"有意识的焦虑虽然比较痛苦，但是它可用来整合自我"（梅，2016：323）。休斯就是利用焦虑而走出焦虑的。他通过诗歌与文字的写作，汲取黑人传统文化的滋养，从而活出了自己的意义。

在创作的过程中，焦虑消失不见，怨恨转化成激情，痛苦被快乐取代，沉闷的气氛消散开来。当一首诗歌诞生，休斯的灵魂仿佛得到了净化。正如巴鲁赫·斯宾诺莎（Baruch Spinoza）所言："负面的情感如恐惧和焦虑

最终只有借着强有力的建设性情感才能克服。"（梅，2016：330）休斯诗歌的创作灵感皆源自生活的挫折和内心的忧郁。"我最好的诗歌都是在我感觉最糟糕的时刻创作的。当我高兴时，我什么也写不出来。"（54）诗歌创作给他提供了更多的自由，舒缓了他的烦躁和焦虑。生活中欠缺的，他从诗歌的构思中得到补充；情绪郁闷时，他用诗歌的书写以疏散；精神萎靡不振时，他用诗歌的快意以警醒。他是自我的缔造者，也是"黑人"种族身份的创建者之一。休斯说："一般来说，两三句诗词会从我正在思考、观看或处理的事情中浮现到我的脑海当中，然后，其余部分（如果最终成诗的话）便会从这最初的片段涌现出来，而且常常在转瞬之间。"（56）每当到了这个时候，休斯便会将诗歌的片段记录下来，因为"诗歌如同绚丽的彩虹，转瞬即逝"（56）。正是在捕捉诗歌灵感的过程中，休斯舒缓了心情，创造出了诗歌，也创造了自我。

亨利·戴维·梭罗在《瓦尔登湖》（*Walden*，1854年）中写道，"荒野是对这个世界的救赎"，浪漫主义诗人威廉·华兹华斯在其《丁登寺旁》（*Tintern Abbey*，1798年）中这样赞叹过，"去大自然指引的任何地方，与其说是追求所爱的东西，更像是逃避所怕的东西"（Wordsworth & Coleridge，1991：112）。自然意象一直是黑人作家书写的重要元素之一。在休斯的自传中，自然是他心灵的港湾，自然为他提供了对抗焦虑、宣泄情感的渠道和武器。"在休斯诗歌中，自然题材并非用于建构关于自然的客观描写，而是用于表现主观世界。"（孙丙堂和崔鑫，2019：152）休斯自传文本中的自然书写开始于其书名"大海"。他选择出海既是一种决裂，更是一种追寻。

哥伦比亚大学的生活使得休斯意识到潜藏于美国文化之下的文化偏见。纽约的"工作经验"更使其明白黑人生活在白人世界中的艰辛。种族的歧视、生活的贫苦、父子的冲突、前途的渺茫、自我身份的晦暗不明等，使休斯的生活举步维艰。于是他决定离开美国，登上那艘前往非洲的航船，与过去的一切划清界限。

休斯的出海也是他在迷途中的自我追寻。"那天晚上，我将所有的书都取了出来，掷入海中。一时间，仿佛千块砖头落下心头——因为，我不仅想要丢弃所有的书籍，更想将一切惆怅的往事置之脑后：关于我父亲的记忆、母亲颠沛流离的生活、愚蠢的肤色偏见、生活在白人世界的黑人、对碌碌无为的恐惧、缺少知己的苦闷、受制于人的感受——无论这些感受源自父母、上司,还是外在的必然性。"(96)萦绕在耳边的父亲的催促、母亲的抱怨与疏远在他心中投下的阴影、白人的凝视与戏弄让他体会到的失望、哥伦比亚大学时期遭受的排挤与孤立、在纽约寻找工作时的屡屡碰壁等,所有的一切积聚在他的内心深处,一场思想的风暴已不可避免。

休斯启程前往非洲,标志着他对于自我生活的掌控,他成了"一个真正的男人,掌握自我的生活,按照自我的方式生活"(96)。更重要的是,他的离开标志着他重返黑人文化的源头以进行美国黑人身份重构的意图。受困于美国黑人晦暗不明的身份,休斯迫切想要借助非洲的黑人文化,重新构建自我以及种族的形象。在航行的过程中,他对"故乡"期待不已。"这些天,我焦急期待着能够早日看看非洲。最终,当我看见阳光照射下的深绿色山丘之时,某种东西抓住了我的心"(15);"沿着海岸向下,仿佛更有梦想中的非洲的意蕴——狂野而可爱的、美丽的黑皮肤人种,棕榈树高高耸立,阳光明媚,河流涓涓流淌。我梦想中的伟大的非洲"(15)。

与痛苦回忆的决裂为休斯卸下了心底的重负,关于未来的遐想使他对于前路充满信心。与这种愉快的心情相映成趣的是如梦幻般美好的大海之旅,"阳光和煦,微风吹拂,溅起的水花拍打在脸上,带些咸味与凉意,海浪泛起泡沫,空气也滋养着肺腑。在接下来的六个月中,我们将驶向非洲。在此期间,我们不需要为食物和住所而担心,也不需要因害怕找不到工作而觉得一无是处"(101),似乎一切都按照他的构想顺利推进,似乎他的梦想即将实现。然而,一场危机正在酝酿之中。

休斯的返航显示了他幻想的破灭。他带着幻想到达非洲,将非洲视为自己的故乡,试图在那里找到存在的根基,并汲取存在的养分。目睹欧洲人对于非洲"同胞"的剥削,他心生同情。在与本地人的交谈中,休斯表示,"在美国,我们的境遇与你们一般无二,尤其是在美国南部。和你们一样,我也是一个黑人","然而,对方只是轻蔑一笑,摇着头说:'你啊,是白人!你啊,是白人!'"(102)。面对本地人的拒斥,休斯震惊不已,"只有在这里,这世界上唯一的地方,我才被称作一个白人"(102)。棕色的皮肤使休斯游离于黑人之外,他无法融入,无法获取意义的滋养,也无法吮吸文化根系的精华。意义之源的丧失将其抛向空虚。正如死亡是对人本体的威胁，空虚则扼杀了一切精神上的可能性。随着融入非洲黑人群体的幻想破灭，空虚趁机侵入，将休斯置于深深的焦虑之中。

在归途中，他同其他人一起寻欢作乐，借酒浇愁。"当船长让我们领钱时，我们便可以像各地的水手一样玩得痛快。我们畅饮烈酒，然后跑去寻找姑娘。"（106）他心态的反转在文本中的自然万象中得以体现。不同于出航时的风平浪静，休斯归来的旅途凶险万分。离开非洲沿岸不久，"一场相对温和的风暴迎面而来，船体开始摇摇晃晃，波浪不断冲刷甲板"（119）。随着航行的继续，这场风暴愈演愈烈。"在返回美国途中通过大海中央的时候，我们并不知道这场掀翻猴笼的风暴只不过是序曲，真正的狂风暴雨即将来袭。"（121）"一天晚上，狂风席卷而来，激起层层波浪，猛烈地拍击着甲板，并使得我们的船体倾斜至与海面平齐。""沉重的海浪冲刷着甲板，发出震耳欲聋的响声，一浪接着一浪，仿佛漫长而间断的末日宣判，与此同时，狂风怒号。"（122）风暴的平息并未使旅途重拾往日的平和，食物短缺成为另一个生死攸关的问题。"这场风暴使我们偏离了航道，耽搁了几天行程。到达维尔京群岛前大约一周时间，我们的食物便所剩无几。"（122）

休斯笔下的大海既象征着包含差异的自由空间，"其中游弋着各种大鱼小鱼"（311），又象征着自然原始的活力与恣意，象征着一种力量，一种击碎一切僵化事物的力量。"所有堆积在港口的垃圾都被倒入海中。但这清澈湛蓝的海水并未因为垃圾的倾入而沾染丁点污秽。这是大海的众多壮举之一——每一天，数以万计的航船将垃圾排入海中，但大海却从未显出浑浊的色彩。"（101）大海吞噬着所有偏执的界限。无论清流或是浊流，无论正义或是罪恶，无论生或是死，大海以其多样性的包容，全都一视同仁。

不得不说，休斯笔下的大海时而温和，时而狂暴，时而杀气腾腾，时而和颜悦色，它只是依照自我的规律行事。通过大海的隐喻，休斯或许想要告诉世人，黑人也拥有一颗跳动的心；想要告诫自己的族类，切勿因为白人的威权而迷失自我，黑人拥有众多的可能性，只要不轻言放弃，便有力量击碎那些强加给他们的刻板印象，并且完成自我建构。

除了"大海"这一核心意象,休斯在自传中也经常提到河流、雾、月亮等自然意象。每一种意象都具有一定的文化寓意,每一种寓意里都是他留给自己喘息的空间。《黑人谈河流》是休斯青年时期所创作的名诗。在自传之中,他回忆了创作这首诗的情景。当时他正乘坐前往墨西哥的列车,通过悬于密西西比河之上的桥梁。当他望向窗外时,"流向南方心脏的浊流"激发了他对于黑人过往的思考。起初,他想象着,对于身背枷锁的黑人来说,那条古老的密西西比河所预示的惨淡命运。紧接着,他回忆起林肯乘坐的竹筏沿着密西西比河漂流而下的场景,并且想象着林肯如何被奴隶制所撼动,又如何坚定不移地决定将其废除。随后,思绪朝着更遥远的过去飘去,他回想起"远处家乡"的河流——刚果河、尼罗河。这些河流是黑人悠久历史的见证者,尽管曾经的光荣已被枷锁取代,但黑人种族却依然表现出顽强的生命力。

营造文化空间,抵御生存焦虑,也是休斯在《大海》中竭力展示的内容之一。在《新共和》杂志(The New Republic)中,赖特称赞休斯是一位"文化大使",当其他黑人作家"在自己的岗位上睡着了"时,他在文学上继承了"男子汉的传统"(xvi)。黑人文化元素贯穿于休斯自传的始终,并承担起帮助他舒缓焦虑的另一空间。如果说自然空间消解了种族的界限,为黑人群体提供了庇护之所,那么文化空间则保存着他们内心微弱的火种,并为他们提供了发展的根基以及对抗精神奴役的武器。休斯不断地从黑人文化中挖掘材料,为黑人的未来建造"庙宇"。

美国黑人的主要文化形式包括神话、寓言、音乐、舞蹈等。它们在血与火的历史流变中得以保存。其中,美国黑人音乐历经变化,却繁衍至今,形成了独具特色的风格,冲破了地域与人种的藩篱,在美国甚至世界掀起了一阵狂潮。在《大海》中,休斯带着一种自豪感说道:"黑人音乐就像大海的波浪,总是后浪推前浪,一浪接一浪;就像地球绕着太阳转,黑夜—白天—黑夜,白天—黑夜—白天,反复无穷。黑人音乐具有潜在的魅力,它独特的节奏宛如人的心脏一般坚强有力,永远不会使你失望,它富有幽默感,又具有深厚的力量。"(198)

曲调忧伤哀婉、低沉嘶哑的布鲁斯是 19 世纪由美国黑人灵歌发展而来的,是美国黑人的悲歌。它既是美国黑人反抗传统音乐、反抗美国种族歧视、争取民族自由的武器，更是对黑人命运不公的反抗。20世纪20年代，爵士乐风靡全美。也正是这一时期，美国黑人迎来了所谓的哈莱姆文艺复兴。休斯在自传中写道："20世纪20年代是曼哈顿黑人文艺复兴的黄金年代。而随波逐流（Shuffle Along）、肆意妄为（Running Wild）以及查理斯顿（The Charleston）的上演标志着这个时代的开启。"（213）爵士乐对于美国黑人文化的盛行功不可没。和同时代的艺术家一样，休斯也借助文学和艺术的力量，为黑人同胞构建新的文化身份，并激发他们的民族自豪感。"我们正在创作的年轻一代的艺术家力图无畏、无愧地表现黑皮肤的自我。如果白人喜欢，我们很高兴；如果白人不喜欢，我们也没什么关系。我们知道自己是美的，也是丑的……我们为明天建造庙宇，我们知道怎样才造得结实，我们站在山顶，内心是自由的。"（《黑人艺术家与种族大山》）

同许多黑人音乐一样，休斯的作品也表现了黑人对其自身特性和悠长民族历史的充分肯定以及自我拯救的信念。"非洲人的肤色如黑夜般俊美。市场上的妇女们裸露着尖尖的乳房，男人们裸露着波浪般的肌肉。"（101）然而，他在竭力歌颂黑人同胞的同时，也并非只有盲目的民族热情。他严厉批评那些具有无法根除的奴性的黑人，他们被白人的价值观所蛊惑，对白人唯唯诺诺，却对自己的同胞冷眼相对，甚至对自身充满厌恶；他严厉批评那些盲目的"种族主义者"，他们目光短浅，却总是凭着一身"民族热情"抨击真正的有识之辈；他严厉批评那些自以为是的中产阶级黑人，他们家境殷实，却鄙视处于社会底层的黑人同胞。

休斯在自传中对于黑人音乐的高调赞扬，正是对这一稀释痛苦与焦虑的形式的致敬和感谢。

第四节　休斯与他的"文艺复兴"

在《大海》的第三部分，休斯划分了"黑人正当时""哈莱姆文人""诗歌""黑鬼天堂""林肯大学""赞助人和朋友""文学之争"等共计

22个标题，这些标题分别描述了他在20世纪20年代在纽约参与、亲历和旁观过的哈莱姆文艺复兴期间的各种生活细节，他的诗歌创作过程，尤其是对当时哈莱姆区文化娱乐的空前盛况进行了细致入微的描述。有评论说，"休斯的句子完全没有矫揉造作。这是美国文学的巅峰之作——比海明威的作品简单，却又像另一位出生于密苏里州、深受休斯推崇的作家马克·吐温的作品一样简单直接"（xxv）。但不得不说，《大海》中的这一部分因内容庞杂无序，略显拖沓。太多的细节堆积，不禁让人觉得，也许写诗才是他的专长，诗歌更能表达他的思想。又或者，这是休斯故意为之，毕竟那个年代还盛行意识流的文体，形式本身卷着各种内容，庞杂而无序。

在大部分的章节里，休斯总是把自己抽离出文字环境，以旁观者的身份来描述哈莱姆区异常活跃的种种黑人艺术生活。他遇到的各色人等，看到的各种场景，听到的音乐话剧，参与的各种私人聚会、舞会、婚礼和葬礼，无论是头上戴的、脸上涂的、脚上穿的，等等，他都一一记录下来。谁以何种表情跟谁说了什么话，表达了什么意思，谁迎娶了谁家的妹妹，谁又嫁了谁家的二哥；谁开着什么车去接了谁，谁穿着买的、借的，或租的什么样的衣服，吃的是什么饭菜，喝的什么品牌、什么味道的酒，等等，他都记录了下来，当然，他还偶尔不忘本地写几句诗行或直接引用曾经的诗行。几乎每一场由谁组织的聚会，包括具体的时间、街道名称、持续过程和气氛、参加的人数等，他都一一作了描述，而他则化身摄像机，只负责记录，连思考的功能都没有。不过，这也是生活的本真模样吧。正如休斯在不同的场合解释的那样，"作为作家，我的故事和诗歌的大部分素材皆来源我所处的环境"。"其中一些可能只对我自己的人至关重要"，"我正试图写一本真实而诚实的书"，"如果我只写水手、巴黎夜总会等，而不把一些'文化'的东西写进书中，黑人读者肯定会嘲笑我……如果我没有把它写活，那就错在文笔上"（xv）。的确，万象生活本身呈现的是细节，本身就没有秩序和次序。更何况哈莱姆文艺复兴时期，很少有像他那样的大作家，事无巨细地关照这里的各种聚会活动、各种大小人物，尤其是冷静地站在反面，细察这场艺术运动的弊端和缺陷。

不得不说，休斯的自传书写没有他的诗歌那样凝练、紧凑、飘逸，洒脱地抛出一个个短句或几组词语，就表达出自己的意念情感和思想，读者需要在庞杂的文字信息里找他的主题、意图和思想。

有关哈莱姆文艺复兴，休斯并不乐观。"我在那里度过了一段美好的时光。但我认为它不会持续太久。"（217）在一些哈莱姆人相信"千禧年已经到来，种族问题终于通过艺术家格蕾丝·本特利得以解决"时，他却不相信人们会永远对"黑鬼"着迷。"我们都知道，20世纪20年代所谓的'黑人文艺复兴'表面上光鲜亮丽，实际上却并非如此。"（216）那一时期，很多黑人确实趁机迅速向上爬，只有休斯参与其中，看到了它的弊端和并不明朗的未来。

时不时地，忧郁会忽然之间笼罩着我，就像一个盲人乞丐拿着一把旧吉他：

你不知道，
你不知道我的想法——
当你看到我笑的时候，
我笑是为了不哭。（223）

休斯和黑人作家赫斯顿之间的恩怨[①]，似乎也是值得一提的历史事实。休斯在《大海》中，给了赫斯顿极大的欣赏和认可。他说她"聪明"（223）、"活泼开朗"（297），"无疑是黑人作家中最有趣的人"，"她不需要写书来吸引更广泛的读者，因为她本身就是一本完美的娱乐书。年轻时，她总以一种活泼的方式，从富裕的白人那里拿到奖学金和其他东西……她满脑子令人捧腹的轶事、幽默故事和悲喜剧……她能让你在一分钟内大笑，在下一分钟哭泣。对于她的许多白人朋友来说，她毫无疑问是一个完美的'黑鬼'，这是他们给这个词的美好定义——一个天真、孩子气、可爱、幽默、色彩鲜艳的黑人"（223）。

休斯说赫斯顿的人缘很好。从巴纳德女子学院毕业后，她在公园附近租了一套公寓，搬进来时她没有钱，也没有任何家具，但几天后，朋友们给了她一切，从放在亚麻柜子上的装饰性银鸟到脚凳。休斯几乎带着羡慕描述赫斯顿的社交能力。"她似乎认识纽约的每个人。她曾是范妮·赫斯特的秘书，结识了数十位名人，并一直与他们保持密切关系。"（224）说

[①] 笔者注：赫斯顿在其自传《路上的尘迹》中，没有提及她和休斯之间的暧昧关系。

到赫斯顿的可爱,休斯重复了赫斯顿的轶事。有一次她需要一毛钱去市中心,但不知道从哪里能弄到钱。走近地铁时,看见一个盲人乞丐伸出杯子讨钱,她直接从盲人的杯子里拿走了五美分,转身说:"借给我这个!下次,我会还给你的,我今天比你更需要钱。"(224)

休斯还用轻松欢快的笔调,记述了他和赫斯顿两人在新奥尔良偶遇后一起旅游,收集民歌、巫术等民俗材料的经历。休斯还记述了两人一起合作,创作了一部戏剧《骡子骨头》,他负责策划和打字,而赫斯顿负责添加高度幽默的细节。后来因为版权稿费问题,两人产生了矛盾,最终不欢而散,休斯用了一句"女孩子们真好玩"(308)就放弃了追究。那时候,他的首部小说《不是没有笑声》刚刚出版并获得了由联邦教会理事会颁发的哈蒙·戈尔德文学奖——奖励为400美元和一枚金牌。

说起休斯的第一部获奖小说,必须谈及他对自己赞助人的夸赞、感激,甚至奉承,尽管和她的决裂给他带来了生理意义上的"恶心"和病症。

上大学期间,休斯每到周末都要去纽约拜访一位年长的白人女士,一位他"见过的最讨人喜欢的女人之一,机智迷人,善良体贴,虽年事已高,满头白发,但思想非常现代,对书籍、戏剧、哈莱姆区以及天下事了如指掌"(290)。休斯说她有权有势,有钱有颜值,豁达,慷慨,低调,交往甚广,"像一个女王"(292),"年轻时一定是个了不起的人……肯定是美国最伟大的财富代表之一"(293)。她的事务如此繁忙,"我不知道她为什么或如何还能抽出时间来照顾我和许多像我一样年轻刚踏入人生大海的年轻人。我也不知道她如何安排她非常忙碌的一天,来照顾这么多人和事。我也不知道她如何从未忘记她与任何人一起工作或计划的最微小细节。她有着令人惊叹、聪明和强大的人格。我被她迷住了,我爱她。从来没有其他人对我如此体贴,对我想要做的事情如此感兴趣,对我如此友好和慷慨"(293)。

休斯用了相当的篇幅,极尽夸张之能事,有时不惜前后矛盾。他说她低调内敛,也交往甚广;她兴趣广泛,也专注对黑人的培养;她认为黑人"有一些非常宝贵的东西可以给予西方世界,黑人的灵魂中有神秘和神秘主义,有自发的和谐"(293),她也说黑人因追求"白人化"而变得廉价而丑陋。休斯如数家珍,侃侃而谈,有时不免让人听出了做作,不确定他是在回忆，还是在虚构，"那一年，我经常和我的赞助人一起去大都会，一起去卡内基音乐厅听音乐会，一起去看热门戏剧和最新音乐剧，一起去听《萨德科》，一起去看了第一部《小表演》、《伯克利广场》和《黑鸟》，一起去听奈杜夫人和斯穆茨将军的演讲，一起去看梵高的画。春天，我们开车穿过中央公园，看第一片叶子出来"（294）。休斯自己想暂时搁笔休息，但担心她不高兴；他看着地铁口躺着的流浪汉，就想起她给予自己的种种恩惠。字里行间都是他对她的五体投地、感恩戴德。难怪有人说："他不得不写这样一本书，既说给白人听——那些出版和购买书籍的人、那些使书籍成为可能的人，也说给黑人听。然而，一位黑人作家给白人和黑人的信息不仅不同，而且相互矛盾。"（xv）

后来因为休斯写了一首讽刺纽约最大的酒店开业的长诗，揭示了"朱门酒肉臭，路有冻死骨"式的白人与黑人的贫富差距，白人赞助人和他决裂。"那年冬天，我开始感觉越来越不好，越来越担心和焦虑。不是一下子，而是逐渐地，我知道哪里有些不对劲。"（300）后来，他好长时间身体不适，看了好几个医生，都没有诊断结果。有问题的其实是他的自尊和人格。

过了几年精神、尊严上暗黑的时日后，休斯说："我需要阳光。"（309）他把奖章放进行李箱，带着他哈蒙·戈尔德文学奖的 400 美元奖金，去了海地。

结　　语

美国当代杰出的黑人作家和诗人休斯，自幼勤学好问，靠广泛的阅读抵制孤独，靠创作、靠自然、靠黑人文化精华舒缓焦虑，成了美国第一个靠写作谋生的黑人作家。在他立志当一名职业作家前，他在墨西哥教过英语，在斯塔顿岛做过卡车园丁，当过水手、门房、厨师，在巴黎夜总会、酒店和餐馆当过服务员，在华盛顿沃德曼公园当过服务员。在奖学金和资助人的施舍不再有的时候，他重整旗鼓，再次出发，决定靠写作谋生。而且,"我做到了。不久诗歌变成了面包;散文成了我的庇护所和衣装。而我的文字变成了歌曲、戏剧、场景、文章和故事"(311)。

他在该自传的最后说:"文学是一望无际的大海,里面有很多鱼,我撒下网去捕捞。我还在拉网。"(311)

的确,休斯此后从来没有停止过书写,社会、文化、种族、阶级的大海,一直都是他悉心捕捞的地方,而且成果丰硕。我们有幸从他的生命大海中,不仅捕捉到他对自我命运的思索、反抗、呼唤和把控,更有他饱满热烈的生命生活。

第五章　布克·T. 华盛顿的个人价值

> 伟人耕种爱，小人哺育恨。
> ——布克·T. 华盛顿

引　言

非裔美国作家布克是一位从奴隶的孩子成长起来的影响美国民权运动进程的政治家、教育家和活动家。他是第一位走到台前、面向白人的黑人演讲者，他也是第一位走进白宫、第一位获得哈佛大学名誉文学硕士学位、第一位头像被铸成纪念币、第一位出现在美国邮票上的美国黑人。尽管一生遭遇过重重困境和焦虑，他却一次次地突破自己的边界，为自己、为自己的族群蹚出了一条全新的生存路径。

雅各布森指出，存在性焦虑"对生活作出了重要贡献"（雅各布森，2022：14），它唤起了个体的自我肯定，激发出人的勇气。"勇气"正如梅在其《人的自我寻求》一书中指出的那样，"是人的一种内在素质，是将自我与可能性联系起来的方式和渠道。勇气的对立面并非怯懦，而是缺乏勇气"（梅，2016：20）。雅各布森坚信，"人类的基本斗争是在勇气和焦虑之间进行的"（雅各布森，2022：13）。如前文所述，梅还把勇气分为身体勇气、道德勇气、社会勇气和创造勇气（梅，2016），分别展示了人在面对存在性焦虑时是如何调动起各种勇气，召唤自己、创造自己，进而完善自己的。其中身体勇气是指"与身体有关的勇气"（梅，2013：23），是指人们能够忍受恶劣的环境，顽强地生存下来；道德勇气是"指感受他人苦难处境的勇气。具有较强道德勇气的人，能够非常敏感地体验到他人的内心世界"（梅，2016：23）；社会勇气是指"与他人建立联系的勇气，它与冷漠相对立"（梅，2016：23）；创造勇气"是最重要的勇气，它能够用于创造新的形式和新的象征，并在此基础上推进新社会的建立"（梅，2016：24）。

《从蓄奴制中崛起：自传》是布克的一本个人自传，主要叙述了"一个为国家作出伟大贡献的人以其坚强的品格道德赢得的成就"（Walter H. Page语）。本章将以梅有关存在与勇气的关联性为切入点，详细解读布克在其生命的不同阶段是如何面对困顿、焦虑，以非同寻常的勇气，实现个人的生命价值的。

第一节 布克的身体勇气

传主布克的身体勇气主要表现为他是如何在年少时恶劣的生活环境，成年后逼仄、困顿的人文环境下无畏地应对各种逆境、走近梦想的。

1858年，布克出生于弗吉尼亚州富兰克林县的一个奴隶家庭。"悲惨、荒凉、令人沮丧"[①]（7）的种植园和奴隶生活，是他最早的记忆。除了知道父亲是白人，布克对父亲的其他信息一无所知。童年时的布克跟母亲、哥哥、妹妹住在种植园一个狭小的木屋里，泥土是地板，没有床，兄妹三人晚上睡在一片破布上。"我不记得童年或少年时，全家人围坐在桌子旁吃过饭……吃饭就像动物一样，这儿一块面包，那儿一块肉。有时是牛奶，有时吃土豆，从未用过刀叉、盘子和碗。"（10）那时候，布克最大的梦想是能像主人家的孩子一样吃到姜饼。他记忆中第一双鞋是木制的，顶部是粗糙的皮革，底部是一英寸厚的木板，走起来哒哒响。他那用便宜、粗糙的废料做成的亚麻衬衫，穿上有"像一百个小针尖扎肉体的感觉"（11）。

布克"从记事起，每一天都得干活，打扫院子，给田里的人送水，每周去3英里外的磨坊来回送玉米"（9）。后来他随母亲去西弗吉尼亚州跟继父一起生活，他和哥哥被继父派去附近的盐场干活，早出晚归，疲惫不堪。

[①] Washington, B. T. 1996. Up from Slavery[M]. New York: W. W. Norton & Company. 本章引文凡出自本书，皆只标明页码。

布克从小就崇尚知识，爱好读书。他从小立志要读书，"即使我将来一事无成，至少也要接受足够的教育，可以阅读普通的书刊"（18）。他的第一个书本知识是出现在盐桶上的数字"18"。小镇上一位会读报纸的黑人男孩被布克仰视为"世界上唯一一个值得为自己感到骄傲的人"（18），而他"有生以来最大的失望"，是继父反对他去小镇上的黑人学校上学，"这个决定似乎给我的一切抱负都蒙上了阴影"（19）。他暗自下决心"无论如何都要学点东西，比以往任何时候都更认真地学习'蓝皮书'上的拼写"（19）。他设法提前下班后找老师补课，为了省时间还偷偷拨快了盐场里的挂钟。"我在童年时代所受的大部分教育，都是在白天干完活后上夜校完成的；在青年时代，无论日子多么黑暗和令人沮丧，我始终有个信念，要不惜任何代价获得教育。"（22）布克对知识的渴望、对学习的热情，一生从来没有改变过。

10岁时的布克就开始下矿挖煤，见识了"黑暗中的黑暗和重重危险"，"在大多数矿区，矿工们因时间关系很少有机会接受教育；而且他们很快就对生活失去了斗志，只想继续当矿工"（23）。那时候，喜欢思考的布克就意识到教育对于矿工的重要性。即使在生活最艰苦的时段，布克依然保持乐观、自信，并抱有挑战自我的勇气。他从不羡慕白人孩子成长条件的优渥，他能看到黑人孩子的优势，并从中得到自信。"我过去总在羡慕他们，他们的出生或种族决定了他们在成为议员、州长、主教或总统的路上没有障碍"，但"成功不是以一个人的地位而是以其在争取成功时所克服的障碍来权衡的……就现实生活而言，黑人男孩有自身的优势……他们必须更努力地工作……从这些不得不经历的艰难困苦中，他们可以获得力量，获得信心"（23）。

崇尚个人价值，是布克一生的信条。"除非一个人具有个人价值，仅凭与一个被称为优等民族的人建立联系并不能永久地使其进步。倘若一个人拥有内在的个人优点，其劣等种族的身份并不会阻碍其成长。每一个受迫害的个人和种族，都应从伟大的人类法则中得到安慰、认可和奖励。"（23-24）

布克似乎很早就懂得了自己生命的价值。吃苦受累、衣衫褴褛、忍饥挨饿都没有影响到他对接受教育的渴望。他的焦虑、勇气与梦想交织、互动，共同促成了他迈向人生的每一步。他从工友们那里听到有个专门为黑人开办的汉普顿师范农业学院，尽管他"不知道它在哪里，不知道有多远，也不知道怎么去,反正汉普顿师范农业学院就成了我日思夜想的地方"(24)。1872年秋天,他怀揣自己攒的钱,背上装有几件衣服的小挎包,只身一人前往500英里之外的汉普顿去追梦。途中因为缺钱、肤色和天寒,他遭遇了各种磨难。深夜到达里士满后,举目无亲、身无分文的他在街上徘徊,枕着衣服在人行道下方的空地熬到了天亮。不过,看到校园里那三层高大的大楼的喜悦抵消了他那段"漫长而多事"的旅途(28)。"一看到它,我仿佛获得了新生,觉得我的生命从此有了新的意义。我觉得自己已经到达了应许之地,决心不让任何障碍阻止我的努力,为完成未来世上最美好的事业做好准备。"(28)

他终于成为"世界上最快乐的人之一。打扫房间就是我的大学考试,考上哈佛或耶鲁大学的也未必有我那样的满足感"(29)。因为被录取的概率很小,布克下决心"用我的价值给老师留下深刻的印象"(28)。一次打扫朗诵室的任务,让他终于圆梦。"我把地面扫了三遍。拿块抹布把桌椅、墙上所有的木制品,每一条长凳,每一张桌子,每一张写字台,都擦了四遍。搬动过每一件家具,彻底清扫了每一个壁橱和角落。我有一种感觉,我的未来在很大程度上取决于这次打扫教室给老师留的印象。"(28)果不其然,看着一尘不染的教室,老师平静地说了一句:"我想你可以进这个学校了。"(28-29)布克如愿以偿地上了大学,而他靠的是认真、细致、耐心、负责。校长让他做门卫挣钱支付食宿费,他每日凌晨4点起床生火、预习功课。"……这工作辛苦,很累人,但我坚持住了。"(29)

大一时为了响应汉普顿师范农业学院院长的倡议,为了给更多穷苦的黑人孩子腾出宿舍,他和其他志愿者一起自愿选择冬天睡帐篷,"受了难以想象的苦"(31)。大学教育不仅让布克学到了课本知识,还让他学到了各种生活常识。例如按时吃饭,用餐时铺桌布、用餐巾,坚持用浴盆、牙刷,床上要铺床单,懂得了浴缸的用途和价值,明白了瑜伽不仅可以强身健体,还能激发自尊、培养美德等。

第一学年结束,布克还欠学校16美元学费。因为没钱回家,无地可去,又不被允许待在学校,他找了家餐馆打工养活自己。直到第二学年结束,布克才第一次回家。那个假期,母亲突然病逝,妹妹太小不懂持家,继父整日忙于工作,布克继续在煤矿打工,"经历了一生中最悲伤、最茫然、最沮丧的时刻"（36）。提前两周返校后，他"学到了人生永远忘不了的一课"：一位出身于北方富裕家庭的白人麦基小姐，居然跟他一起干了两周拖地、擦窗、抹灰尘、整理床铺的体力活儿。"当时我很难理解，像她这样受过教育和有社会地位的女人，怎么会如此乐于为一个不幸的种族提供帮助。从那时起，我对南方任何一所不教学生劳动光荣的学校都没有好感。"（37）

生活的困苦从来都没有改变他对学习的热情、对个人卫生的重视、对工作的负责态度，而这一切为他以后的成功奠定了一定的基础。在汉普顿的最后一年，他一边兼职做门卫，一边勤学文化知识。布克终于以优异的成绩，被选为优秀毕业生代表在毕业典礼上发了言，享受到了吃苦换来的荣耀。

回顾自己大学阶段的成长过程，布克首先感念自己有幸结识了校长阿姆斯特朗将军，一个影响了他一生的人。他还体悟到教育对改变一个人命运的作用，明白了"劳动并不可耻，学会了热爱劳动……第一次尝到了无私奉献的滋味；第一次知道最幸福的人当属那些尽最大努力帮助别人并使别人幸福的人"（38）。的确，布克在后来他负责的塔斯基吉学院建设过程中，连续17年没休过假。后来在好心人的资助下，他去欧洲游历了三个月，"第一次有了真正的解脱感"（125）。

在哈佛大学授予他名誉硕士时的演讲中，布克提醒黑人民众，"在接下来的半个多世纪甚至更长的时间里，我们在耐心、忍性、毅力方面；在承受错误、抵制诱惑、坚持节俭、获得和运用技能方面；在竞争力、商业上的成功率、不以表面为真实和不以外表为实质方面；在伟大而渺小、博学而简单、高尚而为所有人服务的能力方面，我的种族还必须继续经受美国的严峻考验"（136）。的确如此，一个世纪过去了，美国黑人似乎仍然处于这一系列的考验中。他们最需要的或许是像布克那样敢于挑战一切的勇气。

第二节　布克的道德勇气

必须承认的是，布克在该自传中对于白人的描述，始终带着对白人的肯定、感激、赞赏、理解和谅解。从某种程度上说，这也标识出布克超乎寻常的道德勇气。19世纪中后期的黑人文学大多以沾血带泪的控诉、怨恨和敌视的奴隶叙事为主，但布克在他条分缕析的传记叙事中，却从未忽略过白人的善意，从未"讳"过对白人的感激，且常常以自己加倍的努力报之以桃李（焦小婷，2017）。

布克在自传中介绍了汉普顿师范农业学院院长塞缪尔·C. 阿姆斯特朗将军对自己的影响后继续写道："虽然他在南北战争中与南方白人打过仗，但我从未听到他说过一句刻薄的话。相反，他一直在寻求为南方白人服务的途径。"（30）忘却是非恩怨，互助协作，以求共赢正是布克从自己的"贵人"那里学到的对白人的态度。

在自传中，布克不仅肯定了种植园主的开明，还看到了蓄奴制给奴隶带来的好处。他对种植园奴隶生活的最早的记忆是"悲惨、荒凉、令人沮丧"，但随即又强调"这并非仅仅是主人的残忍"（9）。"我们家人在战前、战时对白人没有任何怨恨……我并非想说有的奴隶不想自由……我从心底同情那些不幸陷入奴役之网的民族或团体……我早就不再因为我的种族被奴役而对南方白人怀恨在心。"（13）他解释说："当我们抛弃偏见或种族情感，正视事实时，不得不承认，尽管奴隶制是残酷、不道德的，但居住在这个国家的1000万黑人及其祖先，在物质上、智力上、道德上和宗教上，比世界上任何其他地方同等数量的黑人更强壮，更有希望。"（13）布克甚至从能够独立思考的时候起就一直认为，"尽管我们受到了残酷的不公，但黑人从奴隶制中得到的东西几乎和白人一样多"（14）。与另一位黑人活动家马尔科姆认定的"白人是魔鬼"并发誓与白人不共戴天的激进思想相比，布克看得到历史上蓄奴制的一定积极影响并能坦荡表达，这的确需要一种勇气。

在美国内战结束、黑人获得自由的那一天，布克写道："奴隶们在欢唱，而主人脸上表情凝重，不是因为他们失去了财产，而是要与相处融洽的奴隶们道别。"（15）奴隶们在获得自由的数小时之内，欣喜若狂。但随即"生活区似乎弥漫着一种幽暗的气氛。因为他们从此需要自己承担家人生存生活的责任，养育子女。身体羸弱、不能自立的老奴，更是偷偷跑到主人那里商讨未来"（17）。即使是在"告别主人后，我们一直有联系，甚至在老主人夫妇离世后我们和他们的孩子依然保持着联系"（17）。黑奴们对种植园主感恩戴德，解放之后还依依不舍，也许是布克一家的幸运，但敢于如此坦然表达对主人的感念，在所有美国黑人的作品中实属罕见。

布克无疑有一颗感恩的心。他在自传中表达过对数十人的感激，除了家人、黑人邻居、学校老师，也有南北方的白人、美国议员和总统。

在表达对汉普顿师范农业学院老师们的感恩时，他说道："他们似乎只有在以某种方式帮助学生时才感到高兴……战后北方白人教师在黑人教育中所起的作用，将成为这个国家历史上最激动人心的部分之一。用不了多久，整个南方都将以它迄今还无法做到的方式来欣赏这种服务"（33）；塔斯基吉学院建设之初，在捐钱捐物的附近居民中，白人和黑人一样大方，捐了不少东西。为学校永久性地选择了校址"让人感到满意，同样令人满意的是，这笔钱的大部分来自这里的白人"（65）。布克不放过任何一个对白人表达感激赞赏的机会。刚到塔斯基吉学院时，他就决心以校为家，他"要像白人一样，为小镇民众的慷慨行为骄傲；要像白人一样，为民众的错误行为痛惜。他决心不在北方的公开演讲中说不愿意在南方说的话"（91），因为他清楚，"通过虐待一个人来改变一个人的信仰是很困难的，除了提及罪恶，赞扬所有值得称赞的行为才更可取"（92）。

在塔斯基吉学院建设过程中，"与南方白人的所有接触中，我从来没有受到过任何人身侮辱"（78）。他还对富人的不捐助行为表示了理解，"那些以偏概全批评富人的人并不知道，如果有钱人以一种瓦解和削弱大企业的方式把他们的财富卖掉，那将会有多少人变穷，会给多少人带来痛苦。很少有人知道富人们其实会不断收到大量的求助信……更不用说邮件了。也很少有人知道那些不愿透露姓名的人捐过多少钱，但却经常因别人不知道而备受谴责"（83-84）。

1895年9月18日，布克在亚特兰大世界博览会开幕式上的演讲，被另一位黑人领袖杜波依斯视为黑人向白人的妥协，但得到了白人的喝彩。时任总统格罗弗·克利夫兰对布克的接见，让布克倍感荣耀。他对总统的溢美之词夸张得读来能让人觉出尴尬。总统先生"纯朴、伟大和诚实"；"我越是见他，就越佩服他"；"他参观亚特兰大黑人大厦的那一个小时里，似乎把自己完全交给了黑人，他很小心地和一个衣衫褴褛的黑人老阿姨握手,就像和一个百万富翁打招呼那样兴高采烈";许多人要他签名时,"他是那样的仔细和耐心,就像签署一份重要的国家文件";"我不相信他有丝毫的肤色偏见。他太伟大了……"(103-104)。这样直白的表述,不知同时代的马尔科姆或者理性的杜波依斯,会作何感想?

1897年,布克直接去了白宫,邀请总统麦金利来塔斯基吉学院参观。"一个人怎么能见那么多形形色色的人,带着各种各样的差事,做那么多艰苦的工作,还能像麦金利总统那样保持冷静、耐心,对每个来访者都充满活力,我简直无法理解。"(138)布克接着说:"我发现世上最幸福的人就是那些为别人做得最多的人,而最悲惨的人是那些为别人做得最少的人。我还发现,几乎没有什么东西,能够使人像种族偏见那样盲目和狭隘……我活得越久,阅历越深,我就越坚信,最值得为之而生甚至为之而死的就是有机会使别人更幸福、更有用。"(104)该书成书时间是20世纪之初,美国黑人解放运动才刚刚结束,南部的私刑案、白人警察枪杀无辜黑人的事件在南部各州时有发生,更不用提种族歧视的普遍存在了。布克却在其自传中,公然赞颂种植园主的仁慈,肯定蓄奴制的积极意义,赞扬白人善良慷慨,夸张地表达对总统的仰慕,公开、直接地表达感恩,不能不说是一种勇气使然。

第三节　布克的社会勇气

社会勇气是指与冷漠相对立的和他人建立联系的勇气(梅,2016)。布克在其自传中,不仅表达了自己对于美国黑人命运的同情、理解和关心,还以自己特有的智慧和勇气,积极探索、寻求与白人的互动关系,以达到合作共赢。

布克始终关心黑人的生存困境,善于发现黑人自身的问题,并积极探寻黑人的救赎之道。他看到大多数黑人过圣诞节只是待在家里闲荡,他觉察到其实他们缺少的是正确的引导,而学校教育可以担此重任。"在学校里,我们一直试图努力教给学生圣诞节的意义,并举行一些庆祝活动……

不仅在整个邻近地区，而且在某种程度上，我们的毕业生所去的任何地方都能看到影响和进步。"（64）

1878年秋，布克在华盛顿特区学习进修期间，发现"大部分学生的个人费用都由学校支付……舒适的学习生活环境让学生们懒惰而不求上进。他们只想成为酒店服务员和普尔曼汽车搬运工……过安逸生活或在政府部门谋个职……公立学校的教育让他们学会了消费，却没让他们学会挣钱的本领"（64）。因此，他在塔斯基吉学院建校之初，就决心"以一种直接、坦然的方式与他们的隔壁邻居交朋友，不管他是黑人还是白人"（64-65），设立一些基础专业，让学生们学习干农活、做家务、学建筑，体会劳动的美和尊严。

布克并不赞成黑人涉入白人政治领域，希望黑人通过接受手、脑、心的全面教育奠定种族的基础。在塔斯基吉学院建校后的19年里，他积极寻求与南方白人之间的商业交往，"用这种方法模拟了种族之间的愉快关系"（71），减少偏见，融化矛盾。

布克提倡黑人与白人之间的团结、协作，但主张黑人群体首先通过接受职业教育获得财富和经济地位，通过自我奋斗的方式取得主流（白人）社会的认可，进而实现政治上的平等。"任何一个人，只要比别人做得更好——学会用不寻常的方式做普通的事情——就能解决自己的问题，不管什么肤色，他同样会受到尊重"（92），因为"人们会原谅我们贫穷、粗俗，但不会原谅我们的脏"（81）。布克自建校之初起就严格执行一系列实用性教育引导措施，要求学生们务必保持个人卫生，使用牙刷，不携带、不使用牙刷的学生不得住校；要像吃饭一样按时洗澡，睡觉时用床单、穿睡衣；等等。

布克坚信，黑人的未来取决于"是否具有不可替代的价值……任何一个不断为其所居住的地方的物质、知识和道德福祉增添价值的人，长久下来总会有收获"（127）。他还通过与法国人的对比，看到了美国黑人的优势。"从道义和道德上讲，法国人并不比美国黑人更领先……假以时日，我的种族也会达到同样的程度。在真理和崇高的荣誉上，我不认为普通的法国人比美国黑人更领先；就仁义和仁慈而言，我相信我的种族远远领先于法国人……离开法国时，我对美国黑人的未来比以往任何时候都更有信心。"（128）对待白人，布克提倡以平等求平等、以团结促团结、以和平促和平的态度。所以在对过去的回忆中，布克始终对黑人和白人一视同仁，不带偏颇。

谈到如何改进种族之间的关系，布克认为"伟人耕种爱，小人哺育恨；给予弱者的帮助会使弱者变得强大，对不幸者的压迫会使人变得软弱"（76），所以"决心不允许任何人因为我的恨来贬低我的灵魂，不管他是什么肤色……我相信我已经完全摆脱了因南方白人对我的种族造成的迫害而产生的对他们的忌恨……当我为南方白人服务时，我感到像给黑人服务时一样快乐。我从心底里同情任何一个不幸养成种族偏见习惯的人"（76）。

在麦迪逊的一次演讲中，布克提出美国种族政策应该"通过一切体面的手段，把他们聚集在一起，鼓励培养友好关系，而不是做那些会使人痛苦的事情……黑人应该越来越多地考虑他所生活的社区的利益，而不是独自寻求取悦一个离他和他的利益千里之外的人"（92）。

1895年，布克在亚特兰大世界博览会开幕式上讲话时，再次阐明了他对发展好种族关系的愿望。"巩固两个种族的友谊，实现他们之间的真诚合作……与我们周围的各族人民交友……让我们把工业、商业、民用和宗教生活交织在一起，成为一个利益整体。在所有纯粹社会性的事情上，我们可以像手指一样分开，但在所有对共同进步至关重要的事情上，我们可以像手一样团结。"（100）

布克的坦诚和执着给了他与白人交往时的种种社会勇气。1897年，他先后邀请麦金利总统的内阁成员、农业部长詹姆斯·威尔逊以及总统本人来参观已经成绩斐然的塔斯基吉学院。在一次感恩节仪式上，他还请来一位来自威斯康星州有名的白人牧师贝德福德先生，让黑人备感意外和荣幸。在一次毕业典礼上，布克更是邀请了波士顿三一教堂的牧师来做毕业典礼讲道，牧师的布道内容受到了师生们的一致好评。布克还用了十年时间，用自己办学理念打动了北方白人安德鲁·卡内基先生，后者同意为学校捐赠20000美元，用于建设学校的图书馆大楼等。

布克努力寻求、探索各种办法，与白人尤其是南方白人建立起稳定、互惠关系，这在当时种族矛盾对立的美国，不失为一种非同寻常的勇气。然而，比起布克的社会勇气，更值得我们敬仰的是他的创造勇气。

第四节　布克的创造勇气

　　创造勇气作为最重要的勇气，是指人们"能够用于创造新的形式和新的象征，并在此基础上推进新社会的建立"的勇气（梅，2016：24）。布克的座右铭"不要做别人也能做的事"（118），就彰显了他不可小觑的创造勇气。

　　谈论布克的创造勇气，首先要从他对自己姓氏"华盛顿"的创造开始。美国黑人获得自由之后，很多人选择弃用前主人的姓氏。布克不知道自己的祖先，上学前只有一个名字。老师点名时他灵机一动，"平静地告诉老师'布克·华盛顿'，仿佛我一辈子都叫这个名字似的"（21）。从那之后，他这个新姓氏以及附着于其上的一系列创举，给美国的开国总统似乎也添增了不少光彩。

　　读书改变了布克的命运，其他成千上万的美国黑人的命运也因为他而改变。布克很早就意识到教育的重要性，而他一生中最大的贡献就在于他的黑人教育思想的形成和推广。教育上的一系列思想和创举，是他最大的创造勇气。

　　布克大学毕业后，在一所黑人学校当老师，开始了他"一生中最快乐的时期之一"（38）。除了正常的教学内容，他还教学生们"注重梳头，洗手，刷牙，保持浴缸洁净，保持手和脸的清洁，保持衣服的整洁"（38）；他还亲自开办了一所夜校，为当地成年人提供教育机会；他在校园内不仅建了一个小阅览室，还组织了一场辩论会，甚至为几个想读汉普顿大学的青年学生补课，为此他从不计报酬，且乐此不疲。

　　布克质疑 1867～1878 年重建时期黑人的教育理念。他认为，那时学生们热衷学习的希腊语和拉丁语太不实际，因为当时的师资力量薄弱，教师们的教学水平很差，牧师们愚昧无知，道德素养堪忧。他敏锐地发现，社会其实更需要一些技工职业类的人才，尽管联邦政府给了这些黑人自由，但其错误"在于我们获得自由之初，没有为民众提供一些普通教育，使其能够更好地承担公民的义务"（42）。

比起在政治上出人头地，布克更愿意帮助黑人奠定物质基础。1879年的夏天，他受邀回到汉普顿大学，他一边教书，一边做一项针对印第安人的教育实践项目，他从中领悟到"除了英语学习困难，黑人学生和印第安人学生在学习贸易和掌握学术知识方面差别甚微"（48），并得出结论："若白人学生在学校能帮助黑人，那么他们①自己也会按比例提升自己。而且种族越不幸，文明规模越低，一个人就越能通过（给他人）提供援助来提升自己。"（48）

布克还负责为付不起学费的黑人有志青年办夜校，学校的招生人数从当初的12名发展到后来的三四百人。将劳动与教学相结合的管理模式，成为后来塔斯基吉学院的管理理念和办学宗旨。塔斯基吉学院校舍筹建、发展的19年内的每一步推进、每一栋大楼的建成、每一个毕业生的成就，无不标识着作为主要负责人的布克的创新和开拓的勇气。

针对学生们的家庭经济条件差、基本生活习惯差、知识基础差、认知能力低的事实，学校还"教学生如何洗澡，如何保养牙齿和洗衣服。教他们吃什么、如何正确地吃、如何整理房间。教他们学习除了课本知识外的行业知识，养成勤俭节约的习惯，以便在离开学校后懂得如何谋生；教他们课本之外一些实际的知识技能，培养师资力量，回到种植园地区再把新的能量和思想注入农业、智力、道德和宗教生活"（60）。为了端正学生对教育本质的认识，布克自己拿起斧子亲自到森林里砍伐树木，开垦土地，结果大大激发了学生们的热情和干劲。"学校很快开垦了大约20英亩地，种上了庄稼。"（62）

在塔斯基吉学院的建设过程中，几乎所有的准备工作都是下午放学后由学生们自行完成的。为了增加收入，学院不断加大土地耕种面积，并将为学生提供农业技术培训作为该学院的另一个教学目标；学院还从实际出发，饲养动物。学院喂养的动物从开始的一匹瞎了眼的老马，发展到多匹马、小马、骡子，多头母牛、牛犊和公牛，700多头猪和大量的绵羊和山羊。"把教学楼建在16年前还是蓄奴制时代的黑人聚居区，在美国绝无仅

---

① 笔者注：此处他们指白人。

有。"（67）校园内大大小小的建筑物共40栋，除4栋外，几乎都是学生劳动的成果，而且从图纸到电气设备的安装完全由师生自主完成。回顾这一段时间的努力，布克这样总结道："在自己打下的基础上逐步提高发展，意义非凡。如果我们一开始就住在美丽舒适的房间里，我担心我们会'失去理智'，变得'傲慢自负'"（75）。

布克说："如果一个人能做出一些世界希望他做的事情，他最终一定会取得成功，不管是什么种族身份。"（72）没错，在不到20年的时间里，布克带领师生们把塔斯基吉学院从一个由破旧的棚屋和旧鸡舍组成，且员工不到30名的小规模学院，发展壮大到落笔时的拥有23300英亩土地、66栋建筑物、30个工业部、财产价值超过700000美元、物业总值达1700000美元的著名的黑人大学。1400多名学生来自非洲、古巴、波多黎各、牙买加等27个国家和地区；学校常住人口接近1700人。"任何一个关注塔斯基吉学院历史和工作的人都不得不钦佩布克·华盛顿的勇气、毅力和卓越……他的服务价值，对他的种族和国家一样，只有未来才能估计。"（137）纽约一家报纸如此表达了对他的钦佩和赞赏。布克这些实实在在的成就推动了19世纪后半期美国黑人接受教育的范围、规模、模式和成就，而这些与他所拥有的创造勇气不无关联。

结　　语

"从幼年起，我就有一个愿望，要做一些使世界变得更美好的事情，然后讲述给世界听。"（35）25年里，乐观、开朗、勤奋、自信的布克出色地完成了他的使命和梦想。他想要讲给世界听的"愿望"，随着该自传的出版实现了。但他的身体"却没有履行它的职责"（120），背叛了他。1915年11月14日，布克在纽约因工作过度劳累病倒，被送回塔斯基吉的家后离世，年仅59岁。

在自传中，布克曾信心满满地说："我相信保持身体健康是每个人的责任。我试着照顾小病，如果我照顾好了小病，大病就不会来了。我睡眠不好时就知道一定是身体哪里出了问题。如果我发现身体哪里有丝毫的虚弱，没有履行它的职责，我就去找一个好医生。"（120）然而，布克这一段讲养生、提倡个人健康大于工作的话因为他的突然离世而显得讽刺。尽管如此，一个世纪过去了，我们仍然记得他的梦想、困顿、焦虑，记得他的努力和勇气，记得他的主张和理念曾改变过多少贫苦黑人命运的历史事实。而他与杜波依斯关于实现非裔美国人自由平等的路径之争，已经成为美国黑人在美国社会中争取平等的重要思想遗产，为后来的黑人领袖带领黑人群体在美国社会争取经济权利提供了重要的理论基础，并且至今在这一方面仍起着重要的指导作用。

"回顾我的生活，我不记得曾对自己着手要完成的任何事情沮丧过。开始做每件事的时候，我都抱着能成功的信念。"（34）是的，布克短暂的一生是成功的，成功于他的信念，成功于他的勇气。

向成功者致敬！

第六章 "黑孩子"的自我完善[①]

引　言

　　重读赖特的自传作品《黑孩子》，最深的印象莫过于他对生存困境以及由此促发的勇气的书写。大量独白式的自我倾诉、自我分析、自我鼓励、自我总结，让我们看到传主在 18 年跌宕起伏的生命历程中的成长样态。他默默地为自己修筑了一个看不见的精神世界，构建了稳定的价值观、人生观和世界观，更有抗争命运该有的勇气、斗志和智识。蒂利希说过："生命力就是超出自身而又不失去自身的创造之力。一个存在超出自身而去创造的力量越磅礴，它拥有的生命力也就越强大。"（蒂利希，2019：82）赖特的生命力，在他 18 年的生活细节中被渲染得坚韧且磅礴。

　　本章将通过对传主生存困境的梳理，重点展示传主是如何在困境中建立起勇气的；以及传主如何通过阅读思考，为自己建立起完整且丰富的精神世界，并借此实现人格的完善。

第一节　赖特的生存困境和勇气——焦虑（恐惧）、孤独、饥饿

　　饥饿、沉闷、枯燥、阴郁、孤独、压抑，构成黑孩子赖特生命起点时

[①] 本章是以发表于 1966 年版本的《黑孩子》为基础的，后期的版本加上了作者到北方芝加哥后的生活实情。如果说"南方黑夜"里的焦虑、焦躁和饥饿促成了赖特的敏感、多疑、警醒的基本性格、精神维度和价值取向的话，后半部"惊恐和荣耀"记述的则是他对共产主义信仰的认知过程（焦小婷，2017）。详细内容参见焦小婷. 2017. 非裔美国作家自传研究[M]. 北京：科学出版社.

的基调，也是他原生家庭的情感氛围。爸爸粗暴蛮横，在家庭遇到困境时一走了之。谩骂、无视和忽略是他对儿子的关照方式。妈妈给了他难得的爱和温暖，但因她忙于打工养家糊口，或因身体有病自顾不暇，经常用巴掌教他做人，用不耐烦回应他没完没了的问题。弟弟和他有着心智上的差距，只喜欢自顾自地玩耍。因此，他有父母弟弟，却没有亲情；他有家，却没有安全感和确定感。为了生存，赖特过早地被推向社会。他6岁在酒吧游荡，被不怀好意的人"培养成酒鬼"。9岁时，他跟随母亲颠沛流离，过着居无定所的日子，就此"学会毫不遗憾地离开老地方，根据外表来接受新环境。快9岁了没有完整地上过一年学"（64）[①]。11岁时，赖特开始写故事，自娱自乐，安顿自己的想象力。16岁开始，他在报纸期刊上正式发表故事。17岁时，他独自北上到孟菲斯讨生活，受尽了白人的蔑视、侮辱和欺凌。在种种困境中，赖特一边向外走，一边向内看。他对命运、对死亡、对空虚和对无意义产生过持久的焦虑，却凭借思考、想象、如饥似渴地读书激发出勇气和生命的力量，积极、主动地为种族歧视、为黑人的处境、为自己的问题寻索答案，为生命寻索价值。

赖特生命中最初的记忆来自一场大火中对死亡的焦虑和恐惧。在他4岁那年，一个冬天的清晨，屋子里静悄悄的。"我站到了壁炉前，拢着双手在热烘烘的煤火上烤着，耳边是屋外呼啸的风声。妈妈骂了我一上午，叫我老老实实待着，警告我不准出声。我又气又恼，心很烦。"（9）隔壁屋里，姥姥卧病不起，脸色苍白，需要大夫日夜照看。小赖特明白"不听话就要挨罚"（9）。他心神不定地来到窗前，拽开平时不准触摸的又长又软的白色窗帘，"眼巴巴地张望着外边空荡荡的大街"（9），无聊至极。弟弟一声不吭地玩着，而他却一心想跑、想玩、想叫喊，想突破现在看变化，想看窗帘被火烧后什么样儿。他点燃的大火迅速蔓延，他藏在地下室，却被爸爸从地库里拽出来，然后被妈妈打得神志昏迷，倒在床上，"乱喊乱叫"，"发高烧，出现幻觉，胡言乱语"（13）。很长时间之后，"每当想起妈妈差一点把我打死，我总是存有戒心"（13）。

[①] Wright, R. 1966. Black Boy[M]. New York: Harper & Row, Publishers, Inc. 本章引文凡出自此书，皆只标明页码。

妈妈病倒、父亲出走，是笼罩在赖特童年生活里最大的焦虑。母亲病倒不能外出工作时，他才6岁。"一种缓缓而来的恐惧占据了我的心……后来她犯病的时间间隔越来越短了。这时，真正的恐惧到来了"（95），"我突然间在精神上陷入了十分孤独的处境……我熟悉的这个不太友好的世界变得冷酷无情、充满敌意了。我吓得连哭都哭不上"（96）。妈妈病情好转，但一想到妈妈得在病魔中度过余生又让他"愁眉不展"，他"再也不能觉得自己是个孩子了……尽量不去考虑那既不真实又不想度过的明天，因为所有的明天都包含着我无法回答的问题"（97）。当亲戚们开始悄悄讨论母亲病逝后他和弟弟由谁来抚养时，他问自己"我到哪儿呢？谁能收留我？我从来也没有像现在这样焦虑不安"，他"晚上睡觉总在做噩梦"（98）。担心母亲的病痛、死亡，担心被遗弃，不知道何去何从，不确定会不会被亲戚接纳或被谁接纳，是回旋在6岁的赖特脑中的严肃问题。

13岁那年，他"眼看着母亲受苦，听着她呻吟，却无能为力。常常通宵躺着睡不着……重温着过去的日子，不明白为什么唯独妈妈要遭受这么多的痛苦，而且是无缘无故地受苦，我感到可怕……内心里找不到答案，觉得对所有的生活都有一种反抗的情绪。但我从不觉得卑贱"（172）。赖特在为母亲的病痛"焦虑不安"，却"既无法阻止又无能为力"（111）。母亲十年的病痛联结起了他童年的一切不幸。"妈妈的病聚集着所有的贫穷困苦、愚昧无知和无能为力，令人作痛、令人不得解脱的忍饥挨饿，动荡不安的搬迁……担惊受怕，毫无意义的疼痛和无休无止的痛苦。"（111）立身成败，在于所染。妈妈的生活为他的生活从心理、精神层面定下了基调，"使我要用有色眼镜来看将来要遇到的黑人男女，限定了我和那些还没有发生的事件的关系，决定了我自己对还没有面临的局面和情况的态度"（111）。他进一步分析："在妈妈解除不了痛苦的漫长岁月里，我不但摆脱不掉精神上的忧郁，而且它在我的头脑里已是根深蒂固，这种忧郁的心情使我与过度的欢乐格格不入，并用一种怀疑的眼光来看待欢乐。它使我感到羞愧，它使我永远处于活动状态，就好像要逃脱掉一种企图压倒我的不可名状的命运一样。"（111）

然而，比起对母亲的病痛和死亡的恐惧，父亲的存在和他的缺席一样让赖特焦虑不堪。"有地位""威风""很胖，肚子圆滚滚的""永远是个生人，既陌生又疏远"（17），是他对父亲的最初印象。他对父亲的记忆是"苦涩"（22），与饥饿相关。"每逢挨饿，我总想起他来，生理上感到一种深深的苦涩。"（22）连他对白人的认知，也是从父亲那里开始的："父权，照我的理解，就是一个男人独有的打孩子的权利。"（31）"那个'白'人似乎是无缘无故打了那个'黑'孩子，这事我琢磨了好久；而且我越是想得多，就越是稀里糊涂。现在我一见'白'人就盯着他们，不知道他们究竟是什么样的人。"（31）父亲的工作是给别人守夜店，所以他白天睡觉。赖特第一次真正地见证死亡，也与父亲平日里的专横跋扈有关。家里来了只小猫，它的叫声让人心烦，父亲很恼火，喊了声"给它宰了"（17）。"我知道他的本意不是真正想杀死小猫，可我打心眼儿里恨他，就原原本本照他的话去做了。"（17）他亲手吊死了这只小猫，心里暗自高兴，用报复的形式"头一回战胜了爸爸"（18）。

母亲又一次病倒了，一家人的日子捉襟见肘，爸爸丢下家人一走了之。为了要到抚养费，他和妈妈来到法庭。"妈妈哭，爸爸笑，我坐在那儿心里很难受。"（35）那场输掉的官司，让他"总想忘掉父亲；我并不恨他；我只求不想起他。我们一挨饿，妈妈就央求我去父亲上工的地方向他要个块把钱，两三角的……可是我说什么也没有答应。我不想见他"（35）。赖特夹在挣不到钱的母亲和不负责任的父亲中间，被逼着去见不想见的人、做不想做的事。有一次跟着母亲去向父亲要钱，看见父亲和一个女人坐在炉火边又说又笑的场景，让他无法忘记，也无法理解。"时隔多年，父亲跟那个陌生女人的形象，他们在炉火中容光焕发的样子，还多次在我脑中涌现，生动而鲜明……总觉得其中寓意重大，但又百思不得其解。"（42）

担心妈妈会像爸爸一样把自己遗弃在孤儿院，是赖特孩童时更深的恐惧和焦虑。他们交不起房租，姥姥丢下几块钱一走了之。妈妈拖着病身子到处找慈善机构求救，最后把他和弟弟送到了孤儿院。孤儿院里的陌生、饥饿、整天担心被丢弃的日子，让他的心智成长了许多，"形成了对任何事情、任何人都信不过的态度"（37）。"恐惧和猜疑已经成为我这个人每日生存的一个组成部分，我的记忆力锐利起来了，我的五官更加敏感，我开始意识到自己是一个与众不同的人，不断在跟别人斗。我抑制住自己……觉得自己悬在空中，脚不落地……渴望逃跑。"（38）小小的赖特想要突破命运之网，却无能为力。

如果说还有什么家庭成员在他童年里留下了深刻记忆的话，那就是他姥姥一家。姥姥是虔诚的基督徒，但赖特对基督教有着天然的反感和抗拒。两人之间冲突不断。他对姥姥的记忆是从她白色的皮肤开始的，例如开篇时让他恐惧万分的苍白的脸，因无知脏话遭姥姥暴打所致的疼痛，父亲出走、母亲生病时姥姥留下几块钱离开时的背影，姥姥反对他听故事、学知识时像白人一样白的恶毒的外表，等等。在赖特和妈妈生活的困苦时期，姥姥为他、母亲和弟弟提供了屋檐，但却在精神上给他留下了创伤。赖特对小姨的印象是她那张严厉的面孔、令人生畏的脾气。13岁时因为说错话，赖特还差点被舅舅暴打，是他鼓起勇气据理力争，才避免了一顿毒打。

时间到了1924年，贫穷、孤独、饥饿仍是16岁的赖特生活里的主题词。他跟姥姥、姥爷、小姨挤住在一个屋檐下，关系并不融洽。一边是后半生只能瘸着腿生活的母亲，另一边是"寂寞。读书。找工作。抱着去北方的模模糊糊的希望"（178）。他总想出逃，也对陌生城市持怀疑、恐惧的态度。

学校于赖特，是被欺凌、被孤立的地方。6岁多的时候，他第一次正式上学，心理感受是害怕。他并没有怎么学会背课文，却跟一帮黑人孩子学会了污言秽语。到了另一个小镇，他第一天上学时，因紧张地在黑板上写不出自己的名字而被同学们奚落。"我坐在那里，耳朵和脖子都烧得滚烫，听到学生们在小声议论我，我恨自己，也恨他们；我像石头一样一动不动地坐着，感情的波涛在心中汹涌起伏。"（86）

高中毕业被选为优秀学生代表在毕业典礼上做告别发言，他执意要用自己写的稿子。校长的威逼、引诱、恐吓都没能改变他的执拗，因此他断送了上大学的前程。他承认校长准备的稿子简单、明了，但他的稿子是他的心里话。他只想说出自己的心里话。他对原则的坚守和他实事求是的态度，反向回应着种族歧视政策的荒谬。最终，他穿着自己分期付款买来的套服，声音洪亮地发了言，走出校门，跟17年困苦的生活道了别。然后，他以自己喜欢的方式，步入了白人主导的社会。

1925年11月一个寒冷的周六，17岁的赖特独自来到孟菲斯。尽管那里白人对黑人的态度不那么苛刻，"从来也不对我大喊大叫或无端谩骂，但从同事的态度中能察觉到他们的轻蔑和敌视"（245）。他意识到白人社会的危险，他恐惧白人"一念之间的各种表情，都藏着他们话里话外的意思"（200）。他亲眼看见白人老板和他的儿子在后院把一位黑人妇女打得"淌着血，哭喊着，捂着肚子，衣服被扯烂"（198）；他外出送货时自行车爆胎，便搭几个白人青年的顺风车，因为拒绝喝酒被谩骂踢打，受尽侮辱；他给白人送货被警察拦住搜身，被警告晚上不要出来乱跑制造麻烦；他"一连串打了不少小短工，这儿辞了就上别处干去，别处又嫌我的态度、我的说话、我的眼神，把我撵了出来"（202）；等等。赖特的希望被现实一点点地侵蚀，他在社会的夹缝里拼命地活着。

在孟菲斯，让赖特倍感羞辱却又无能为力的一件事，是在白人的策划挑逗下，他和另一位黑人青年哈里森之间的流血格斗。他们明知是白人想要打发无聊找乐子，但他为了5美元却不得不打了一架。之后，"我不能看哈里森。我恨他，也恨我自己"，"感到我干了一件肮脏的勾当，一件我永远也不能彻底赎罪的勾当"（266）。

慢慢地，他像其他黑人同伴一样，学会了怎样跟白人周旋，既不违背自己为人的原则，又不冒犯白人的权力；既痛恨白人，也装作尊敬白人。"他们不会也不敢逾越白人的这条线，是因为它和他们的生计休戚相关"（251）。黑人也坚守自己的底线，"如果白人企图剥夺我们1美分，就可能流血"（251）。他决计在这里先委曲求全挣够钱，再北上芝加哥讨生活。为了不让别人看穿他的计划，在白人面前他"每天都是一副笑脸，绝望地挣扎着要维护我过去的举止，在表面上保持性情开朗"（274-275）。

他终于如愿以偿，带着"生活可以不一样，可以过得美满富裕"，可以"仍有可为"，可以"有所摆脱，而非有所企求"（282）的希望，坐上了北上的火车，逃离了"一副凶相，面目可憎""蒙昧无知""种种天灾人祸、天怨人怒、担惊受怕""恐怖"的南方，开启一场不确定的梦之旅，"走得于心无愧，义无反顾"（282）。

荣格说："当权力主宰一切时，爱就消失了。"（荣格，2011：封面）孩童时期的赖特，由于大人们或迫于生计、或出于不负责任、或由于信仰、或受父权制思想影响，很少得到关注和呵护，尝尽了被忽略、被遗弃的滋味。这种刻骨铭心的情感稀缺，需要更多的爱来填补。然而，比起社会的冷漠、亲情的缺失，饥饿才是赖特最大的生存困境。如果饿了就可以吃，那他一定能长成强壮的青年。

孩童时期，饥饿让他"眼前发黑""肚子绞痛"，让他"提不起劲儿"，他甚至"大哭"，"第一次停下来思考我怎么了"（21）；在孤儿院，他因饿得发昏而失去知觉；在姨妈家，他才知道吃饱是什么感觉，偷藏食物的习惯很久后才得以摆脱；圣诞节前的一个橘子，他是一点一点舔着吃完的；在姥姥家，他再次"尝到"饥饿的味道："可怕的饥饿，让我毫无目的地焦躁，快要崩溃、脾气暴躁；饥饿让我很像眼镜蛇的舌头一样从心里吐出来，饥饿让我产生了一些奇怪的渴望。我再也想不到比香精饼更好吃的食物了。因为饥饿，我学会了喝水让自己感觉暂时吃饱了的方法，不管渴还是不渴。从来没有肉吃。"（113-114）16岁时，"饥饿让我身体虚脱，走路摇晃不定，心脏突然狂跳，身体打颤，呼吸困难；但自由带来的欣喜使我越过饥饿，使我能够训诫我身体的感觉直到它暂时忘掉"（140）。17岁时，他依然幻想着能吃饱。他"晚上坐在屋子里看书，闻着从邻居家飘来的烤肉味道，忍不住想象有朝一日想吃多少肉就吃多少是什么样的感觉，还把自己想象成邻居家的孩子，每顿饭都坐在放着肉的桌子前"（152）。

赖特一直在孤独中寻找自己。因为孤独，他学会了走向自己的内心，搭建起属于自己的自由的精神世界。正如他所言："因为我没有力量使我外部的客观世界的事情发生，我就使事情出现在内部。因为我周围的环境既空虚又凄凉，为了我自己那如饥似渴、模模糊糊的向往，我要用无边的潜在的可能去填充它、修复它。"（82-83）梅说过："对孤独的恐惧大部分是源于害怕失去我们自己的自我觉知的焦虑。如果人们想到长时间处于孤独的状态中……他们通常就会害怕，害怕自己将处于'松开着的一端'，将失去自我的边界，将触碰不到任何东西，将没有任何东西来定位自己。"（梅，2016：17）赖特回忆说："在我所出生的家庭里，除了发脾气和宗教恐怖外，感情是向来不表露出来的，家庭的每个成员都生活在自己那块封锁着的黑暗的天地里。"（238）的确，家里的父母、弟弟、姥姥、舅舅、小姨不懂他，学校里的老师、同学不懂他，社会上的黑人同伴和白人老板不懂他，有时连他自己也不理解自己，并怀疑自己。然而这些不被理解，让他具有了蒂利希所谓的存在的勇气，也即"不顾其无法接受而将自我作为被接受者接受下来的勇气"（蒂利希，2019：166），让他在重重的生命困境中"定位自己"。

尼采说，"懂得"是世间最奢侈、最珍贵的情感。赖特的孤独正来自他与家人、与同学朋友、与周围环境的格格不入。4岁时，一家人搭乘"凯特·亚当斯"号船去孟菲斯，这第一次点燃了他对未来的希望，他有问不完的问题。如果说"凯特·亚当斯"号船与他想象中的差距让他很失望的话，和妈妈之间交流得不顺畅，更让他失望。"我很失望，到上船的时候，我哭了；妈妈还当我是不肯跟她去孟菲斯呢，可我又不能跟她说是怎么回事。"（13）

在学校，老师根本不讨论赖特关注的黑人问题，而当他向男生们提出这些问题时，"他们不是不作声，就是把这个话题变成玩笑。他们对于自己个人所受到的冤枉有一说一，但是他们对搞清楚事物的全貌却毫无愿望。我又何必要为这个操心呢？"（181）他和同学们之间"像是隔了一堵墙似的……联系越来越少"（192）。那时候，他只想要远走高飞去追梦，而"同学们的话题总不离这个学期结束后他们要进什么学校。寒冷的日子在机械地流逝：早晨起早干活劈木头、运煤、擦地板，然后是上学，非常无聊"（192）。没有同频共振、志同道合的同学朋友，是他上学期间最大的孤独。

在家里，虔诚的姥姥、小姨和母亲根本理解不了，也不愿意理解他对宗教信仰的排斥和拒绝，为此他们之间冲突不断，有时还会大打出手。大人们想把悲惨的命运问题交给上帝，但赖特却认为"在我的生活中，我发现哪里有宗教，哪里就有冲突，这冲突就是一个人或一伙人企图以上帝的名义来统治别人。这种赤裸裸的权力思想似乎总是伴随着圣歌而来"（150）。

赖特在11岁把自己写的第一个作品念给邻居家一位姑娘时，姑娘满脸的疑惑，她不懂写这个故事干什么、为什么要写。姑娘茫然、疑惑的表情，让他感到一丝幸福和自豪，因为他隐约从创作中觉知出自己的价值。"我周围的环境与写作和通过写作来表达自己的个性是格格不入的，但我却始终不能忘记我在念完故事看她时，她脸上流露出的惊讶和迷惑。她理解不了我写的文章，也不明白我的目的，这多少使我感到满足。后来，每当我回想起她的反应，出于某种不可名状的原因，我就幸福地笑

笑。"（134）

当赖特 17 岁在旅馆干活时，他的身边都是黑人。他为他们能顺利地完成白人规定的任务感到惊讶，觉得"他们多半都没有意识到自己过着一种特殊的、隔绝的、受限制的生活"（216）；"虽然他们生活在一个理论上机会均等的美国，但他们完全不明白应追求什么"，他们也根本理解不了"有人想当作家的理想，更不理解黑孩子渴望在纽约证券交易所工作的愿望，还可能会把这些野心报告给白人老板……"（216）。正像他理解不了他们为什么喜欢赌博，为什么"笑得那么轻松自在，是什么奇迹让他们过这样堕落的生活"（217）一样，他的同事们也无法理解他的思考和抱负。他觉出了自己的不一样，并为这些黑人孩子们的麻木、愚昧、无知、堕落、迂腐、被动和不思进取而深感遗憾。

赖特在 25 年后再次与父亲见面，他依然耿耿于怀被遗弃的事实。他看见父亲住在一间小棚屋里，"牙齿脱落，头发花白，眼神呆滞，对往事一片淡漠，不再是之前的狠心相"，他遗憾父亲"永远也理解不了我，理解不了我被甩到了他的生活之外，被卷进一个他永远也无从了解的领域后我吃过的苦头"（43）。在此，他说"原谅他了，可怜他了"（43），但他诗性的甚至带着浪漫的语言出卖了他。因为他无法忘记自己曾经的委屈，因为他最想强调的是自己如何在这座城市崛起。往事再现，他不知道该痛恨、该原谅、该懊悔、该幸灾乐祸，还是该同情、帮助他，甚至爱他。但可以肯定的是，父子之间的隔阂，他们这一生都跨不过。

赖特常常因不被白人理解而深感委屈。就像他的姥姥和他的童年伙伴一样，白人也不理解他为什么喜欢读书，不理解读书对他这样的黑孩子有什么用，不理解他整日若有所思的凝重的表情。老板的儿子故意挑衅他，问他"为什么一脸严肃不苟言笑，跟别的黑鬼不一样"（202），后来还因不满意他的回答而开除了他。

也许赖特有时候也不理解自己，他常常自我怀疑。他会问："我真的像舅舅、姨妈们和姥姥一再说的那样糟糕吗……我对人应该屈服于看上去是错误的东西而感到不可思议，而我所遇到的人多半看上去又都有问题。既然一个人认为权威是错误的，那么他还应不应该屈从于那个权威？如果答案是肯定的，那么我知道我将永远是错误的，因为我永远也不会干那种事。要是个人的思想和观念都毫无意义，而权威和传统观念却意味着一切，那他怎么能在这个世界上活下去呢？我找不到答案。"（181-182）

庆幸的是，他在孤独和自我怀疑中，始终没有忘记建立起应对困境的勇气，始终没有放弃建设自己的精神世界，因为他记得需要调整态度，需要重新规划未来。

第二节　自我的重新发现：精神城堡的搭建

原生家庭的贫穷和不稳定、爸爸的出走、妈妈的病痛，还有他的饥饿、孤独等给赖特带来了种种不安和焦虑。如果说孤独让他向内思考，饥饿让他学会了节俭，那么对知识的渴求和习得给了他足够的精神营养，让他从中看清了自己，认识了世界，更看到了希望。荣格说过，人类存在的唯一目的是在纯粹的自在的黑暗中点亮一盏灯（荣格，2013）。而赖特在黑暗中点亮起的那盏灯就是读书学习。他用读书来调理情绪，梳理自身。比起食品营养的欠缺，赖特在成年之前依靠读书储蓄了影响他一生的精神营养。

赖特是先学会骂人后才学会识字的。他从别的小朋友丢在路边的书里，学会了认字；从一个送煤的叔叔那里，学会了识数。勤学好问更是他探索世界的习惯和方法。寄宿在姥姥家的一名年轻的黑人教师给他讲述的故事，为他打开了智识生活的大门，他在那里"感受现实"，发现"事物的外貌变了，天下成了具有魔力的鬼怪居住的地方"（47）。这些故事还让他"对人生意义的理解更深刻，对事物的感受不同了"；他"陶醉、着迷。不断地打断她的话刨根问底，想象力如同火焰一样迸发了"（47）。

是写作为赖特打开了一个想象的空间，他借此构筑梦想。

赖特从 11 岁开始写故事。他想象出一个孤独、漂亮的印第安姑娘，她面对死亡没有低语，不会喘息。他利用卖报纸和杂志增刊的机会，如饥似渴地阅读、吸收其中的各种新奇知识，觉得自己"终于成为一个严肃认真、很守规矩的孩子了"（142）。晚上回到家，他把自己关在屋里，"陶醉在遥远奇异的城市奇异的人们的奇异的英雄业绩之中。这是我有生以来对当今世界大城市里的生活初次有了解！同时我也极力向往这种生活，喜欢这种生活……这些故事都是革命性的，是我通向世界的门户"（14）。

15岁，上初三的赖特开始自主创作，在成功发表了几篇小故事后，"我的自我意识更强了"，"幻想着去北方，写书、写小说……我心里时时存有希望"（186）。

17岁的赖特到了孟菲斯。他省吃俭用，用余钱买书读，以充实自己。他常常花几分钱买来期刊，读完后再卖给书店；他每天早起一个小时，在楼下银行休息室里读报纸。因为黑人身份不能借书，也不敢让白人知道自己想读书，一位好心的白人天主教徒愿意帮他借书，他从此开始了"疯狂的"读书阶段，眼前的世界，一片亮光。

在《黑孩子》中，赖特把自己读到好书时的激动、喜悦、崇拜、吃惊、羡慕、嫉妒、疑惑等感受写得极为生动真切，使得一个可爱而又专注的书痴形象跃然纸上。"我打开《序言集》。书中的文体，那些条理清楚、无懈可击、气势磅礴的句子使我大为震惊……我想象中这个人是个满腔愤恶的恶鬼，挥起他的笔，在发泄他的恨，严厉抨击美国的一切，颂扬欧洲或德国的一切，嘲笑人们的弱点，嘲弄上帝、权威……我站起来，试图认清这些词句背后的现实……是的，这个人在战斗，在用他的文字战斗。他把文字当武器，就像人们用棍棒一样……我可能，也许能把文字当作装器吗？不行。这吓坏了我。我接着往下读，使我惊奇的不是他所说的话，而是怎么有人竟然有说出这些话的勇气。"（271）事实上，亨利·路易斯·门肯（Henry Louis Mencken）的这本书仿佛一把钥匙，为他打开了理解种族社会的大门；经典作品中那些陌生的巨人的思想，照亮了他前行的路。他确信"自己过去忽略了人生中极为重要的某些事情……我渴望有书看，渴望掌握新的看问题的方法"（272）。他承认书中的内容和氛围改变了他对所看到、所听到和所做的一切事情的看法。"这时，我感到我了解白人的心情了……我赞成书中的观点。我模模糊糊地感到内疚"，同时，赖特也疑惑"这些观点会让我做起事来惹白人讨厌吗？"（273）。

相对于小说中的情节和故事，赖特对书中的观点更感兴趣。大量的阅读让他有了一种想要准确表达自我的饥渴。他"潜心研读每一本小说，不受任何限制，不作任何批评……读书就像麻醉药、兴奋剂一样"（273）；"我不知所措了。我变得沉默寡言，对我周围的生活感到疑惑。我不能把我从这些小说中得到的收获告诉任何人。因为这完全是生活本身的意义"（274）。赖特陷进书的世界里兴奋不已，但苦于无人分享自己的感受；他想尝试写点东西，又觉得太肤浅。"现在我明白了做一个黑人的意义。我能够忍饥挨饿。我早就学会了含恨而生。一想到我得不到同情，且对自己的命运无能为力，比任何事情都更使我感到受了伤害而痛苦万分。我产生了一种新的饥饿。"（274）这是一种对精神食粮的饥渴感。

　　读书让他既"振作"，又"沮丧"；让他因"认识到有可能做的事情"和"过去所没有觉察到的事情"而倍感紧张；让他不再"觉得周围的一切都充满敌意，杀气腾腾"；让他不断地"扪心自问我怎样才能拯救自己"（274）。读书也让他思考，让他想要去远方，让他想要理解周围的世界，让他看到自己的缺陷和努力的方向。"我想要写东西，可我连英语还不懂……我发愤读书，一旦我觉得我掌握了某个作家的观点了，就放下他的书不读了。睡眠中，书上的字迹依然历历如在我的眼前。"（275）"是书籍开拓了感觉和视觉的新途径"，他疑惑是不是只有"天真未受过教育的人才能这样又读书又疑惑，我感到我每天都随身背着这种秘密的、像罪犯一样的负担"（275）。

　　的确，是读书让他看清了自己，明白了作为一个黑人在南方谋生的前景，并为此设想了各种可能性和不可行性。他明白自己力不从心，却又拒绝屈服；他明白自己面前的路荆棘丛生，但梦想没灭；他明白"这是一个由恐怖、紧张、忧虑所交织成的幻梦。我不知道我能忍耐到什么时候"（276）；他觉得自己可以"组织起其他黑人来和那些南方白人斗……但知道这样做永远也不会赢"；他也明白"公开地举行黑人暴动是永远不会获胜的。如果我进行公开的斗争的话，我就会死去，可我还不想死。私刑处死黑人的消息时有所闻"（276）。他意识到选择"屈服"、过着驯顺的奴隶的生活的不可能性，因为他的全部生活造就了他要"用自己的感情和思想来生活"，否则"就是瞧不起自己，就像白人瞧不起那些服服帖帖的黑人一样"（276）。他不想通过格斗为白人排遣烦恼，他不抱希望能当上某个行当的专业人士，但"这并不仅仅因为我的处境不允许……而且还因为实现这样的抱负，我的能力也是不可企及的"（276）。最后，"把自己的生命每天每日地装在脑子里，装在我的意识中，随时都感到我会绊倒……我读的那些书使我感到，我与我所居住并苟活性命的世界之间有着巨大的鸿沟，而且这种距离感在与日俱增，愈来愈大"（277）。他的思路在开阔，他的世界在开阔，他的目标越来越清晰。

在结尾处，赖特用了较长的篇幅，罗列了出逃南方的原因，大多与读书有关。"一切归因于我偶尔看上了小说和文学评论，从中受到了启发，内心里才模模糊糊地闪现出生活的前景"，"每逢我的环境不能养我、育我的时候，我就抓起书本不放"（282）。他还对那些曾对他产生过巨大影响、帮他解开过很多疑虑的作者，表达了由衷的感谢。"那些小说、故事和文章中可歌可泣的事迹曾打动过我的心，让我感觉到了温暖和阳光。"这次远行，他正是要去摸索到那个无形的光体，始终如一，决不动摇，以此证明"我做得有理有据，且充满希望"（283）。这些充满激情的文字，与其说是赖特对自我选择的解读，不如说他是在提醒读者读书的重要性。所以，以上这些赖特发自内心的话，我们选择抄下来放在最后，希望读者们可以感受到赖特感知过的"温暖阳光"，走进自己的生活。

第三节 了解世界，完善自我

自从6岁时说错了话被姥姥、妈妈暴打的时候起，赖特就懂得了挨打的背后一定有很多自己不明白的东西。长大以后他才最终明白，各种经历都有其明显的意义。的确，生命生活的困境和勤于思考、善于读书的习惯，让他的心智远远成熟于同龄人。在刚刚步入18岁的时候，他已经基本完成了自我人格的整合，实现了某种程度上的精神自由。他有自己的梦想要追，有对种族歧视问题的观察思考，有对黑人自身问题的理性分析与判断，有自身清晰的责任担当和意识，有从焦虑恐惧中历练出来的勇气，等等。他已经做足了准备，走进了他的目标里，尽管前景并不乐观。

梅以自我意识为线索，通过人摆脱依赖、逐渐分化的程度，把人格发展分为相互有交叉的四个阶段①：纯真阶段、反抗阶段、平常阶段和创造阶段（梅，2016）。赖特在《黑孩子》中，通过对自己不同生命阶段生命情态的记述，让我们逐渐看清了他如何通过对白人、对黑人、对宗教、对自我的认知，从懵懂走向成熟，并实现了自我人格的完整。

赖特对白人及其世界的认识是从小就开始的。那时候他对黑人与白人的区别感到很困惑，因为祖母明明有白人的样貌，但却过着跟白人不一样的生活。他承认自己很早就知道有的人叫作白人，但对他来说无关紧要。"我在大街上无数次地看到白人男女，他们也不怎么'白'。他们跟别人一样，只是我从来没跟他们亲近过……不知怎么的，他们又很不一样，让人感到那么生疏。"（30）他笼统地以为，他们聚居在这座城里某个干净且安静的地方，但没有意识到白种人就是"白"人的道理，"也许正是因为我有许多亲属都是长得很'白'的缘故吧。我的姥姥跟任何'白'人一样的白，可我就从来没看出她的'白'来"（31）。出身于混血儿家庭，姥姥是白肤色，所以他最先对白人的认识，仅仅只是肤色的"白"而已。后来，他逐渐意识到白人的无所不能。如果黑人违了规，连法律也保护不了他，因为没有人能为他们争取公道，警察和法官都是白人。

第一次走进那个整洁且安静的白人社区，赖特感到很吃惊。"一切都那么井井有条。然而，我却感到格格不入……一想到这是那些迫使黑人背井离乡、深夜出逃的白人住的房子，我就紧张。会不会有人说我是个坏蛋黑鬼而把我害死在这儿呢？"（79）白人优渥的生活环境让他意识到自己的欠缺，并立志要改变现状，迎头赶上。"因为我周围的环境既空虚又凄凉，为了我自己那如饥似渴、模模糊糊的向往，我要用无边的潜在的可能去填充它、修复它。"（83）

看到白人家庭内部关系也很复杂，有谩骂、冲突，不仅让他紧张、恐惧，还激起他"生活的热情"，让他反思自己的命运，且"为它沮丧；把

---

① 纯真阶段主要是指两三岁之前的婴儿时期。婴儿在这一阶段形成了依赖性，为此后的发展奠定基础。反抗阶段是指两三岁至青少年时期，人主要通过与世界相对抗来发展自我和自我意识。他竭力去获得自由，以确立一些属于自己的内在力量，但他并未完全理解与自由相伴随的责任。平常阶段主要指青少年之后的时期。此时的人能够在一定程度上认识到自己的错误，能够在选择中承担责任。他能够产生内疚感和焦虑，以承担责任。创造阶段主要指成人时期。此时的人能够接受命运，以勇气面对人生的挑战。他能够超越自我，达到自我实现（梅，2016）。

它装在心里,同它生活,同它睡觉,同它搏斗"(164-165)。

赖特对种族社会的真正认识源自在阿肯色州的姨夫。霍金斯姨夫开朗、温和,开了个酒馆,晚上上班。白天睡觉时,姨夫的枕边总放着一支闪闪发光的左轮枪。后来姨夫的生意兴隆遭白人嫉恨,并遭白人暗杀。"没有葬礼。没有哀乐。没有举哀期。没有花圈。只有沉默、无声的哭泣、窃窃私语和恐惧……连麦吉姨妈都不被准许去看他的尸体,不能认领他的任何财产。"(64)这一次,"几乎就像白色恐怖发生在我身上一样,我的头脑眩晕了"(64)。而对于他们为什么不回击,他找不到答案,更不能发问。

赖特17岁时,在旅馆工作的朋友的哥哥因和白人妓女有染,死在白人手里。这一消息改变了他对人世间的看法,"让我暂时处于意志麻痹和不再冲动,要是我走错一步,死刑就会等着我,而我不知道究竟值不值得采取什么行动。那些影响我这个黑人行为的事情倒不一定非得发生在我身上,只要听听这些事,我的心里就不安起来"(190)。踏入社会,近距离地走进白人的世界,赖特举步维艰。他不知道怎样跟白人相处,不知道如何应对白人的正面挑衅,只能压抑自己的个性。他找了份工作,鼓励自己,告诫自己,警告自己,并激励自己。"别的黑人都干活……那我就必须,必须,必须出息,直到手头攒够了钱可以出走……别人都能做到,我会做到的。我不得不做到。"(213-214)

种族环境越是一步步地逼近他,他越是一步步地向内退缩。他内心一直默默坚守的公平观念、人格尊严和诚实守信,在残酷的现实面前不堪一击,一文不值。他在一次次地被老板辞退后,才明白"我是生活在一种文化而不是一种文明之中,也只有与这种文化共存,我才能懂得它的作用……跟白人打交道时……别人感觉到的东西,我得费脑筋想出来"(215)。他苦涩地意识到"现在开始应付这个白人世界已经为时太晚了。我不能放弃自己奉行的处世之道。我吃尽了种族问题的苦头,即使是小事一桩,我也不得不当作整个种族问题来体会,来琢磨,而且莫不全力以赴。我在白人面前,一言一行都不得不审度盘算一番。我没法不这样。我做不出笑脸来……这个世界太费解、太捉摸不定了"(215)。他容忍不了面前的世界,这个世界也容忍不了他。他的生存之路荆棘丛生,但他却在荆棘中磨炼心智，慢慢成长。

如果说他是在认清白人的过程中不断地认清自己的话，对黑人、黑人文化和传统的反思，则让他懂得怎样活出不一样的人生，怎样活出价值和意义。赖特在《黑孩子》中对黑人自身的观察、刻画和了解，并不比对白人少。他也正是在这个过程中慢慢了解自己的。他看到南方的许多黑人甚至大字不识一个。即使是接受过良好教育的黑人，也被以恐吓的方式排除在技术工种或薪水优厚的职业之外。他看到每一个黑人从早年就学会忍气吞声，隐藏自己的真实情感，并迎合白人的虚荣心。他看到绝大部分黑人接受了自己的处境。无论他们多么仇视白人，他们知道只有展现出奴颜婢膝才能生存下来。他还看到，黑人在很多时候会互相告发，勾结白人对付自己人，刻意插科打诨或装疯卖傻以得到白人视他们为"传统老黑"的宽容对待。

赖特还刻意把对黑人传统、黑人的劣根性、黑白文化的不兼容性的反思，掩饰性地放在文本中的括号内，这本身就标识着他身为黑人、身为书写者的惶恐和焦虑。他写道："黑人真正的善良是那样地少，我们的温柔是那样无常，我们多么缺乏名副其实的热情，我们伟大的希望是那样稀缺，我们的幸福是多么地羞怯，传统是那样地贫乏，记忆是那样地空洞，联结人与人之间那些无形的感情纽带是那样地脆弱，就连母亲的绝望也显得那样地肤浅……那些认为黑人的生命充满激情的看法是一种无意识的反讽……我曾经认为属于情感力量的东西，其实是我们消极的混淆、我们的逃避、我们的惊恐、我们压力之下的疯狂。"（45）下面这段带着些许无奈、感叹美国黑白文化之间的不兼容性的话，更像是赖特思想的外溢，既清醒又疑惑不解："每逢想到美国黑人生活所固有的那种凄凉，就领悟到黑人是从来不允许掌握西方文明的全部精神的，他们多少是生活在其中，但是却多半又为其所不容。我一边寻思黑人文化生活的贫乏，一边就在怀疑，人到底是不是生来就有完美无缺的善心、爱心、自尊心、忠心和回忆的智能的。"（45）梅援引肯尼斯·B. 克拉克（Kenneth B. Clark）在《黑暗的贫民窟：社会权力的两难处境》（*Dark Ghetto: Dilemmas of Social Power*，1965年）中的一句话："黑人的真正悲剧在于，他从未认真地对待自己，因为从来就没有人认真地对待过他。"（梅，2013：64）庆幸的是，尽管赖特也曾生活在"没有被认真对待过"的种族环境、文化环境，甚至家庭环境里，他却一直都在认真地对待生活，对待自己。他的认知水平在提高，精神世界在丰富，他从来没有放弃过反思自己，寻找自己，填充自己，提高自己，督促自己，救赎自己，实现自己。因为他知道自己为什么而活，所以他选择忍受任何一种生活。

在该自传的结尾，18岁的赖特离开了充满种族歧视的南方，坐上了前往芝加哥的火车，一身伤疤，满心的警觉，"满脑子只有一个模模糊糊的想法：生活是可以过得堂堂正正的；人格是不容侵犯的，人与人交往就应该无所畏惧、无所羞愧；人生在世，虽然注定要在世上经受一番折腾和苦难，但也许还是会因祸得福的"（285）。这就是赖特对20世纪二三十年代一个黑孩子成年之前的生命历程的记述①。昏暗、焦虑、恐惧、痛苦、疼痛、饥饿、伤心、失望、绝望、犹豫、彷徨、压抑、逼仄，这些情绪如同厚重的云层笼罩心头，但在结尾处，挥洒出一道光亮。愿他追梦成功，愿他因祸得福。愿读过该自传的读者们能从中汲取力量，也愿读到本书的读者，透过传主种种焦虑现象，看到他的勇气和精神，感受到他生命的力量。

结　　语

荣格在他的自传中说："我们不会知道发生在心里的一切到底是怎么回事。一个人的生命故事从哪里开始，是始于某个我们碰巧记得的时刻吗？这是一个复杂的问题。我们并不知道所谓的生命的归宿。因此，这个故事没有开头，其结局也只能含含糊糊地加以估计而已。"（荣格，2014：Ⅱ）实际上，赖特成年之前的生活隐约地暗示着他的未来。被狗咬，被同学霸

---

① 赖特自传的第二部分在他死后的1977年才出版，名为《美国饥饿》（*American Hunger*），主要讲述的是他的党员生涯，以及对共产党理解的破灭。赖特本想将两部分以整卷出版，但每月一书俱乐部提出的收稿条件是删掉初稿的最后六个章节。在这些章节中，他指出北方和南方的种族歧视只是在程度上有所不同，但对受害者施加的武力以及带给他们的毁灭性打击是相同的。最终，赖特删掉了这一部分，还增补上本版本后面那些充满希望的话。完整版直到1977年才面世，用的是原本的书名——《美国饥饿》。

凌，被家人忽视、打骂，被白人老板一次次辞退，被白人同事一次次羞辱，因此，他被迫回归自我，思索没有答案的问题。世界、未来于他就像一堵墙，怎么也越不过、穿不透，他被束缚在原地，坚守着自己的道德价值底线，无法呼吸。幸运的是，读书为他撕开了世界的一角，思考为他找到了一件武器，写作为他建构起一片自由领地。他战胜了种种生存焦虑，成为了自己的主人。

然而，等待赖特的并非都是一帆风顺，芝加哥也不是诗和天堂，他还会碰到种种预料之外的情况，生活里还依然有很多困顿，但他看到了希望。

愿他早日成为他自己。

第七章　马尔科姆·X 的自我创造

我不断地通过行动创造自身。我是我自己的自由：不多，也不少。
——让·保罗·萨特

引　　言

《马尔科姆·X 自传》是由马尔科姆口述、著名非裔美国作家亚历克斯·哈里（Alex Haley）执笔的自传文本。该自传于 1998 年被《时代》（*Time*）杂志评为 20 世纪最伟大的十部写实作品之一。《纽约时报》（*The New York Times*）称其为"一本精彩、痛苦又重要的书"，该自传也曾被美国的《图书》杂志评为"改变美国的两本书"之一，是美国许多学校和教育机构必读的经典作品。该自传不仅记述了传主马尔科姆从童年到成为黑人民权运动领袖的生命历程，也是一部记录美国 20 世纪 60 年代民权运动的目标和手段的历史文本，从底层视角揭示了美国的种族不平等和歧视现象。

马尔科姆的一生既短暂又传奇。短暂，是相对于他立志于团结世界上的黑人穆斯林、为和平而战却未能实现宏伟蓝图的遗憾；传奇，是指他那看似风马牛不相及，实则波澜壮阔的生命图谱。纽约哈莱姆大街上的地痞流氓小混混是他，金盆洗手、洁身自好、自律到苛刻的也是他；吃喝嫖赌毒无恶不作的是他，在牢房里信仰伊斯兰教后毅然戒毒、戒烟，抱着词典逐字逐词抄字典学文化，借着楼道里昏暗的灯光如饥似渴地广读博记学知识的也是他；性格暴烈，抗击命运的是他，温柔、善良、体贴的也是他；藏在哈佛大学一间公寓房里结伙持枪入户盗窃抢劫的是他，以有智慧、有同情心、有远见的领导者的身份献身于他的人民,为美国各种族间的和谐关系鞠躬尽瘁的也是他;从来不敢相信任何人,却以一颗赤子之心忠诚、崇拜安拉的信使穆罕默德并愿为他奉献生命的是他,开始只想着寻欢作乐,后来把全球黑人的自由平等视为自己使命的也是他;一直坚定地反对非暴力主义,与"恶魔白人"不共戴天的是他,后来及时修正自己的观点,提倡黑人和白人应该和平共处时却遭到同类伏击、被射杀的也是他。一路走来,马尔科姆跌跌撞撞,有些自恋但从不自怜。勇气是他最大的自我救赎。

客观地说,没有哪一种理论是给某个文本量身定制的,但马尔科姆的一生却贴切地对等上现代存在主义之父克尔凯郭尔所提出的人生并非时间概念的三阶段(也称为三境界),即审美阶段、伦理阶段、宗教阶段。审美阶段是指一个人沉溺物欲,极端享乐,属于一种寻欢作乐式的审美的生存。这一阶段是个人自我意识的开始。个人关注自己的体验和享受,试图探索自己的欲望和激情,并享受这些体验所带来的快乐。他们认识到自己是一个独立的个体,有自己的想法和感受。

伦理阶段是道德的尺度与天平,它既是内在和外在"道德阶层"动用道德的工具,又受到道德的束缚,属于一种合乎道德的伦理的生存。在伦理阶段,个人按照社会规范和价值观生活,但不一定放弃个性。相反,他们将自己独特的观点和经验融入自己的伦理决策中。

宗教阶段并非归隐式的"逃避",而是一种超越性的"信仰",是一种超越伦理的、信仰的生存的"那个个体"。在此阶段,个人努力建立与上帝的个人关系,但他们不一定放弃自己的个性或他们的伦理原则。相反,他们将自己的信仰和价值观融入他们的宗教实践中。克尔凯郭尔指出,仅凭思想是不可能达到第三个阶段的,人们必须承担明确的义务,克尔凯郭尔将这一阶段视为信仰的飞跃(leap),即让人服从一个至高无上的主体,例如后来马丁·布伯强调的,上帝是你(thou)(克尔凯郭尔)(转引自Sproul,2009:122)。

马尔科姆的生命历程经历了典型的审美、伦理和宗教阶段,跌宕起伏而又轰轰烈烈,他陷于其中玩世不恭,尽情享乐,同时也体悟生命的本质和价值,固执地坚持着对种族平等和社会公正的信念,展现出一种非同寻常的勇气和生命力,这种精神感染并影响着一代又一代的读者。

第一节　审美阶段：享乐

如前所述，克尔凯郭尔的人生的审美阶段，表现为人作为一个旁观者（或观察者而非实践者或实干家）参与社会生活，也能对艺术发表精彩的评论，但是他不能坦诚待人，也不会自律。这种生活状态是精神缺乏能力的表现，是犯罪和绝望的根源。在此情况下，人把生命的意义寄托于外部事件，试图通过娱乐来实现自己的价值，逃避人生的烦恼。从某种意义上说，审美阶段的生活是一种享乐主义的生活，生命存在于情感体验和感官体验之中。马尔科姆的青少年时期经历过贫穷、困顿，但更多地表现为放纵自己、沉溺物欲、寻欢作乐。

1925 年 5 月 19 日，马尔科姆出生于美国内布拉斯加州的一个黑人牧师家庭。母亲是黑白混血，皮肤、头发呈红棕色，马尔科姆一生都"憎恨自己身上流淌的每一滴白人强奸犯的血液"（16）[①]。父亲是浸信会牧师、全球黑人促进会的组织者之一。在他的记忆里，父亲偏爱黑人传统食物，母亲却反对孩子们吃猪肉和兔子，父母几乎一直都在争吵、冷战。但让他引以为豪的是，父亲一直从事着推进黑人改革运动和激进运动，是别人眼里"坚毅勇敢"的人。马尔科姆在 6 岁时，目睹了父母吵架，随后父亲摔门而出，后来他被"黑色军团"的人杀害。母亲一人抚养 8 个孩子，靠给白人做家务、缝衣服补贴家用。自尊心很强的母亲一直排斥政府机构的救济物品，以"保留自己和我们最后的尊严，而尊严是那时候我们能保留的唯一的东西"（22）。马尔科姆从父亲那里学到了志存高远，从母亲那里看到了要守护尊严。正如他的女儿在该书序言里所说："要不是 14 岁前他接受的教育，在押期间他不会被监狱里的图书馆所吸引。"（5）

1934 年末，一家人不得不靠政府救济来维持生活。马尔科姆时常饿得头晕目眩，9 岁的他开始徘徊在商店外伺机偷水果来"犒劳"自己。有时

[①] Malcolm, X. 1987. The Autobiography of Malcolm X[M]. Washington: Turtleback Books. 本章引文凡出自此书，皆只标明页码。

他也会专挑吃饭的时间串门，在别人家混顿饱饭。"我越是去别人家混饭吃、越是偷东西，便越有进攻性，凡是想得到的东西从不愿等待。"（23）有时他还会跟哥哥弟弟们一起偷黑人的西瓜，玩一些赌钱的游戏。让他记了很久的一句话是："马尔科姆，你身上的一点我很欣赏。你有毛病，但从不隐藏什么。你不虚伪。"（23）

马尔科姆在大约 12 岁读初中时，就跟着大人猎兔卖钱，他由此总结出一些重要的人生经验："任何时候，当你发现有人比你成功，尤其当你们做同样的事情，你要明白，他们成功是因为当他们革故鼎新时你却故步自封。"（26）他后来敢于创新、突破自我的勇气，无不是他对当时这一认识的实践。13 岁时，马尔科姆因在上课期间有意把一把图钉放在老师的椅子上导致老师被扎，被学校开除送到拘留所。尽管他颇受拘留所里的白人看守的喜爱，但他觉得"他们从未意识到我不是宠物，而是人，有理解能力。他们不相信我和同样境况的白人男孩一样敏感聪慧、善于理解……白人只能与你同甘，不能与你共苦"（30）。那个时候，他会在周末跑去黑人酒吧和餐馆找乐子。

马尔科姆是从少管所直接上中学的。在上学期间，他通过在餐馆洗碗，拿到了"人生中第一份值得一提的工资，给自己买了一套绿色西装和几双鞋，还请班里的同学吃东西"（31）。他的学习成绩在学校位居第一，还曾被推选为班长。那时候的他"对黑人身份没太大感觉，一心只想着变得像白人"（32）。而这段亲身经历让他懂得了黑人追求与白人的"融合"是在浪费时间，"除此之外，吃、穿、游玩是他最大的乐趣"（32）。

历史和英语是他中学时最爱的课程。但他讨厌历史老师对待黑人历史轻视，甚至轻蔑的态度。老师那句"黑人的脚太大了，一走就在地上留下个大坑"（31）的戏言，让他一生都耿耿于怀。而一向待他不错的英语老师嘲笑并讽刺他想当律师的梦想，奉劝他毕业后去学适合黑人干的木匠。自信心因此备受打击的马尔科姆从那以后，竭力远离白人，而"我所做的一切都是为了成功"（36）。

1940 年的夏天，马尔科姆前往波士顿找他同父异母的姐姐艾拉——对他的一生影响、帮助最大的人。他在那里见识了大都市里的黑人乐团、黑人教堂以及为黑人开放的舞厅。他第一次有了种族归属感。不满 16 岁的马尔科姆在北方城市波士顿，见识了真正的黑人世界。那里的中产阶级黑人所谓的"高素质""高姿态"以及竭力模仿白人的做派，让他嗤之以鼻；而遍布贫民区的杂货店、无电梯公寓、平价餐厅、台球室、酒吧、临街教堂和当铺，反倒对他有天生的诱惑力；舞厅门口擦鞋的活儿，让他见识了大麻买卖、拉皮条、黑人妓女、白人嫖客，还有黑人、白人之间的差异。他在这里第一次玩骰子、玩纸牌、买彩票，喝了人生第一杯酒，抽了第一支烟，还吸了第一口大麻。他还忍着化学药品的灼烧疼痛，第一次拉直了他的红卷发。马尔科姆自己总结道，"这是我真正自甘堕落的一大步：为了拥有一头白人式头发，我真真切切地灼烧自己的头皮，忍受着所有痛苦。我加入了被洗脑的美国大多数黑人男女的行列，相信黑人是'下等人'，白人是'上等人'，不惜毁坏上帝赐予的身体，使自己符合白人标准的'美'"（46）。和成千上万来到北方贫民区的乡下黑人一样，他用"组特装、拉直发、烟酒、吸食大麻等流行之物掩藏自己的尴尬"（47）。公寓聚会上，酒精或大麻放空了他的大脑，狂野的音乐激发出他非洲基因里的舞蹈天赋。他在舞池里尽情释放，很快成了那里著名的舞者。他还结识了一个优秀的高中生黑人女孩，带着她去赶各种舞场；他还与白人姑娘索菲亚形影不离，寻找各种感官上的刺激。

如果说波士顿大街小巷里的夜生活成就了他"红毛哥"的名声，那么走进纽约的哈莱姆区，才算是他的"极端享乐""发酵和膨胀"。他全然放纵自己，把生命的意义寄托于外在事件，试图通过娱乐来实现自己的价值，逃避人生的烦恼，且自得其乐，洋洋得意。

刚满 17 岁的马尔科姆，在姐姐艾拉的帮助下，成了从波士顿到纽约的火车上的洗碗工。第一次来到哈莱姆的夜总会，他"就被迷住了。这才是我该待的地方，我属于这个世界。那晚，我踏上了成为哈莱姆人的旅途。纽约的 800 万人中，有 400 万人在工作，另外 400 万人靠这些人存活，我即将成为其中一个最堕落的寄生虫骗子"（57）。很快，纽约就成了他的天堂，而哈莱姆区就是那个极乐世界。他变成了这里最繁华的斯莫尔斯夜总会和布拉多克旅馆酒店的常客，"一个蛮横无理、满嘴脏话的年轻黑人"（59）。他热衷于追时髦，穿着狂野的组特装，顶着一头拉直的红发，身边总是贴着一位白人姑娘；在酒精或大麻的作用下，他时常高亢狂野，飘飘欲仙。那时的他，"夜总会几乎是一切的中心，在那里当侍者比在极乐世界还极乐"（60），他"与越来越多的朋友一起在纽约寻欢作乐"，趾高气扬。很快他还凭着他机灵的头脑，精通"彩票、拉皮条等骗局，贩毒、持械抢劫等偷盗之事"（62）。

游离在纽约花天酒地里的马尔科姆，梦越做越大。他渴望发财、渴望挥霍，幻想买名车、广交友。他一边在夜总会干活，一边每天买彩票赌运气，做着白日梦。"每天，我会拿出我所有的小费——高达15～20美元——去赌数字，梦想着中奖后我会做什么。"（62）后来，他被纽约的黑人盗窃集团"四十大盗"看中，混进各种鱼龙混杂、三教九流、藏污纳垢的场合。那里几乎每个人都坐过牢，警察只用"铅管、湿水泥、棒球棒、黄铜指虎、拳头、脚和警棍"（64）和你讲话。只是到了后来，他才明白那样的生活意味着什么，"从某种意义上说，我们并不知道大家聚在一起是为了追求安全、温暖和互相安慰。然而，我们本来可以探索太空、救死扶伤或建立产业，却成了白人美国社会体系里的黑人受害者"（65）。

马尔科姆还因为年轻英俊、体格健壮又能说会道，颇受纽约的女性们，尤其是妓女们的青睐。他自己也曾以皮条客的身份，为白人（男女）提供信息，甚至直接提供性服务。他还固执地把这一时期他见识到的人性的丑恶，简单直白地嫁祸于关在家里的妻子们，而把善解人意给了妓女。"专横、抱怨、苛求的妻子已经在心理上阉割了她们的丈夫……为了摆脱这种紧张局势和被自己妻子嘲笑的机会，每个男人都早早地起床来找妓女。"（67）而"不得不学会了解男人的妓女们……不管男人有怎样的表现，妓女们都能让他在一段时间内感到自己是世界上最伟大的男人"（67）。这样的认识太符合当时在纽约混得春风得意的马尔科姆的认知能力。

1943年，寻欢作乐又作恶多端的马尔科姆，还不满19岁的他因给一位伪装成士兵的警察当皮条客被抓进警局，成为被监视的对象。这不但没能让他收敛，反而成了他滑向犯罪泥潭的助推力。在朋友的帮助下，马尔科姆开始贩卖大麻、吸食大麻，体验着他人生中从未有过的"自由"："我不断地翻转我的利润，增加我的供应量，疯狂地卖大麻。我几乎不睡觉；我总是出现在音乐家聚集的地方。口袋里装着一卷钱。每天，我至少能挣50或60美元……这是我生命中第一次感到的伟大的'自由'！突然间，我成了自己曾经仰慕的其他年轻骗子的同龄人。"(71)同一年,他收到了波士顿征兵委员会的信,靠装疯卖傻逃避了兵役。那时候,世上只有三件事让他害怕——"监狱、工作和军队"(74)。

在接下来的1944~1945年,马尔科姆在哈莱姆吃喝嫖赌抽,无恶不作。他在街头与其他投机者一起,用"胆量、狡猾、智慧来生存"(76),跟警察和毒品贩子斗智斗勇,做着一场场生死游戏。后来他竟开始去附近的城市持枪抢劫了。讲起自己第一次吸食可卡因、兜售毒品、抢劫、逃避警察追捕的细节和攻略,以及他看电影、听音乐会、买彩票和女性游戏的生活,还有以结识纽约周围每位黑人流行音乐家为荣、倒卖私酒等行为,马尔科姆那飞扬的语气、语调里,带着掩饰不住的自豪和荣耀感,透过文字几乎可以看得出他眉飞色舞的得意劲儿。尽管他后来对执笔者哈里解释说"详细地说出自己肮脏的过去,并非为自己的邪恶感到自豪",而是知道"了解完整的故事,是了解一个人最好的办法"(101)。然而,坦诚岂能稀释罪过!不得不说,哈莱姆的夜生活似乎是该自传文本中马尔科姆最感兴趣的话题。他显然明白自己在做什么,但却把自己的玩世不恭、随心所欲都视为白人和种族制度所迫。"有时候我会回想起那时的我,真不知道我怎么还能活到今天。人们说上帝会帮助傻子和孩子。我经常想安拉一定是在天上看着我,保护我……我过着醉生梦死的生活……觉得在精神上死了,只是不自知而已。"(86)好在马尔科姆意识到自己"精神上的死亡","四年来我幸运地逃过一劫又一劫,被逮捕、蹲监狱,或者更严重的麻烦。但那一刻,我知道一切都该还了"(90)。

被朋友接回波士顿避风头,马尔科姆过着"掠食性动物般的生活和思维方式"(91)。他不分昼夜睡得天昏地暗。他"醒着的时候大量抽大麻、烟卷,不说话,只是不停地播放唱片,让自己在流淌着音乐的空气里吞云吐雾,仿佛漫步云端"(91)。经过大约一个月的"沉睡",身无分文的他凭着小聪明出入赌场拼运气。"回想起来,我觉得我有点疯狂。毒品对我来说就像普通人的日常食物;而我带着枪,就像现在戴着领带一样平常。在内心深处,我确信人的一生,活着应尝尽人生百味,死时应壮烈绚丽。我时时提及死亡,期待死亡,甚至会疯狂创造死亡的机会。"(93)游戏人生、得过且过,是他这一时期主要的人生观。

一是为了自己的生计，二是为了帮助玩音乐的朋友搞到钱，马尔科姆跟朋友开始计划持枪入室盗窃。为了安全，他还拉拢白人女孩索菲亚和她的妹妹入伙，配合踩点。"每赚到一大笔钱，我们都会消停一段时间，尽情享受，大肆挥霍。"（97）但马尔科姆非常清楚等待自己的是什么，"我正走在通往自己坟墓的路上。每一个罪犯都知道被抓是迟早的事，能拖一天算一天"（98）。他每天靠吸食大量的毒品来麻醉自己，忘却忧愁，摆脱焦虑，过着得过且过、醉生梦死的日子。1946年2月，21岁的马尔科姆因入室盗窃被抓，数罪并罚，被判刑期十年。"在监狱里，我发现了安拉和伊斯兰教，这让我的生活发生了翻天覆地的变化。"（101）

马尔科姆在哈莱姆和波士顿完全放纵的生活，是他那"存在致命缺陷"的"地下室"，他试图通过游戏人生来实现自己的价值、逃避人生的烦恼，但这一行为最终证明只是梦幻一场。到了监狱后，接触到伊斯兰教教义时，他选择抽身出来，开始在极端痛苦中寻找信仰。

第二节 伦理阶段：道德意识苏醒

人生的伦理阶段表现为，人能够转离自己的爱好和趣味，开始认识和接受普遍的行为准则。他会产生道德义务感，成为遵纪守法的人。但同时他还受理性准则的制约，"这些理性准则只是以抽象的形式出现。他有了内疚的体验。他意识到自己的有限性和自己疏离了上帝的事实"（Sproul，2009：121）。马尔科姆因入室盗窃被捕入狱后内心发生的一系列戏剧性的转变，贴切地对应了克尔凯郭尔的人生伦理阶段的外延和内涵。伊斯兰教教义为"罪行累累"的马尔科姆打开了另一个世界，他开始悔过自新，从背诵单词起，如饥似渴地读书学习。最终，他不仅找到了灵魂的归属，有了精神自救的能力，还真正看清了美国种族问题的本质，看见了更大的世界。

马尔科姆刚被关进查尔斯顿州立监狱的第一年，牢房里恶劣的环境让他烦躁不安，任性妄为。他经常因有意反抗监狱规则、破坏监狱设施、吸食从狱警那里买来的毒品、咒骂警卫等被关禁闭。他反基督教的强硬态度更是赢得了"撒旦"之名。在见多识广、知识渊博的狱友班比,以及姐姐和哥哥弟弟的劝慰、鼓励下,他逐渐醒悟,完全靠自制力戒烟戒毒成功,开始了悔过自新、重新为人的生活。

1948年,马尔科姆通过兄弟帮助,首次接触到美国的"伊斯兰民族"组织,一个"黑人的自然宗教"。他在"不知不觉中第一次表现出了对伊斯兰教的顺从"(105)。是年年末,他被调到了居住条件良好、刑罚政策严明、教育资源丰富、藏书丰富的诺福克监狱,开始有选择、有目的地读书。弟弟雷金纳利用探监的机会,耐心地告诉他,"恶魔的统治时期已经结束",而"白人就是恶魔"(108)。后面这句话让他第一次产生了一个认真的想法:"白人正迅速丧失其压迫和剥削黑人世界的能力;黑人世界开始崛起并重新统治世界,就像以前一样,而白人的世界正在衰落、消失。"(108)他学会站在道德高度,领悟美国种族关系的本质。"黑人向上天祈求馅饼,死后寻找他的天堂;而白人奴隶主却在尘世间享受着属于他的天堂。"(109)

黑人的历史是怎样被"白人化"的这一问题,马尔科姆是从穆罕默德的教义和自己的亲身经历中领悟到的:"美国的黑人或白人都很难从历史书中了解到关于黑人的真相。就我自己而言,一旦懂得了'黑人的光荣历史',就会费尽心思地在图书馆里寻找能让我了解黑人历史细节的书籍。"(115)他还逐渐意识到白人的基督教"欺骗和洗脑了黑人,使其总是把不开心的情绪隐藏,忍气吞声、强颜欢笑、低头鞠躬、谦卑、唱歌、祈祷等,无条件地接受白人给他的一切"(112)。而"黑人囚犯象征着白人社会犯下的罪行,他们压迫黑人,剥夺其权利,让其变得愚昧无知,无法找到体面的工作,从而成为罪犯";他们还鼓励他"要有勇气"(112)。

阅读唤醒了马尔科姆的精神世界,激活了他的思考。"每多读一本书,我便愈加无法忍受美国黑人所遭受的各种苦难。"(116)通过对大量世界史(包括中国历史)的阅读,他从多个角度深入地了解了黑人的文明、历史、文化。他意识到"世界上最骇人听闻的罪行就是白人的罪行,以及他们手上沾满的鲜血"(116);他意识到"全世界的白人确实像魔鬼一样,他们掠夺、强奸、折磨并榨干全世界非白人民众"(116);他还了解到非洲文化历史的悠长和宝贵——黑人古老的文明一直被埋葬在非洲大陆上，主要问题是白人对待科学的态度；等等。马尔科姆越是了解历史文化，越是对白人的"恶魔性"理解得透彻，越是渴望自由、公正与和平。

1959年春发生了两件大事：一是有关黑人穆斯林的电视节目和专著纷纷面世；二是纽约报纸上出现了"恨引发恨""黑人优越论""黑人种族主义者危险""种族之间的友好关系"等标题的讨论，矛头直指黑人穆斯林组织。出狱后的马尔科姆开始利用这次机会，舌战主流新闻媒体，充分宣传自己对种族问题本质的理解："没有一个正常的黑人真的想要融合！没有一个正常的白人真的想要融合！没有一个正常的黑人真的相信白人只不过应许他们一个融合的象征。"（157）

"黑人在这样的社会中唯一被救赎的办法，就是不要融入这种腐败的社会中去，而要和其分离，到一个属于自己的领地去进行自我改革，提高自身的道德水准，努力做到神圣。西方世界最有学问的外交政策没能解决这一严肃的问题，其英明的领导者没能解决这一问题，其兄弟领导者也没能解决这一问题。"（157）

"没人知道我们是谁，除非我们自己知道我们是谁！我们永远也到不了什么地方，除非我们知道自己现在在哪里！"（161）

"你为他们犁地、做饭、洗衣，他不在的时候你照看他的妻女。很多时候你们用乳汁喂养他！你比教你认识基督的白人优秀得多……你为建起一个富足的国家付出了血的代价，而他却拱手给予他的敌人！当这些敌人足够强大后反过来攻击他时，你又成为他勇敢的战士，为他献身。在那些所谓和平的日子里，你永远是他们忠诚的仆人。"（162）

马尔科姆凭着广博的知识储备、优秀的口才、对穆罕默德的崇敬、对黑人民众的关心和忧患，一场又一场地宣讲自己对种族问题尤其是白人本质的认识，号召黑人不要妄想着"融合"，而应该成立自己独立的组织，为自己的自由而努力。

1961年，他还帮助发行了报纸《穆罕默德在说话》，计划建立一个伊斯兰中心，包括清真寺、学校、图书馆、医院和展示黑人辉煌历史的博物馆。他鼓励黑人团结起来，相互贸易，相互雇佣，让黑人的钱在黑人社区间流通。他还帮助很多的瘾君子戒毒戒烟成功，妓女开始学着自食其力，彼此的关系得以缓和友好，彼此以礼相待，相互尊重。马尔科姆的努力收获了值得傲骄的结果。随着他在电视、广播、大学或其他地方的场合演讲的次数越来越多，他逐渐走进人们的视线，成为黑人崇拜的偶像。同时，他也遭到白人媒体的警惕和包括穆罕默德本人在内的同类人的嫉妒，成了"蛊惑人心的政客"和"煽动家"（244）。

1963年，马尔科姆像个律师一样，和记者们、白人学者们展开一场场激烈的争辩。"撤下这些自由者为之颇费心思的光环"，他说："南方的白人至少还是诚实的。这样黑人不会抱有幻想……而北方白人只是呲牙，嘴上挂着'平等''融合'的口号和谎言。"（173）他认为北方自由党提出的所谓"融合"只是个意象，没有具体的定义和实际意义，混淆了美国黑人的真正需求。他总结说："专横跋扈、以自我为中心的白人创造了这样一个范式：准许白人扔给黑人面包屑就感到'高尚'，但却不为残酷地剥削黑人的地方社区制度而感到自责……这一制度教会黑人把真话藏在'是的，先生'摇头摆尾里，也给白人带来远比战争更大的伤害。因为所有这一切逐渐帮助白人在内心建立起完全假设的信念：他是'上等的'。"（174）因为他和穆罕默德道不同不相为谋，马尔科姆另起炉灶，及时调整观念，多次解释"我们所谓的白人魔鬼不是指所有白人个体，是指群体的白人历史记录。讲他们的残酷、邪恶和贪婪，是说他们像魔鬼一样对待非白人的行为"（170）。马尔科姆谴责种族进步这一真假混同的欺骗性报道。他解释说白人并不是生来就是种族主义者，而是"美国的政治、经济和社会氛围……在白人中间自动培养出一种种族主义心理"（231）。他鼓励那些逃离了种族主义的反种族主义白人"在美国种族主义真正存在的战线上战斗——那就是他们自己的家庭社区"（234）。

马尔科姆还强烈攻击了"白人的傀儡黑人'领袖'"，认为他们剥削了"他们可怜的黑人兄弟"，他们不想要分离或融合，只想"住在开放的自由社区，让他们可以像男人和女人一样抬头走路"（174）。美国黑人机构及其领导们最大的错误是，没有在独立的非洲国家和美国黑人之间，建立起直接的兄弟般的情谊交流。马尔科姆的这一思想认识与他同时代的杜波依斯不谋而合，都是站在高处或远处反观黑人问题而看到了解决种族问题的途径。

马尔科姆慷慨的人文主义思想更具感召力:"我是为了真理,不管是谁说的。我是为了公正,不管它是支持谁或者反对谁。我首先也最重要的是一个人,因此不管是谁,也不管什么能让人类整体获利的我都支持。"(228)他坦言自己和马丁·路德·金的目标一样,但方法不同。金博士的非暴力游行让野蛮的白人对手无寸铁的黑人的暴力戏剧化。他把金博士励志的追梦呐喊说成作秀表演,把在华盛顿的万人游行说成由北方自由党操纵的一场郊游远足式的"闹剧""野餐",是所谓的"领袖们"贴近的机会,而参加与否成了身份的象征(178)。

在当时的美国,金博士的非暴力主义被广泛接受为争取权益的正当手段,但马尔科姆却明确表示反对,认为非暴力抗议不可能取得显著效果。对于那些长期遭受种族歧视和非正义待遇的少数族群来说,有必要采取更直接、更有力的手段争取权益。这种立场引起了广泛的争议和批评,但他这一主张为民权运动的发展提供了新的方向。他公开声明自己"支持暴力!如果暴力意味着我们继续推延解决美国黑人问题。我不支持非暴力活动,如果非暴力只是一个延误的办法。于我,推迟的办法等于没办法。如果暴力可以帮助黑人赢得人权,就像爱尔兰人、波兰人或犹太人那样,我支持暴力。我正是出于他们那样的境遇,他们会支持暴力,不管什么后果,不管暴力伤害的是谁"(229)。

对于历史上著名的黑人华盛顿大游行,马尔科姆认为是白人的金钱最终团结了黑人;最初计划中的游行其实后来被政府完全控制。"游行的当天早上,晃晃荡荡的车上载着一群群愤怒的、肮脏的、汗流浃背的小镇上的黑人,挤在特许的喷气式飞机上、铁路的车厢里、有空调的公交车上,找不到北……游行者被禁止举标牌,只准许唱'我们会赢'这首歌。至于怎样抵达,什么时候抵达,在什么地方集合,什么时候开始游行以及游行的线路、援助的位置,甚至在什么地方晕倒等都是提前策划好的。"(178)他唯一认定的事实是:"人们见证了美国是如何支持表面的虚饰、逃避诡计和做表面文章,而非真正解决根深蒂固的问题……这次游行只是让黑人平静了片刻,随后他们才意识到自己再次被白人愚弄了,结果更加剧了种族危机。"(179)

除了揭穿白人的假面具外,马尔科姆还对黑人的自我提高提出了设想和建议。他认为，美国黑人应该有属于自己的企业和一个像样的家，像其他族群一样，让黑人尽可能支持、雇佣自己的族群来提升黑人种族做事的能力。这是唯一让美国黑人获得尊重的方式。他意识到黑人的问题归根结底是白人的问题。所以他一直努力揭穿真相，帮助美国黑人摆脱白人"卓越"的幻觉，为黑人的秘密灵魂输送一定的思想（184）。

第三节　宗教阶段：信仰的力量

尽管马尔科姆的父亲是浸信会牧师，但他从来就不相信基督教教义，是伊斯兰教教义让他豁然开朗，看到了"此岸"的昏暗、"彼岸"的亮光。

他在监狱的 7 年里，不断学习伊斯兰文化。"白人即恶魔"是他最先接受的教义之一。他相信黑人是"北美荒野中失落的伊斯兰教徒"；他相信穆罕默德是安拉的使者；他相信地球上最先出现的人类是非洲大陆上的黑人，是他们"建立了伟大的帝国、文明以及文化，而白人那时候还四肢着地生活在洞穴中"（108）；他相信是恶魔白人阻断了黑人对自我的认知，让其无法了解自己的民族语言、宗教及历史文化；他相信白人的基督教进一步"欺骗和洗脑了黑人，使其总是把不开心的情绪隐藏，忍气吞声、强颜欢笑、低头鞠躬、谦卑、唱歌、祈祷等，无条件地接受白人给他的一切"（112）。

说到自己皈依过程中内心的变化，连马尔科姆自己"都震惊不已，就好像那是我认识的另一个人"（113）。1952 年出狱，他一心想要为伊斯兰寺庙工作，吸纳更多的人，建设更多的寺庙，并宣传教义。仅在 1956 年，他在 5 个月时间里，驱车行驶了约 3 万英里做宣讲。

为了摆脱白人强加的姓氏烙印，他用 X 取代了奴隶主赐给他们祖上的姓氏 Little。他宣布自己姓 X，这种改姓的时尚至今还在流行。黑人改姓 X、戴印有 X 字样的帽子、穿印有 X 字样的衬衫的行为随处可见。他解释说：黑人在历史、文化、地域上被孤立了，所以他们要用 X 来代表未知数，直至他们返回自己的家园。

1953 年，穆罕默德指定他为纽约第七号寺庙牧师。重返哈莱姆，看到从前的熟人的生活如今大多与子弹、刀子、监狱、毒品、疾病、疯狂、酗酒相关，老熟人在九年的时间里沦为贫民窟的拾荒者，好友凯迪拉克·德雷克因吸食海洛因变成了流浪汉，数字天才阿奇看起来身体虚弱、病入膏肓，马尔科姆把感激给了真主安拉，"因为我成了穆斯林，逃脱了他们的命运"（140）。

和从前阅人无数，与妓女、情妇有染的马尔科姆截然不同的是，他皈依之后一直注意洁身自好，避免与穆斯林姐妹中任何女子建立亲密关系。1958年，他和同是穆斯林的贝蒂·X结了婚，婚后有四个女儿。幸福的家庭生活让他更为坚信"伊斯兰教是唯一让夫妻之间懂得什么是爱的宗教。西方人所谓的爱的概念，实际上只是欲望。然而，爱是可以超越肉体欲望的。爱是一种性情、行为、态度、思想……而在西方文明中，当妻子的外在美一旦失去，她就不再有魅力。伊斯兰教文明看女人的内在，也教她们看文明的内在"（150）。

他还把纽约城的一个小清真寺发展成为三个有影响力的清真寺，并积极参与了50个州内大部分清真寺的建设工作。他曾在一周内四次往返北美各地，在飞机上睡觉，以维持他那马拉松式的报道、广播、电视和公开演讲的时间表。然而，终究由于功高盖主，马尔科姆遭受到来自穆斯林内部的嫉妒、非议，甚至恶语中伤。当他展开翅膀邀游自由天空的时候，当他雄心勃勃想要传播自己思想的时候，"粘合翅膀的蜡在融化"（186）。他的信仰以一种出乎意料的方式动摇了。他的精神偶像、真主的使者、黑人穆斯林运动的领袖穆罕默德的私生活被曝光，而通奸是伊斯兰信仰中的大罪。马尔科姆在震惊之余，还竭力为其开脱，宣传"一个人在生活中的成就比他的个人、人类的弱点更重要"（187）来自我欺骗、自我安慰、自我说服。

1963年11月22日，肯尼迪总统遇刺。马尔科姆针对此事发表了言论。结果是穆罕默德认为他的演说可能会引起白人对黑人的攻击，罚他三个月内禁声。很快他得知了穆罕默德其实是想要谋杀他，加上他对"伊斯兰民族"组织日益充满暴力的宣传难以适从，他召开新闻发布会宣布与穆罕默德和"伊斯兰民族"组织彻底决裂。他不无悲伤地写道："一直以来，我在道德事务方面接受了严格的教育，但我却发现，伊斯兰教却被伊利贾·穆

罕默德本人所背叛了。"（187）

马尔科姆在麦加接触到了更多的穆斯林兄弟姐妹，对于伊斯兰文化和教义有了更深、更广泛的理解。"作为穆斯林，他们对所有不幸者都有一颗非常温柔的心，对真理和正义有着非常敏感的情感。"（212）朝圣归来，他扬弃了穆罕默德的一些偏激的思想，认为"只有团结天下所有黑人才有希望"（168）。为表达自己的决心和信心，他再次改名为 Omowale（约鲁巴语"回家的儿子"），设想在美国建立"一个属于黑人自己的企业和一个像样的家。像其他族群一样，让黑人赞助、雇佣自己的同类以强化黑人族群的能力"（168）。十个月后，他在一次演讲中，被"伊斯兰民族"组织派出的三人枪杀，身中 15 弹而亡。枪声终止了他的生命，终结了他的使命，也结束了他生命的"宗教阶段"——那个"超越伦理信仰的生存"。

第四节　马尔科姆勇气的形成

美国作家自传文学文本中，不乏靠自身努力而走向人生巅峰的传主。但很少有人像马尔科姆那样，从早年劣迹斑斑的街道流氓，成长为自信、自律的民权运动的领袖。他在生命的不同阶段，曾被称为 Malcolm X、Malcolm Little、Big Red、Satan、Homeboy，但勇气始终是他个体生命前最大的定语。

马尔科姆很早就懂得"嚎啕大哭以示反抗能够达到一些目标"，"如果想要得到什么，最好是制造点噪音"（19）。也许他一生都在为了某个目标而"制造噪音"。他的勇敢和勇气就是他发出的"噪音"。马尔科姆的一生时常面临来自白人社会的种族歧视和暴力。他曾经被捕、被监禁，甚至被暗杀身亡。然而，他从未退缩，始终坚定地为种族平等和公正进行斗争。他在哈莱姆夜总会，冒着生死混生活；在波士顿，他跟警察斗智斗勇求生存；在狱中，他借着楼道灯光学知识，并给总统写信表达对白人的看法。他面对种族歧视和暴力的无畏表现、他对于自己不光彩的过往的坦诚、他面对死亡的坦然等，都是他勇气的佐证，也是他强韧的生命力的重现。

第七章 马尔科姆·X 的自我创造

马尔科姆"从来就不是一个不作为的人","所有我有强烈感觉的事,我都会付诸行动"(113)。他在狱中通过读书思考认识到黑人生活困境的原因后,每天写信"给我在这个喧嚣世界里认识的人",给穆罕默德、兄弟姐妹、纽约的酒吧和俱乐部的狐朋狗友,给波士顿市长、马萨诸塞州州长,甚至给当时的总统杜鲁门,只想"向他们刻画白人社会是如何造成了北美荒野中黑人的现状"(113)。作为一名黑人罪犯,为了表达自己的想法,他选择了当时他能做的一切努力。

马尔科姆敬慕知识渊博的人。知识让他深层次地了解了宗教教义,了解了白人世界和自己,是知识彻底改变了他的命运。他从抄写词典里的单词开始,把词典视为一个微型的百科全书,通过记单词了解单词相关的地理、历史和文化知识。单词抄写加上他写过的信,马尔科姆在监狱里完成了 100 万字的书写。"从那时起,直到我离开那座监狱,在任何可以自由支配的时间里,我都手不释卷……我从来没有像现在这样自由过。"(114)身在监狱,读书让他获得了精神的自由。

马尔科姆曾说:"生命,一如曾经存在,也终将结束……现在,我活着的每一天都好像我已经死去。"(237)坦然面对自己不堪的过往,是作为黑人民权运动领袖、作为很多黑人偶像的马尔科姆最大的勇气。如前所述,马尔科姆非常坦诚地讲述了自己从前放荡不羁的生活和贩毒吸毒、持枪盗窃的犯罪行为,他几乎是带着忏悔和遗憾总结自己的生活追求、信仰和希望,阐明该自传的目的所在:"我为这本书奉献了这么长的时间,因为我觉得也希望如果我真实客观地讲述我的生活记录,或许它能成为一些社会价值的证词。"(235)

马尔科姆总能在死亡面前凛然向前。当他还在哈莱姆贫民区鬼混、在监狱里服役时,他就意识到自己将来一定会死于暴力。"我父亲和他的大部分兄弟也如此——我父亲死于他的信仰。所有这一切加起来意味着我不会活得很久。"(235)1965 年非洲之行后,他一直努力建立一个黑人民族主义组织,但阻力重重。最大的障碍是他先前的穆斯林形象,而他反对非暴力主义的想法更是在社会上树敌无数。他敏感地意识到"在一天中的任何时候都可能被杀死。预感到自己的不幸就要到来。死亡对我来说从来就不是什么事。我从来没有觉得自己可以活到很老"(235)。他清楚自己未来的不确定性。回顾过往，他问心无愧；看向未来，他依然雄心勃勃。"只有在最深的黑暗之后，才能迎来最大的喜悦；只有在奴隶制度和监狱之后，才能对自由产生最甜蜜的欣赏。"（236）

他并不惧怕死亡，但他仍然有很多的不舍和不甘。他说："对于220万个黑人兄弟姐妹，我确信我已经尽了力，做了一切我力所能及的事情。我知道我有很多缺陷。"（236）他说自己"喜欢学习，对一切专业都感兴趣"（236），但他很遗憾没有机会接受学术教育而成为律师。"如果有时间我愿意回到纽约的学校开始延续我耽误了的9年级以后的课程，并取得学位"；他说他喜欢学语言，希望自己能成为一个有成就的语言学家，可以和更多的人交流。他还"想学习汉语，因为汉语看上去将会成为未来最强大的政治语言"（236）。如果他没有被枪杀，如果他恰好不是黑皮肤，他会成为怎样一位有学问的政治领袖？黑人如今的前景会不会变样？黑人为了平等自由的解放斗争是不是更有必要？这究竟是怎样的民主社会？又是怎样一个"民有民治民享"的宪法保障的制度呢？

马尔科姆给妻子留下的最后一句话是："我们都会在一起。我想要我的家人和我在一起。家庭不应该分开。我再也不会在没有你的情况下进行长途旅行了。我们会找人照看孩子。我再也不会离开你那么久了。"（263）他的死成了承诺给妻子的永恒的陪伴。

当马尔科姆沉稳、镇定地走向他最后一次演讲的会场，他已经感觉到死亡的气息，在被第一发子弹击中的那一刻，他的脸上流露出一丝若有若无的笑容。马尔科姆在该自传的最后说："是的，我珍惜我的'煽动者'角色。我明白社会会杀死那些试图改变它的人。如果我的死能带来一些光明，暴露一些有意义的真相，有益于摧毁操纵美国身体上的种族主义肿瘤，那么，所有的荣耀都将归功于安拉，只有错误是我的。"（237）至此，人们曾对他没完没了的说教感到过的某些厌烦，曾因他的某些偏激或浪荡不羁的行为感到过的不适，都因为最后这一句话而感到羞愧；人们更为他的伟大而感到自己的偏狭。毕竟，对于一位拿生命来追梦的人，人们除了敬仰，还是敬仰。

的确，他的预言是对的。该自传的写作至1964年的夏天，他死于次年5月。该自传于当年6月编辑完成，他终究没有看到自己的自传出版。

他的勇气最终还是未能抵挡得住来自子弹的侵袭。

结　　语

　　马尔科姆跌宕起伏的一生经历了从沉溺物欲、纯粹享乐的审美阶段，到懂得了道德的尺度与天平的伦理阶段，再到抱持一种超越性的"信仰"活出了真正的宗教精神阶段，直到勇气给了他勇往直前的力量。他生命的意义和本质就在于他的生命本身。

　　马尔科姆6岁的女儿阿特拉在父亲死后，小心翼翼地给父亲写了一封信，"亲爱的爸爸，我非常爱你。哦，亲爱的，亲爱的，我希望你没有死"（269）。是的，马尔科姆的肉体虽已逝去，但他对黑人民众的关心、对美国种族制度的批判、他的精神、他的勇气，却永存于世。

　　执笔者哈里在后记里提到，马尔科姆是他见过的最充满活力的人。"我仍然无法完全理解他已经去世。对我来说，他似乎刚刚进入了的某个下一章，将由历史学家来书写。"（277）是的，在历史的某些章节里，我们可以看到这位美国最具影响力的非裔美国人之一的身影。马尔科姆·X成为那一时期美国黑人运动的鲜明旗帜。

　　向这位非裔美国英雄致敬！

第八章　W. E. B. 杜波依斯的智慧与焦虑

> 人世间只有一个懦夫，那就是不敢求知的懦夫。
> ——W. E. B. 杜波依斯

引　　言

杜波依斯是美国著名社会学家、历史学家和民权运动者，是美国 20 世纪上半叶最有影响力的黑人知识分子。从 19 世纪 90 年代起，杜波依斯全情投身于美国黑人、非洲黑人和其他各地有色人种的解放运动，积极制定改善美国黑人命运的各项计划及推动相关行动，并取得了非凡成就。

杜波依斯一生游历过 50 多个国家，出版过三本自传和数十本有关非洲、美国黑人历史的书籍及有影响力的文章，如《黑人》（*The Negro*，1915 年）、《世界大战的非洲根源》（"The African roots of World War"，1915 年）等。他极具影响力的杂文集《黑人的灵魂》（*The Souls of Black Folk*，1903 年）至今仍是相关研究学者们阅读、参考的重要文献。他在 1910 年 11 月创刊的《危机》（*The Crisis*）上发表的多篇具有思想深度的文章，对当代美国知识分子仍具有持续而深远的影响。

在其第一本自传《黑水：面纱里的声音》（*Darkwater: Voices from Within the Veil*，1920 年）中，杜波依斯用文字扯下黑人乃至所有有色人种与白人世界之间的"面纱"，展现了黑人真实的生活状态和内心吁求，并力图解释这层"面纱"如何扭曲了黑人与白人相互观察的方式及其后果。萨特说过，写作是对生活的反抗。杜波依斯在 90 岁高龄时出版的《杜波依斯自传》（*The Autobiography of W. E. B. Du Bois*，1968 年）中，通过对自己人生、思想、精神的再回顾，表现出对于黑人命运、人类命运、自我生命的思索和对真理的追寻，该自传具有很强的可读性和研究价值。尤为重要的是，他关于美国殖民主义政策、关于战争、关于社会主义国家的思考和探究，具有较高的前瞻性；对当下全球的政治、经济、文化和外交政策，具有重要的参考价值和精神意义。本章将以杜波依斯具有传奇色彩的生命为基础，探讨他在一次次的挫败之后如何克服焦虑，坚持梦想，进而追求个人生命、种族团体、社会制度，甚至人类命运的价值的。

第一节　个人生活：自律、自信、自强

1868年2月23日，杜波依斯出生于马萨诸塞州一个中产阶级小镇大巴灵顿镇一个普通的家庭。这里的居民绝大多数是祖籍英国和荷兰的美国白人。父亲在他两岁时离家未归。尽管他在单亲家庭长大，但无忧无虑的童年、富足和谐的家庭和邻里关系、和蔼有爱的老师、简陋但规整的学校教学条件，给杜波依斯提供了生存、生活和学习的良好环境。童年时的他明白自己在肤色和发质上跟白人不一样，但他总能找到自己智识上的光彩，活得轻松愉快，精神愉悦，日日向上。

杜波依斯的祖父生活富足，喜欢读书、写诗，有记日记的习惯。杜波依斯从来没见过父亲，"也不知道他在什么地方、什么时候去世的"（56）[①]，除了听说他肤色很白、长相英俊，没有职业，没有财产之外。大约5岁以前，杜波依斯和母亲一直同外祖父伯加特住在一起。外祖父去世后，全家迁往城镇。舅舅、舅妈、姨妈、表姐、邻居甚至房东，都曾在他娘儿俩生活陷入窘境后，给予及时的帮助和资助。稳定、健康的物质生活使他形成了一套完整的贫富观："富有是工作和节俭的结果；有钱人是世间一切的合理的继承者"；穷人主要是"好吃懒做"，而"'好吃懒做的人'是不能原谅的"（62-63）。杜波依斯从小就相信学校教育和个人努力的价值。"如果我家庭的其他成员，我的黑人亲属留在学校而不是过早地停学去找零活

[①] 杜波依斯. 1996. 威·爱·伯·杜波依斯自传——九旬老人回首往事的自述[M]. 邹得真，余崇健，高雨洁译. 北京：中国大百科全书出版社. 本章引文凡出自此书，皆只标明页码。

儿干，他们就能提到同白人平等的地位……没有什么由肤色而造成的种族歧视。这完全是有没有能力和勤奋的问题"（59），"黑人很难获得一个能使将来富裕的工作"，"这不单纯是种族偏见"，"还有缺乏培养和理解力，迟迟鼓不起勇气跨进陌生的环境……"（47）。

杜波依斯一直接受的是正规的学校教育，他聪慧、自律、自信、勤奋且努力。他大约在五六岁时进入公立学校后，"10年来按时上学，每天上午9点到中午，下午1点到4点，一星期5天，一年10个月"（59）。直到高中毕业，他几乎没有缺课或迟到过。不同于大多数黑人作家的经历，"从6岁到16岁在这个城镇的公立学校念书……我几乎没有种族隔离或种族歧视的经历"（58），而黑人受歧视的事情大多是从亲戚那里听来的。年少时的杜波依斯去白人同学们家玩，从来不会感到自卑，他既不羡慕，也不嫉妒。"许多人家的房子比我家的大……但它们看起来在种类上并没有什么不同。我接触的有产阶级中有每年夏天都从纽约来这里避暑的。我想我更多的是对他们的服装印象深刻，除此以外，就我所看到的，没有什么理由去羡慕他们。孩子们并不很健壮，他们穿得太讲究了反而玩得不痛快……我和他们相处无拘束，而且很愉快。"（60）

在母亲的正确引导下，杜波依斯的心智迅速而健康地成长。母亲给他制定的禁令之一"决不允许我走进酒吧间，即使走近也不行"（64），他坚守了一生。"在我的一生中，从没感到在酒吧间饮酒是轻松的……在去德国留学前我一直遵守不喝酒的誓言。"（64）他是外祖母家族里第一个念完中学的孩子。从小就养成的读书习惯，为他打开了看向世界的窗。

杜波依斯是进入中学以后，才察觉到来自"有色面纱"的压力，意识到同白人伙伴的关系越来越受限制。"有的会议、聚会和俱乐部的活动，我就没有被邀请参加。特别是在陌生人、访问者和新来到城镇的人的面前，我的在场和同白人的友谊成为要向他们解释以消除误会的事，甚至成为令我的同学感到难堪的事。"（86）好在聪明如他，知道怎样应对。"不管种族的感觉渐渐地潜入我的生活，它早期对我的影响反倒使我意气洋洋，对别人高度轻视。他们没有热情地求我，损失的是他们，而不是我。"（76）

1884年，杜波依斯作为学校唯一的黑人学生从中学毕业。哈佛大学一直是他的梦想，但母亲突然离世且没有留下一分钱的财产，暂时也没有亲戚能负担他的学费,所以他去了南方的黑人大学菲斯克大学,并在那里找到了种族的归属感。"第一次来到这么多和我肤色相同的人中间……来到过去我只是瞥见的这么多和这么非凡的黑皮肤人中间。如今他们似乎被新的、振奋人心的和永恒的纽带同我连结起来。"(88)在大学里,他首次听到大家唱黑人民歌,激动得流下了眼泪,"似乎认识到天生的、内心深处的属于我自己的东西"(86)。于是,他"是怀着热情跳进这个世界的。一种新的忠诚和拥戴代替了我对美国的效忠。自此以后,我是一名黑人了"(88)。

因为出众的学习成绩,杜波依斯直接上了大二,成为校园内一个人人皆知的宠儿。暑期他选择去了南方农村——真正的奴隶制所在地——教暑期学校。两个夏天,他见识了黑人的淳朴,"听到了以原始的美丽和庄严唱出的忧伤的歌曲,我目睹了艰辛的、令人厌恶和乏味的乡村生活及没有土地、无知的农民的痛苦,我观察到了处于几乎最低劣地位的种族问题"(97);他也见识了南方孩子们的可爱,增强了他教书的热情和信心。"沿着这条路,经过小麦和玉米地,我们就能隐隐约约地听到在田地那边有节奏的歌曲——曲调柔和、颤动、有力,在我们的耳朵里时而增强,时而忧伤地隐去。"(100)南方的黑人歌曲就像那里的人和他们的肤色一样,又一次让他有了种族的认同感和归属感。同样是在大学期间,杜波依斯开始了写作,演讲、编辑、出版期刊。他明确了对待种族障碍的态度、方法和目标,"决心合乎科学地战胜我的环境,使黑人解放事业来得容易些、快些"(105)。

1888年9月,杜波依斯考进了他梦寐以求的哈佛大学。他选择了哲学专业,希望把研究哲学作为终身事业,以后靠教书维持生活。由于住不起校园内历史悠久的宿舍楼,他租了附近黑人房东的一个小房间。酷爱音乐的他在第一次参加校内合唱团选拔中落选,这让他接受了自己是黑人、处于被隔离的社会地位这一现实,"我接受了种族隔离的现实"(113),进而"把自己孤立起来,蔑视和尽量忘却那外部的白人世界"(114)。他只和与功课有关的白人老师接触,既自负,又自信。他只埋头积聚个人的知识和精神力量,他选择与当地的黑人交朋友,并将其理解为"一种自我保护色,也许带有一种自卑感",但"对黑人的能力和未来,我抱有信心"(114)。尽管黑人学生们多半都认为只有在白人文化方面尽早地同白人混在一起，才能得到拯救，但他却坚持"对白人的批评和我对黑人即使在美国也要有自己的文化的理想"（115）。他通过"自我隔离"跟白人打交道，从不抱怨被隔离，也不主动去逢迎白人同学或老师。"我是在哈佛，但不属于哈佛"（115），他有自己"内在的天地"（118）："把一天的时间几乎按分钟来计算。我大部分时间在图书馆度过，对作业一丝不苟，并从此联想我今后要做的工作"（119）。

1890年6月，杜波依斯以哲学优等的成绩获得了学士学位，还被选为毕业典礼上演讲的五位毕业生之一。他的演讲内容以杰斐逊·戴维斯为选题，意在用南方邦联总统这一人物，引起哈佛和全美对奴隶制的关注和讨论。这篇发言稿因思想犀利、逻辑严密和大量翔实的事实资料而引起轰动，他也成为传说中"剑桥来的所有的黑人中最优秀的一位"（125）。《波士顿先驱报》（*The Boston Herald*）、纽约的《民族》（*The Nation*）都对他进行了长篇报道。1890～1892年，杜波依斯成功申请到哈佛大学研究生院的奖学金，成为哈佛大学的研究员，开始了其历史学、政治学和社会学研究。从此他潜心钻研，刻苦读书，最终成为一个著作等身、社会思想影响全球的学术达人。

1892年12月，杜波依斯被邀请在华盛顿的学会会议上做演讲。他的讲稿被《纽约独立报》（*The New York Independent*）列入"三份最好的讲稿"。那一时期，德国大学的声誉正达到顶峰，他立志去德国学习，曾写信向总统海斯申请奖学金，并成功申请到"约翰·斯莱特基金会"的基金支持。如果说哈佛大学为他的未来插上了翅膀，助他启程飞向人生巅峰的话，欧洲的留学生活对他心智的成长如虎添翼。他对民主制度、对种族政策、对公共教育、对国民的爱国热情、对生命和对世界的态度和认知，皆因视野的开阔而有了新的突破。

杜波依斯25岁的生日是在德国北部一个漆黑的长夜独自过的。身为异乡异客，他感到了寂寞，因思念去世的父母而感到难过。于是，他立志"要为我的生活而奋斗，可能为之奋斗一生"（148）。从那时开始，他开始把自己的命运同世界的美好相关联。他坚定地相信，"我自己最美好的发展同世界上最美好的发展不是一种，也不一样，而我愿作出牺牲……我把世界未知的部分抓在我手中，为黑人的崛起而工作，把他们最美好的发展意味着世界最美好的发展看作是当然的……"（148）。

1894年6月，26岁的杜波依斯回国找工作，踏入了一个"动乱的世界"（160）。那一时期，美国的私刑达到高潮；法国"德雷福斯案件"[①]的当事人被宣判有罪，并被判处监禁；中日战争爆发；美国国会废除了"福尔斯法案"，不再保护黑人的合法公民权利。他"感觉更多的是一种幻想的破灭"，"好像世界的底层松动了"（160）。被卷入一个动荡的世界，杜波依斯一时不知道如何应对，世界太大，问题太多，个人知识含量、理解力、行动力、力量都有限。他陷入迷茫，但却明白自己的首要任务："谋生……任何事、任何地方都行"（160）。他意识到"有多少我称之为的意志力和能力的东西却纯粹是运气"（159）。回顾过去生命中重要关头得到过的支持和帮助，"某种巨大的恐惧抓住了我……我是什么人，竟要去反抗世上的种族偏见？然而即使有这些思想，我也没有犹豫或动摇，而只是顽强地工作，不管会有什么样的生路"（159）。他开始四处投递简历、写求职信，俄亥俄州的一个黑人教会学校韦尔伯佛思大学给了他教古典文学的职位。

杜波依斯是带着崇高的理想去韦尔伯佛思大学的。他本想"帮助建立一个有地位的大学。我愿白天黑夜地工作，全日教书。我协助对学生的纪律训导，参加社交活动，并开始写书"，但最终却发现自己"面对的是一堵石墙，什么事一定要我忍不住猛烈敲打才会引起震动"（162）。他感叹道："一生中的前四分之一世纪的时间……看来是沿着清楚地计划好的唯一的道路，对准着一定的目标。我有准备地回来，渴望着开始我那导致美

[①] 德雷福斯事件是19世纪90年代法国军事当局对军官阿尔弗雷德·德雷福斯的诬告案。
德雷福斯出生于阿尔萨斯犹太商人家庭，在总参谋部任上尉军官。1894年9月，情报处副处长亨利诬陷德雷福斯向德国武官出卖军事机密，以间谍罪加以逮捕。1894年12月22日，军事法庭在证据不足的情况下判处他在法属圭亚那附近的魔鬼岛终身监禁。1896年3月，新任情报处处长皮卡尔在调查中发现，真正的罪犯是亨利的朋友费迪南·埃斯特哈齐，并要求军事法庭重审。亨利伪造证件，反诬皮卡尔失职，后者被调往突尼斯。1898年1月，经军事法庭秘密审讯，埃斯特哈齐被宣告无罪，激起了社会公愤。1月14日，作家爱弥尔·左拉在《震旦报》上发表致总统的公开信《我控诉》。要求重审德雷福斯案件的社会运动广泛开展，法国社会分裂为德雷福斯派和反德雷福斯派两个阵营。民族主义右翼分子妄图借此推翻共和政府。不久，亨利伪造证件的事实暴露，被捕供认后自杀。埃斯特哈齐也畏罪潜逃伦敦。在群众强大的压力下，1899年8~9月，经军事法庭重审，德雷福斯仍被判有罪，但改判10年有期徒刑。9月19日，总统决定赦免德雷福斯，以息民愤。直到1906年7月最高法院才撤销原判，为其昭雪。德雷福斯恢复名誉，被晋升为少校。

国黑人解放的终身事业。"（168）然而，事与愿违，不到一年的时间，他的理想被现实击碎，他辞了职。宾夕法尼亚大学给他提供了调查费城黑人状况的工作。柳暗花明，他再次看到了希望。同一年，他还结了婚，出版了他的第一本书。

1896年秋开始，杜波依斯在宾夕法尼亚大学担任社会学的助理讲师一职。在第七选区肮脏、酗酒、贫穷和犯罪充斥的环境租房住了一年，他"了解这一阶层人的生活情况，他们的职业状况，他们被排除在哪些职业之外，他们孩子的入学率，并弄清能说明这一社会问题的每一个事实"（172）。尽管他没有真正的学术身份，没有自己的办公室，甚至教师花名册上也没有他的名字，但他尽职尽责地工作，前景也日见明朗。他深刻地意识到，"黑人问题是一个需要系统调查和深入了解的问题。这个世界对种族产生了误解，因为它不了解这个种族。最大的不幸是愚昧。医治的办法是在科学调查基础上增加对它的了解"（172）。他以严谨的工作态度、科学的方法深入黑人社区内部，走访了5000多人，汇集成费城和第七选区200年来的黑人历史资料；他在1899年出版了近1000页的巨著《费城黑人：一项社会研究》（*The Philadelphia Negro: A Social Study*，1899年）。"多年以后，我终于懂得了这恰恰是我一生计划中希望要做的事情，并学会了怎样去做。"（173）杜波依斯完成的是一项完善的科学调查和答案，这一调查揭示了黑人群体的症状并非它本身的存在，论证出黑人群体"是一个奋发向上、生机盎然，而非一个无生气的、犯罪的病态集团。它有悠久的发展历史，而不是暂时存在的群体"（173-174）。这一调查实践的结果"经受住了60年的评估考验"（172）。

从1894年秋至1910年，杜波依斯既当社会科学教师，又当社会科学学生。这是他"形成理想和改变理想"的时期，也是他"勤奋工作和欢乐无比"的时期。他找到了自己的位置，摒弃了大部分怪癖，并建立了最亲密和最圣洁的友谊。更值得一提的是，他还为美国学术机构制订了一项影响美国黑人问题的更纵深的调研计划，时间涵盖整整一个世纪。他自豪地说："我们则试图担当起这项工作的开路先锋，这件事，如果外星人得知，也会为之惊奇。"（189）这一项目的推进及其影响力曾让亚特兰大大学成为"世界上系统研究黑人及其发展并使研究成果惠及全世界学者的唯一机构"（193）。

有人说，世界上的大部分传奇都不过是普普通通的人们将心意化作了行动而已。拥有传奇人生的杜波依斯是个有很强行动力的人。在接下来的13年里，他继续深入田野调查，"总计起来，我们发表了2172页的研究成果，成为现代美国黑人问题百科全书……经常被人们广泛引用和推荐"（192）。连一直跟他有思想过节的布克对他们的研究也给予了高度评价，认为他们的研究"对我们国家的利益是不可缺的，是有帮助的"（193）。

1900年，杜波依斯成为美国科学促进会（American Association for the Advancement of Science，AAAS）的成员。1904年，他被选为该组织的研究员。这一年也是他一生的高光时刻。他将研究成果制成方案、图表和数字，参加了在巴黎举行的世界博览会。美国各类报纸连篇累牍地报道他，纷纷对他赞赏不已。这次展览获得了最高奖，而他作为发起人获得了金质奖章。然而，这一被纷纷看好的宏大计划又一次因为没有足够的费用支持而搁浅了。这个结果在一定程度上与他和布克在如何推动黑人命运的改善上意见相左有关。步入盛年的杜波依斯，虽眼前的理想已破灭，但有了更远大的抱负。"我虽然受到创伤，感到有点心灰意冷，但我的心灵仍保持着天赐的欢乐。因此，我决心努力拼搏，甚至坚持到最后。"（203）

1905年，布克在波士顿一所黑人教堂为黑人作了一次讲演，会后记者的提问引起了一场被新闻界夸大的所谓的"暴乱"。杜波依斯借此提议"把对黑人自由和发展抱有信念的人组织起来，采取坚决进取的行动"，同时还建议夏天召集一次会议，"坚决反对当前扼杀公正批评的做法；把聪明、正直的黑人组织起来；支持新闻舆论机构"（221）。来自17个州的59位黑人最后草拟了一份号召书，时间地点选定在1905年7月9日纽约布法罗城附近。这就是1906年1月31日哥伦比亚特区诞生的历史上著名的尼亚加拉运动。之后他遭到一些人的批评，他在亚特兰大的工作以及他以科学方法解决黑人问题的理想，再次破灭。在1910年3月的日记中他这样写道："我坚持自己有思想和言论自由的权利。但是，如果这种自由成为损害和拒绝帮助亚特兰大大学的借口，那么很遗憾，我将辞去亚特兰大大学的职务。"（203）不过，这一运动随后并入了一个著名的组织——全国有色人种协进会（National Association for the Advancement of Colored People，

NAACP），而他则成了这个组织的领导者之一。"政治上不被剥夺选举权、法律上不受等级束缚、社会上不受侮辱"是其活动宗旨。

1910年，杜波依斯接受了NAACP的"发扬自由主义精神和为美国社会进步而战斗的最有效的组织之一"（229）的提议，担任宣传与研究部主任。他编辑、出版了有影响力的《危机》，向全世界宣传美国黑人所遇到的阻力和他们的愿望；而且，他还为NAACP做出了有成效的工作和努力。

1918~1928年，杜波依斯有过四次富有特殊意义的旅行。在战争刚刚结束和凡尔赛会议期间，他去了法国；"国际联盟"成立之初，他去了英国、比利时、法国和日内瓦；1923~1924年，他去了西班牙、葡萄牙和非洲；1926年，他去了德国、苏联和君士坦丁堡。旅行让他"看到的更为生动的当代世界图景……对我认识和判断世界现状，尤其是美国种族问题，有着无法估量的价值"（241）。也是这十年，他先后出版了《黑水：面纱里的声音》、《黑人的天赋：美国形成过程中的黑鬼们》（*The Gift of Black Folk: The Negroes in the Making of America*，1924年）等专著，还发表了数篇有关佐治亚州的论文，学术成果斐然。读书、旅游、思考扩大了他的视野。杜波依斯的事业关注点从美国黑人的生命困境，扩展至对整个有色人种尤其是非洲黑人命运的关心。1919年2月，他在巴黎成功地召集了"第一次泛非大会"。1921年的"第二次泛非大会"参加代表有113人，成了英国的《曼彻斯特卫报》《泰晤士报》《观察家报》《书画日报》和法国的《小巴黎人报》《黎明报》等欧洲各大报纸的热议话题。1923年"第三次泛非大会"在非洲召开，他第一次目睹了黑人的家园，还被任命为全权公使，代表库利奇总统出席了金总统的就职典礼。也是同一时期，作为科学调查的结果，杜波依斯"设想出一种种族间的文化，以取代纯美国文化所追求的目标……提出一个泛非主义方案"（260），旨在有组织地保护美国黑人所领导的黑人世界。可惜他这一曲高和寡的提议，没有引起美国黑人的关注。

1926年的苏联之行在很大程度上改变了杜波依斯的思想和行动。尽管苏联到处都是战争的痕迹，他却看到了革命胜利后的生机。他坚信"俄国过去是、现在仍然是当代世界最有希望的国家"，因为这里"受压抑的穷苦劳动群众中，有如此众多的人——如同我们美国黑人那样无知、贫穷、迷信和受到威胁",但他们"意气风发,充满希望,那样高度乐观,信心十足。艺术馆内拥挤不堪,剧院内人满为患,每天都有新的学校开学,都开新的课程。劳动开始成为一种乐趣,他们全部生活获得新生,充满生机和理想……"(261)。在这一时期,他阅读了不少卡尔·马克思的书,尤其赞赏马克思的经济基础决定上层建筑的思想,并尝试将其运用于对美国种族主义的解读:"我们美国黑人相信,有了选举权,就有工作,就能得到相当多的工资,就能扫除文盲、减少疾病和犯罪。贫穷不是我们的过错而是我们的不幸,是对我们实行种族隔离和划分肤色等级的结果和目的,任凭我们当中几个资本家与白人一起剥削我们黑人大众,但这决不是解决我们问题的办法,而是造就一条永久的锁链。"(261)这段简明扼要的话一语道破了美国黑人贫穷、落后的主要原因,并提示了他们未来不明朗的状况。

在马克思主义思想的影响下,杜波依斯看到了美国共产党的不足,认为美国共产党的纲领并不适合美国国情。他相信"财富在生产和分配上的革命,可能是一个缓慢的、合理的发展过程,而不一定经过流血牺牲"(262);他相信"1300万人,即使文化知识提高得缓慢,也能够对消灭贫困、在思想行动上集中一致,以便与美国最明智的思想团体合作共事。而且我相信,同以往一样,将来在美国黑人群众中,在经济改革方面,会产生有远见的领导者"(262)。他还清醒地意识到,"黑人同胞在美国不可能单纯依靠暴力夺取我们正在攻击的'高地'和'堡垒',因为我们寡不敌众。只有当大多数美国人信服我们事业的正义性,并和我们一起要求承认我们是正式公民的时候,我们的目的才能达到。而要完成这一过程不仅必须面对有意识的、理性的行动,而且要面对长期流传在民间的非理性的、非意识的习俗"(266)。他提议,"明智的宣传、法律的制定和有说服力的行动必须抨击和改变种族仇恨的条件反射"(266)。他否定了美国黑人未来生存生活暴力革命的可能性,很有先见地提出了把意识、理性、文化、习俗和法制宣传及有意义的行动相结合的解放途径。关于经济政策,他认为就像文学和宗教政策一样,"应当有计划、有组织,而且经过深思熟虑地采取种族的一致行动"(267),"'全国有色人种协进会'和黑种人的思想变成一个沿着和平与社会主义道路解救经济的种族纲领"(268)。

遗憾的是，他的设想和详尽的执行计划并没有得到董事会的支持。他被迫又一次离开这一组织。年过花甲的杜波依斯再次受邀重返亚特兰大大学，协助在南方建立包括亚特兰大大学在内的五个黑人大学教育中心。他摩拳擦掌地为自己制定了新的人生计划：利用空余时间写作，填补有关黑人历史背景的研究；创办一份世界种族问题评论和研究的学术杂志；在亚特兰大大学以某种形式恢复对黑人问题的系统研究。当杜波依斯宏图在胸、准备重整旗鼓继续追梦的时候，一直支持他的亚特兰大大学校长于1936年辞世，他的整个计划被迫再度搁浅。在这一时期，他撰写并出版了三部美国内战结束后南部各州重建时期的黑人和黑人历史研究的专著。

1941年4月，杜波依斯主持召开了"第一届种族会议"。他的发言内容集思想性、科学性、实践性、艺术性于一身，字字句句都体现出他对美国黑人、对美国前途命运的思考和担忧。"在美国，黑人忍饥挨饿对任何人都不利，所有黑人和白人一样，全部就业领取生活工资，才会既有最大的爱国主义，又有对战争和邪恶的最有力的防御。"（278）为了获得资助，他到处宣传自己的思想：

摆在我们面前的问题是这样的：让1400万人都有工作，以便他们可以得到收入，从而保证他们享有文明社会的生活水准，使他们有可能保持健康，使犯罪减少到最低限度，让他们的子女受到教育，最终目的是靠他们当中有才能的人，使黑人有充分的空闲时间在科学、艺术和文化形式上提高自己。我还认为，一旦这些目标圆满实现，黑人则将更加接近他们的美国同胞和全世界文明民族所享有的真正平等，从而将使肤色偏见永存的真正理由无法成立。（281）

杜波依斯一直坚持着有关黑人的教育理念，期望在政府的支持下，黑人可以像白人一样接受科学、艺术、文化方面的高等教育，实质性地解决美国的种族问题。他再一次就此列出一整套细致、全面的实施步骤和计划。正当他这一周密的计划方案取得一定成效时，因遭他人嫉妒，他被"有预谋"地辞退了。梦想再度破碎的这一年，他已经76岁。他无奈地感叹道："我失去的并不是我的青春，失去的是我的晚年。晚年在美国是一钱不值的。"（294）

同一年，杜波依斯在离开十年后重返NAACP，希望借此机会"自由写作，自由表达意见，自然避免做任何有损于团体的事"；"打算通过召开泛非大会，共同商议，继续'全国有色人种协进会'已长期中断的对非洲的关注"（297）。但他失望地发现这个组织已经今非昔比，这里"民主方法和民主管理的气息几乎丝毫不复存在"（298），而且"加紧控制、集中权力，置公众于不顾，剥夺公众选举权已经习以为常……某些天赐敛财权利的人或全然自负的人有权为所欲为"（306）。在接下来的四年间，他参加了在英国召开的"第五次泛非大会"；他撰写、编写了四本论殖民地与非洲等主题的著作，并写了许多文章、小册子和报纸专栏文章；他奔波了20000英里，并举办了150次讲座，以多方宣传自己的思想。

1947年，杜波依斯完成其著名的《世界和非洲》（*World and Africa*）的书写。1948年，80岁的杜波依斯应邀担任"非洲事务理事会"副主席一职，为非洲的民族解放事业奔波。事实上，他一直为世界和平做着不间断的努力。1949年8月，他出席了在墨西哥城举行的"美国大陆争取世界和平大会"；他接受了参加1951年8月在布拉格举行的巴黎保卫和平大会的邀请；他还组织成立了和平新闻中心，发行了《和平通讯》和呼吁废除原子弹的《斯德哥尔摩呼吁书》等影响全球的提议。在第二届世界保卫和平大会上，他无比遗憾地说："今天在我国，即使召集一次争取和平的公众集会，已近乎不可能。这是因为他们欺骗美国人，使他们相信，美国正处在共产主义、社会主义和自由主义侵入的危急时刻，而和平运动则包藏着这种危险……"（327）1951年10月12日，顾问委员会以投票的方式解散了和平新闻中心，他为了和平而努力的工作平台再度被解散。

1950年，83岁的杜波依斯再婚。1951年2月，他因作为和平运动的外国代理人但未在官方登记而被起诉，并被押候待审，最终被判监禁5年。对此，33个州的220位在艺术、科学、宗教及其他专业方面的名流在《告美国人民书》上签名要求撤诉；奥地利、印度、苏联等地的报纸及中国上海的《中国新闻报》和英国苏格兰的《爱丁堡评论报》均发表相关文章予以回应。他在狱中写的信上说："假如我们的繁荣是基于或谋求基于剥削其余的人，使他们生活低下，我们若说美国比起世界其他地方来物产更为丰富，那就不能回答这一世界性的问题了。别忘了，是美国的金钱占有了越来越多的南非矿山，在那里实行奴隶劳役；是美国的企业靠中非的铜矿发了大财;是美国的投资者力图控制支配中国、印度、朝鲜和缅甸;是美国少数人在掐住近东、加勒比和南美工人贫困的咽喉……"(344)这封信毫不留情地揭示了美国当时、现在依然不变的"繁荣"之道。9个月后,法官裁决政府证据不足,杜波依斯被宣告无罪。

  杜波依斯看透了政府想要抓他入狱的真正目的,是"要使各方面的美国公民不敢去想或去谈他们反对大财阀的意图——大财阀执意要将亚洲置于屈从美国工业的殖民地位;重新给非洲套上锁链;巩固美国对加勒比和南美的控制;尤其是要摧毁苏联和中国的社会主义"(355)。不言而喻,美国政府一贯以来的野心被一位大智慧的老人一眼看穿。即使是在七八十年后的当下,杜波依斯对美国殖民主义野心的分析,依然掷地有声。"我们5个人现在自由了,但是美国没有自由。对我们的起诉所表露出来的道义勇气和知识分子正直品格的缺乏,仍然震惊着我们自己的国家和大半个世界。这种情况直到今天依然明显存在。"(356)

  杜波依斯在出狱后出版了《为和平而战斗》(*The Fight for Peace*,1953年)一书,他在书中公开对全世界的共产党人表示感谢。"这是一次痛苦的经历,我在暴风雨面前低下了头。但是我没有屈服。不论何时、何地,只要可能,我还要不断地讲,不断地写。"(362)

  杜波依斯90岁生日宴会的演讲,沿袭了他一贯的坦诚、直率。"每个人都会离去。我度过了相当愉快和成功的一生,我不缺吃,不缺喝,穿着也不错。而且,你们也知道,我有着许多朋友。但是,不论我干什么,其成功的秘诀就是,我做我愿意做的工作,我做世界需要完成的工作,我就能够生活下去。"(365)同一年,他的妻子代表他出席了在非洲举行的和平会议。他的发言稿一再提醒非洲黑人团结一致,认清敌友。"你们最近的朋友和邻邦都是有色人种,中国、印度、亚洲其他国家、中东和各海岛,它们曾经与非洲中心有着密切的关系,但是长期以来被贪婪的欧洲给割开了。你们的联结不再是肤色,而是更深一层的遭受奴役和蔑视的经历。"(373)

  杜波依斯还警告非洲各民族国家,"就不要让西方来投资。如果你们能以公道的条件从苏联和中国得到资金,就不要从英国、法国和美国来购买。这不是政治,这是常识。这是从经验中学来的。这就是信任你们的朋友,当心你们的敌人。不要受人哄骗,也不要改变你们的生活方式,使你们之中的少数人发财。少数黑人拥有小轿车,其代价是使众多的工人越来越穷、疾病缠身和得不到受教育的机会"(378)。他呼吁非洲人"到苏联和中国来看看吧。让你们的年轻人学习俄文和中文。在这个新的世界里,紧密地站在一起,让旧世界在贪婪中灭亡,或是在新的期待和希望中新生"(379)。显然,杜波依斯的呼吁至今仍然发挥着重要的引导作用。他的话,非洲人在听,中国人在听,希望西方人也能听到,进而自省。

1959年,杜波依斯91岁的生日是在北京度过的。他除了言语中掩饰不住的荣耀感,还一再呼吁中国和非洲的团结。"非洲不会向中国或苏联要求捐赠,也不会向法国、英国和美国要求施舍。它要求的是友谊和同情,这只有中国最能将这些给予'黑暗的大陆',让非洲自由地大量地接受吧。"(376)他同时还提议"让中国人去看看非洲,将他们的科学家派到那里,还有他们的艺术家和作家。让非洲派学生去中国,派人去寻求知识。这是世界上最美好的目标,最有指望的知识矿藏"(376)。在他的眼里,中国与非洲人民血肉相连。的确,中国人在将近一个世纪的时间里,如他所言,一直在为和平发展而努力。

在该自传中的"尾声"一章,杜波依斯的笔锋返回到自传文本的首章,给他的欧洲之行画上了句号,也给自己长达90多年的生命做了总结:"我这一生是美好而充实的。我已完成了我的路程。我不想再重复这样的生活。我已尝过它的愉快和欢欣;我也深知它的痛苦、磨难和绝望。我累了,我已走完了我的旅程。"(384)最后,他还把关注点调整到美国:"今天,美国是世界上的主要大国,它显然信奉的是,战争是解决当前争端和难题的惟一途径。因此,它正在为准备战争支付庞大的费用,耗费大量财富和精力,这无异于是在犯罪"(390)。

阅读该自传,有着坐过山车一样的阅读体验,我们跟随杜波依斯追求真理的脚步,起起伏伏,跌跌宕宕。不得不说,尽管他历经人生的逶迤曲折,但他依然保持着机智和通达、从容和淡定,以及一颗赤子之心。他悉心设计了一个又一个的人生计划和学术调研任务,却一次又一次地被否定、被忽略、被误解、被排挤、被嫉妒,最终他不得不放弃。但总是在放弃的瞬间,他又开始调整思路,在反思中重新规划路线再出发。哲学家史普罗说过，不懂得绝望的人就不会有希望。杜波依斯正是从生命的困境和绝望中历练出了勇气，从而抵挡并战胜了生活中种种焦虑，他的一生都活得充实、坚韧，像一道光。

第二节　为黑人民众的命运焦虑

杜波依斯从小就有自己独立的思想。随着阅历的增加、心智的成熟，他很早就开始关注黑人的生命困境，并为此工作了70多年。

他深入南部的最底层，体察黑人的生活困境。在大学暑假期间，杜波依斯去了南方最封闭的黑人社区和学校。"他们面孔的肤色深浅不等。从浅黄色到深褐色。光着的小脚在摆动"（98）；而那里小教堂的情景更让他震惊："广大黑人同胞被笼罩在极度紧张的气氛中时……一种令人压抑的恐怖的空气飘浮在空中……就像希腊每四年一度的运动会表现出的那样的疯狂，又像着了魔似的借歌唱和语言来表达可怕的现实……人们呻吟，坐立不安。突然那坐在我旁边的面颊瘦削的黑女人从座位上跳起来尖声喊叫，就像失去了灵魂的人。周围一片恸哭、呻吟和喊叫声。这种人类受难的景象是我以前想象不到的。"（100-101）他用动情的语言描述了底层黑人贫穷、逼仄、迷惘、麻木甚至愚昧的生活状态，体验到蓄奴制给他们造成的无法弥补的精神和意识后果。在那个封闭的社区，"在我们当中只有模模糊糊的共同意识。这就是来自葬礼、生日聚会或婚礼的共同欢乐和悲伤；来自穷困、贫瘠的土地和低收入的共同的苦难；最最主要的是我们与机遇之间都隔着一层纱"（101）。然而，他在迷惑、失望的同时，也从年轻一代人的身上看到了一丝丝希望。"那大批对奴隶制只有孩童时的朦胧的记忆的人发现这个世界是令人迷惘的……他们可能对生来就被世界遗弃感到不满。他们软弱的胳臂击打着横在他们面前的障碍——社会地位的障碍、年轻的障碍、生活的障碍。最后，在危险的时刻，他们抗击一切反对他们的东西，即使是迅速消逝的念头。"（101）

杜波依斯一生最想探索的课题是深入黑人社区和生活内部展开调查，

第八章 W.E.B. 杜波依斯的智慧与焦虑

并在此基础上,针对性地探究黑人社区存在的暴力犯罪、道德修养等问题。在费城召开的第42届美国政治社会科学学术协会的会议上,杜波依斯题为"黑人问题的调查"发言稿,反复强调了科学调研的重要性:"社会现象值得最周密、最系统的调查,不管这项调查最终是否取得称之为科学的系统的大量的知识,但它无论如何不能不向这个世界提供大量值得认识的真理。"(175)在亚特兰大大学工作期间,他的"注意力从徒劳无益的咬文嚼字转向自己的社会处境和种族世界时,我决心通过对我们群体状况和问题的调查,对社会学给以科学的解释"(180)。他下定决心,想要建成一个科学的、系统的学科——社会学,并借此服务黑人民众。他把自己隔离在种族的象牙塔之中,探讨"种族的困难以及这些困难如何造成政治上、经济上的骚动。正因为如此集中思想、行动和力量,才终于使我真正保持了科学的精确性和对真理的追求"(183);他还以对种族关系的关注,开启了认知统治这个世界的殖民帝国主义的途径,看清了席卷世界各种纷争不已的原因:"日本国家地位正在提高。它尽管与德国、俄国和大不列颠相对抗,但通过对华战争和对俄战争,在世界上取得了新的地位。"(181)而这一切"不过是欧洲向非洲扩张的结果……欧洲决心控制中国,结果是几个主要的白人国家瓜分了它"(181)。更重要的是,他把对非洲的分割、控制和剥削,也作为种族问题的一部分纳入了思考研究的范围。

19世纪与20世纪之交杜波依斯与布克那场具有历史意义的辩论,也是以怎样推动黑人的进步为核心的[①]。这场辩论还涉及美国黑人的教育观念问题。杜波依斯坚持美国黑人应该接受全面的高等教育,主张应该由受过高等教育的精英扮演美国黑人领袖的角色。布克则主张基本技能的职业教育才是推动黑人进步的合理方式。"一个受过高等教育的黑人群体,以他们的现代文化知识能够指导美国黑人达到高度文明的境界……黑人就得接受白人领导,而这种领导总是无法使人相信,能指导这个群体实现自我,

---

[①] 布克主张,黑人群体通过接受职业教育获得财富和经济地位,通过自律、自强的方式取得白人主流社会的认可,进而实现种族之间的平等。他立足于当时美国南方的政治环境,不主张美国黑人应首先争取政治权利。他认为,这种争取对美国黑人种族和个人的发展不具备实质性的意义。而杜波依斯则更强调政治手段的必要性,认为政治权利是保障美国黑人其他权利的基础和保障,主张美国黑人应该通过抗争的手段获取自己应该享有的权利。

在文化上获得最远大的发展前景。"(210)布克显然不喜欢黑人大学,更倾向于"黑人教师应被鼓励上黑人学校教书……黑人学校主要应当办成职业学校,应竭尽全力争取南方白人舆论的支持"(197);所以,布克强调"重点放在技术行业人员培训以及鼓励发展他们在工业和普通劳动方面的才干"上;"雇主'给予'劳工工作,就是为发财致富敞开了大门……"(210-211)。而在杜波依斯看来,布克"过低估计这个摆在他们面前的问题的严重性,把它看作几年或几十年就能解决的问题……以至在南方毫无计划地办起十几所设备简陋的中学,并错误地把它们称之为大学"(187)。杜波依斯解释说,在无数黑人青年中,不同的人有着不同的特长,也就应该有适合他们的不同的工作。"真正的培养,既不意味着人人都应成为大学生,也不意味着人人都应成为工匠,但意味着有的人应当成为扫盲的文化传播者,而另外的人应当成为奴隶中的自由劳动者。"(188)

对于黑人如何取得平等权利的问题,杜波依斯坚持认为为了实现自由平等,必须通过政治手段,也即抗争方法,因为政治权利是其他权利的长期保障。所以,黑人应该努力争取接受全面的高等教育,培养精英作为领袖人物,引领黑人未来走向共同富裕。必须承认的是,两人的主张无疑为后来的黑人群体在美国社会实现进步都提供了重要的理论基础。杜波依斯的思想奠定了 20 世纪 60 年代美国民权运动的基调;而在民权运动后期,黑人民族主义强调黑人的经济权利,这是布克经济赋权思想的延伸。

第三节　树立全球意识,担忧人类命运

德波顿在其《身份的焦虑》一书中提到,对身份焦虑的治疗最好是通过旅游——在现实或艺术作品中——去感受世界的广阔无垠。杜波依斯一生有过 15 次出国经历,先后造访过欧洲大多数国家,还访问过亚洲、非洲和西印度群岛等。通过全球范围内的游历,他不仅扩大了认知视野,见识了多彩的社会万象,还对人类尤其是弱者产生出悲悯,从而把促进世界和平作为自己终生的目标。

第八章 W.E.B. 杜波依斯的智慧与焦虑

早在德国柏林大学留学期间，他在游览了欧洲诸多的历史圣地后，"深深地改变了我的人生观和我对人生的思想感情。人生可能具有的那种美丽和高雅的东西充满了我的心灵"（134）。那里人与人之间的和谐友好使他在感动之余，把自身命运和世界命运相关联："我已不再是狂热的黑人，而是更大更广泛意义上的人类和世界的朋友的'黑人'。我感到自己站立起来，不是反对这个世界，而仅仅是反对美国的狭窄和种族偏见。支持我的是那大而美好的世界。"（134-135）站在欧洲的社会环境里回望美国，站在自由高处反思自我，他已经不是他自己，而是这个世界的一分子，勇敢地承担起个人的责任。

如果说杜波依斯在接受正规教育的日子里，兴趣点仅限于"种族斗争方面"、"民主和民主的发展"以及"同胞享受民主自由的问题"的话（134），身在德国的他"学会了从一个人，而不简单地从种族狭窄的观点来观察世界"（137）。他觉得自己"没有过像我如今这样地把白人看作是有人情味的。我已经养成一种习惯，做好了面对普遍的种族偏见的准备"（137）。尝到了欧洲自由、平等、公正的滋味，杜波依斯愿意并决心放弃种族狭隘，直面文化、社会的差异和公平，"中止了仅仅由于种族和肤色的不同而对某些人的仇恨或怀疑"；他"开始懂得科学研究的真正意义以及在新的社会科学领域应用它的技术和成果的一些轮廓模糊的方法，以此来解决美国的黑人问题"（138）。至此，他领会到用科学的方法为黑人争取权利的可能性，并以一个世界公民的身份，"把美国的种族问题、非洲和亚洲人民的问题、欧洲的政治发展看作是一个问题。我开始把我学的经济和政治结合起来……政治领域还是占支配地位的"（140）。

接触到马克思主义之后，杜波依斯重新审视社会等级问题。在回美国的经济船舱里，看到800多各色人等挤在一起构成的另一个世界，他开始认真思考社会等级问题：一方面，"社会等级"的数量在某种意义上是无限制的，"人们把任何一群人集中起来总会发现有许多不同的阶级。然而另一方面，'社会等级'的数量又是有限制的，因为这里几个阶级之间的不同，与世界任何地方的情况在程度上没有多大的差别。都是高尚的人反对暴力的同样经久的斗争"（157）。

杜波依斯在古稀之年，还积极组织召开了"第五次泛非大会"。他亲自去了非洲,目睹了黑人的家园,开始为世界和平奔走、呼吁、行动。他的成就之一是"迫使英国政府迈出前所未有的最大步伐,在黑非洲殖民地推进民主方法"(246)。杜波依斯还把自己参与美国反对黩武主义与争取民主的斗争,视为黑人解放斗争的一部分。1944年,76岁的他在参加"南部黑人青年协会"会议上强调,"如果人世间有什么地方,是思想家、工人和梦想家向往的地方,那么,这里就是。这是第一线,在第一线,不仅要解放美国黑人,还要解放非洲黑人和西印度群岛黑人;要解放有色人种;解放现代资本主义垄断下的白人奴隶"(302)。他坚信"非洲肯定是有自己的历史和命运",他下决心来发掘这一鲜为人知的历史,帮助其展示一个辉煌的未来。他以此为己任进行了大量阅读、写作、研究和计划。1947年,他写成了颇具影响力的专著《世界和非洲》。

杜波依斯一生痛恨战争。苏联和东欧之行更是让他看到了战争的邪恶。他对于世界大战起因的分析,即使在七八十年后的当下,仍入情入理。1915年在波士顿一教堂的演讲中,杜波依斯就指出"只要欧洲人和美国人一心想利用廉价劳力和垄断组织来控制世界大部分地区的财富,世界大战的真正根源就会一直存在,而且有可能发生大战"(351),他一针见血地揭穿了美国所谓的民主制度的虚伪。

1949年3月一次会议上,杜波依斯再次揭示了世界大战的真正原因,讽刺了"美国凭着自己的繁荣和强大正在把世界引向地狱"的反人类行为。他认为引起世界战争危险的真正原因,"不是社会主义或共产主义所设想的完全的社会主义的传播……针对这种社会主义的传播,有一个现代的体制正在拼命行动,那就是殖民主义,而殖民主义过去是、现在是、将来也永远是战争的主要起因之一……站在这一新的殖民帝国主义最前列的,正是由我们父辈的血汗建立起来的我自己的家园美国。美国是个伟大的国家,上帝赐给它财富,平民百姓的勤劳使它繁荣……但它陶醉于自己的强大力量,正以过去一度曾毁灭过自己的同样的奴役制度,在新的殖民主义道路上把世界引向地狱,走向将要毁灭世界的第三次世界大战"(317-318)。

1949年7月,杜波依斯在墨西哥城举行的"美国大陆争取世界和平大会"上,一再强调"保卫和平乃是世界各国人民今后应关心的大事"。1951年,他在美国组成了一个以保卫和平为主旨的和平新闻中心,先后发行了

《和平通讯》，重印并散发了废除原子弹的《斯德哥尔摩呼吁书》，并刊印和分发了争取和平等的许多材料。他还通过新闻媒介，提议美国必须重视与苏联、中国的关系。"我们曾与苏联一起反对过希特勒的危险，难道只有信念才可以拯救我们免于彻底的原子灾难，我们不能与他们再次携手合作吗……今天在我们这个国家里，形成了一种把什么东西都称之为'共产党的'标准反应，认为共产党就必然要搞颠覆和不爱国，而这是任何人无论如何也不会喜欢的。我们坚定地认为，这种战术已经走得太远了；今天要想随意地驳倒一项建议就将它说成是从共产党那里贩来的手法已经不够用了。"（326-327）

91岁的杜波依斯1958年的西欧之行，仍然是期望给世界和平找出路。"想了解倘若欧洲帝国主义即将消失，我们对将来的希望是什么，一个和平和种族平等的世界是否将出现？"（6）针对西欧老牌资本主义国家的本质，他明察秋毫地总结道："我以为西欧还没有准备放弃殖民帝国主义。它拼命地守着它的财富和势力，那是从因现代技术被迫继续忍受奴隶境遇的廉价的殖民地苦工那里得来的。欧洲的工党不准备去帮助解放亚洲和非洲的劳工。相反地，他们都想从殖民地的利润中获取高工资，并愿为保护那些利益去打仗。"（12）他还借此看清了美国一直想统治世界的野心："200多年前崛起的一个思想自由的民主国家，有着无穷无尽的土地和资源。但是它陷入了对奴隶劳役的依靠，把自己变成由各有关公司控制的巨大的垄断资本中心。现在它企图代替英王国用武力来制止社会主义，用私人资本和新的技术发明来统治世界。"（8）他认为当时的"美国准备用金钱援助欧洲，并协助任何欧洲国家去保持对殖民地人民的控制。或者取而代之，自己成为殖民地的统治者"（12）。历史和现实以铁的事实，一次次地验证着杜波依斯睿智的认识和预判。

第四节 杜波依斯看中国

1959年，91岁高龄的杜波依斯在中国游历了三个月。他感叹社会主义中国的发展速度,感激中国人民的友好。兴奋、感恩、好奇、赞叹且满怀希望,是他中国之行的主要感受。

他同情中国曾经的种种灾难,但欣赏中国对历史的合理态度。"这里没有像欧洲那样的显然在努力把自己的过去戏剧化和夸张化,突出了战争和个人的荣耀。中国的表现比较细腻,它让过去保持沉默,坦率而不加渲染,只充分地讲述人物的真实情况。它记载的有关教育、家庭生活和文学上的成就远多于杀戮。"(34)

他对长城的毫无吝啬的赞赏,让我们倍感荣耀和自豪。"我站在中国的长城上,23个世纪在我的脚底下……长城是由100万劳工用凿得极为精细的石头,经过完美的搭配,并涂以牢固的灰泥垒砌而成;高20到50英尺,全长2500英里,上面有用完好的砖石砌成的类似城堡的建筑。它耸立在那里,2000多年来保持沉默和不变。这就是中国。"(34-35)

上海、成都、昆明、广州等大都市,曾让杜波依斯流连忘返。尤其是广州的进出口交易会,让他深信凡是美国能制造的东西,那时的中国也同样能制造,而且价格比美国的便宜,大部分制品的质量甚至超越美国。"因为中国制造产品不是为了私人剥削者的利润。世界上大多数国家,除了美国,已开始购买中国的产品。"(38)杜波依斯还看到中国女性的自由和自信,"她们正在摆脱'家庭琐事'。她们的强壮、健康和美丽……表现在她们的头脑、体力和丰富的感情上"(42)。

中国之行让他倍感荣耀的是他和毛泽东主席共度的4个小时,以及两次同周恩来总理共进晚餐的经历。他提到,自己的生日竟被广播通告给全中国;而且他所到之处"从来没有感到受侮辱,即便是嫌弃。我在美国呆了90年,很少有一天没有看到对'黑鬼'的憎恶的表情"(39)。他总结道:"我曾横跨大西洋15次,太平洋1次。我访问了全世界,但是都没有像中国这样的巨大和光荣的奇迹。这个庞然大物是有着亿万黑发人的国家,产生于当代的开始……这个国家从与饥饿、堕落、屠杀和苦难作斗争,到长征的胜利,到成为世界的领头人。啊,美丽的、忍耐的、自我牺牲的中国,藐视和难忘的、胜利和宽恕的、压抑和从死亡中崛起的中国。"(42)杜波依斯这一段对中国的深情赞叹和祝福,让笔者首先想到的是感谢。感谢他对中国的肯定,感谢他对中国寄予厚望。如果他还活着,他一定会为自己的判断而得意、自豪吧！因为当下的中国早已在经济上腾飞，成为世界第二大经济体，并且像他终生所追求的那样，中国依然热爱和平。同时，中国以构建"人类命运共同体"为目标，励精图治，走在持续繁荣的大道上。

结　　语

长达近一个世纪的生命，足迹遍布地球南北，亲历过被歧视、被忽略的种族主义环境，见证过战争的残酷，体悟过殖民地国家和人民的苦难，万事种种，困难重重，杜波依斯选择把关注点和个人兴趣从自我扩展到种族、国家和全人类。他终其一生都在为他们的命运奔波、呼吁、思考、寻索。如果该自传有什么存在性焦虑的话，那不一定是为"内疚和自责"，为"空虚和无聊"，也不完全是为个人的命运和死亡，而是为了美国黑人种族的命运，为了世界和平，为了全人类的幸福。

出生于并不贫穷的黑人家庭，有和睦的家庭和邻里社区关系，有母亲正确的指点和引领，接受过良好的高等教育，幸运地遇到了一个个的良师益友，再加上自律、自信、聪慧、勤奋、坦诚等几乎完美的个人品德加持，杜波依斯既能高瞻远瞩放眼世界和未来，也能深入美国社会底层调查黑人生命细节，细察美国黑人自身命运；既有很强的执行力组织起影响全球、影响历史的运动、协会和组织，也能静心钻研笔耕不辍，写出不朽的学术著作和文章，更会柔情似水地爱朋友、家人。纵观他的生命故事，我们时时被他的激情、思想、行动所感染。他生命中的每一次坎坷，都是他奋进的动力，也是他更大计划的起始点。歧视、偏见、误解不仅没能挡住他追梦，还磨炼出他异乎寻常的勇气。他用积极、乐观、坚韧追求真理、认识世界的一生，论证着生命的价值和意义，论证着智者坚强的生命力。

杜波依斯认为，反躬自问不一定真实、毫无偏见，但缺乏自我考察，画像就不会十分完整；他也明白"自传并不是不可争议的权威，它们总是不完全，常常是不可靠的"（4），所以"不应把自传看作是最终的和绝对的权威"（4）。的确，这本"老人的独白"（4），因为记忆、因为时间间隔、因为社会的变革和人们认知水平的提高，确实存在一些内容重复、时间错位的现象，而且他的某些认识和理想也没能完全经受住半个世纪长的时间的检验。但他仍然"希望人们相信"（5）他的故事。所以，就让我们记住这位有标杆性人生的美国黑人：他对生命、生活的热爱，他对工作孜孜以求的态度，他对知识、理想、真理永不言弃的追求，还有他精神意志、人格魅力和柔韧的生命力等。他像一束光，或许会照亮我们生命中的某些时刻。

杜波依斯，一位值得中国读者记住的美国黑人作家！

第九章　玛雅·安吉洛存在的勇气

> 在所有品质中，年轻、美貌、聪敏、善良、宽容，勇气才是你们最伟大的成就。因为缺失了它，你们无法将其他美德一以贯之。
>
> ——玛雅·安吉洛

引　　言

安吉洛是 20 世纪美国最为传奇的黑人女作家。她 3 岁时父母离异，和 5 岁的哥哥一起被"邮寄"到南方的奶奶家，幼年被母亲的男友性侵，16 岁高中刚毕业就成了单身妈妈。但她却一路披荆斩棘，成长为当代著名的作家、诗人、剧作家、舞蹈家、歌手、演员、导演、大学教授和社会活动家。安吉洛共出版七部自传、六部散文集、数十部诗集，先后荣获三次格莱美奖，还获得过普利策奖提名、美国国家艺术勋章和林肯勋章。2011年，美国总统奥巴马授予安吉洛最高荣誉的文职勋章——"总统自由勋章"。

安吉洛用两年时间完成的首部自传《我知道笼中鸟为何歌唱》，"毋庸置疑地成为我们这个时代或者任何时代鲜活的回忆录"（脱口秀女王奥普拉·温弗瑞语），该自传创造了《纽约时报》连续 153 周的在榜时间纪录，在半个世纪里畅销 500 万册。随后安吉洛相继出版了自传类的作品《以我的名义重整旗鼓》（*Gather Together in My Name*，1974 年）、《像过圣诞节一样的唱歌跳舞》（*Singin' and Swingin' and Getting Merry Like Christmas*，1976 年）、《我仍然在上升：诗歌集》（*And Still I Rise: A Book of Poems*，1978 年）、《女人心》（*The Heart of a Woman*，1981 年）、《所有上帝的孩子都需要一双旅游鞋》（*All God's Children Need Travelling Shoes*，1986 年）、《飞往天堂的歌》（*A Song Flung Up to Heaven*，2002 年）、《致女儿书》（*Letter* to My Daughter，2008年）和《妈妈和我和妈妈》（Mom & Me & Mom，2013年）。她以或宏大或细腻的笔触，以时代背景、种族背景、文化背景、自然背景和城市背景为底色，记述了自己丰富、传奇的人生故事，她的人生故事既充满浓浓的生活气息，又不乏深刻的思想哲理。然而，在她的各种生活困境和复杂的思想情绪中，一股强大的力量始终贯穿其中，那就是她应对一切的"存在的勇气"，这种勇气既是抱负和信仰，也是希望和力量。

梅在其《人的自我寻求》一书中，对当代人们的六种基本生活困境或生活问题进行了分类，即幸福与痛苦、爱与孤独、逆境与成功、死亡焦虑与投入生活、选择与责任、混乱与意义，进而全面展现了在纷乱复杂的现世，人们怎样才能确定自己生命的意义和价值。如前文所述，对于和生存相关的"勇气"一词的讨论，梅的启蒙导师蒂利希在《存在的勇气》一书中，结合"非存在"从本体上、精神上和道德上对人的三重威胁和焦虑，给予了完整的界定："存在的勇气是这样的伦理行为：人在其中肯定他自己的存在而不顾那些与他的本质性的自我肯定相冲突的存在因素"（蒂利希，2018：3），就是"具有'不顾'性质（in spite of）的肯定"（蒂利希，2018：5），它能让我们从人生中源自"非存在"的种种威胁、困顿与焦虑不安中超拔而出，径直对自己本质性的存在样态做出肯定。蒂利希认为，人需要生命意志的投入与抉择，需要"不顾"性质的自我肯定，需要一种发自内心的力量去抵抗"非存在"的吞噬。而这种存在的勇气最终表现为处于人类实存边缘仍然能安然接受的勇气（蒂利希，2018）。本章将以安吉洛最具代表性的第一部和最后一部自传作品为观照对象，以梅和蒂利希有关存在性焦虑和勇气的概念为理论背景，全面分析一代传记大家安吉洛是如何把那些悲欣交集的断片人生和积年累月的生活感触，注入诗性的文字里，在艺术形式和生命形式的同构中，铸就出一名"生命存在的歌者"。

第一节　生命的歌者——《我知道笼中鸟为何歌唱》

安吉洛的首部自传是一部当之无愧的散文诗，诗文里面包裹着一位果敢、坚强、勇猛、生命力十足的姑娘。她以16年的生命力量，以智慧和勇气，撬开了"社会之门"，在不确定的世界里确定地活着。安吉洛把该自传题献给她唯一的儿子盖伊和"以及所有长着黑色羽毛的鸟，他们坚强，他们心怀希望，他们不畏艰难，也不畏神明，唱出自己的歌"（见题献页）。就让我们听听这只鸟儿的高歌，体悟她歌声里的焦虑、困顿、恐惧、微笑、智慧和勇气。

一、幸福快乐的小镇生活

阿肯色州斯坦普斯的奶奶家，是个温暖有爱的地方。奶奶就是照进安吉洛生命里的那道光。奶奶、哥哥、残疾的叔叔、小镇上朴实的民风，还有南方的自然山水，全方位地滋养着13岁之前的安吉洛身心的成长，共同成就了她生命中一段自由、快乐的时光。

奶奶不仅护养了她的身体，还以身作则，教会她良好的生活习惯和为人处世的道理，尽管有时不免"谨小慎微"。奶奶在文本中被她称为"阿妈"，是斯坦普斯唯一一位被冠以"夫人"（亨德森夫人）的黑人妇女。"工作、责任、宗教和'地位'充满了她的世界，我想阿妈本人也许都没意识到，她对身边的一切都寄托了无比深沉的爱。"（2-3）①奶奶在小镇中心开了一家小百货店，这里也是小镇人日常活动的中心，"在那些温馨的早晨，店里总是洋溢着欢声笑语，有人开玩笑，有人吹牛皮，也有人天马行空地评论世事"（8）。男男女女周末会聚集在这里，谈天说地，日子贫穷但也安定。在她13岁离开阿肯色州之前，奶奶的商店是她和哥哥的乐园。那里有从窗户里透进来的柔和的光线，有各种小吃，有熟人进门笑盈盈的打招呼声，有晚上关门后一家人安安静静坐下来享用的晚餐。"多年之后，在小镇成长起来的人们离开了故土、苍老了容颜，甚至连谋生手段、进取之心和生存目标都不再与从前相同，但不管他们戴着怎样的面具，那后面依旧是一张孩子的脸。"（21）对小镇的深情回味是安吉洛永远消解不了的乡愁；儿时想不通的所有问题，最终都在这小镇上有了答案。

---

① 玛雅·安吉洛.2013.我知道笼中鸟为何歌唱[M].于霄，王笑红译.上海：上海三联书店.本节引文凡出自此书，皆只标明页码。

在3岁的安吉洛眼里,南方的棉田和棉农的生活有疲累,但也是美的,还有人们对美和疲惫的麻木和不自知。她以速写的笔法,描画了傍晚时分南方小镇黑人的生活。"一年又一年,我看着商店对面的田野从新绿转为深绿,再变成白茫茫的一片……到了夕阳投下最后一缕余晖,采棉工们又回到了店里,只是拖在地上的不再是空空如也的大麻袋,而是它们主人的脚步……我的确曾亲眼看到工人的手指满是棉荚割破的伤口,看到他们的后背、肩膀、手臂和双腿每天累得不能动弹……到采摘季结束时,他们将和开始时一样,一无所有。"(7-9)

5岁就学会背乘法口诀的安吉洛,时常替奶奶卖货。商店里那些琳琅满目的食品是对她最大的诱惑。"巧克力——它那香甜的味道是我在这个世界上的最爱……我对菠萝罐头的痴迷几乎让我抓狂。我曾梦想有一天我长大了,可以买下一整箱,独自吃掉。"(16)她最馋的是圣诞节前奶奶做的菠萝蛋糕,"一小片东西吃上好几个小时——小心地顺着菠萝的纹理撕下一小条,放进嘴里,吃得一点不剩,惟有指间还留着菠萝的余香"(17)。那时候,她还明白了"如果你能自愿面对危险,那么你就可以战胜它,然后在未来的日子再也不怕它"(11)的道理。

奶奶在卫生、礼仪方面对她的教育,让她受益终生。奶奶说:"清洁近于神圣,而肮脏则是痛苦之源。"(29)她从小被奶奶逼着用冰凉的井水洗澡,洗干净后才能进屋做作业,吃完饭,做祈祷,然后睡觉。奶奶还说"上帝不喜欢不懂礼貌的孩子,他们也是父母的耻辱,还可能会给家庭和家族带来灭顶之灾"(29),所以孩子对所有大人都要用先生、太太、阿姨、叔叔、哥哥、姐姐等称呼,还要用得恰如其分,这不但能够表明家族关系,也暗示了自身地位的谦卑。

安吉洛从奶奶对付白人小混混的言行中,看到了她处理黑白种族冲突的态度和智慧,尽管也不乏困惑。跟赫斯顿自传里那些优雅、善良、热情的白人不同,在安吉洛的童年里,白人(包括小孩子们)不是傲慢,就是无赖,是她"生活中最痛苦和费解的记忆"(30)。放学后结伙来到商店捣乱的小混混们直呼奶奶和威利叔叔的名字,"他们的命令像九尾鞭一样在店里肆意抽打"(30),他们做着各种下流的动作,满嘴脏话。当藏在门后的安吉洛和哥哥恐惧、愤怒地哭泣时,奶奶却弯下腰若无其事地安抚他们，转身走到糖果柜台后，吟唱起"荣耀，荣耀，哈利路亚，我将身上的重负抛下"（34）。她只是后来才明白，"不管外面发生了什么，阿妈已经赢了"（34）。奶奶看似软弱、憋屈的态度，实则避免了不必要的矛盾，清除了后患。

读书滋养、安抚了安吉洛的精神心灵。"在斯坦普斯的这些年，我遇到了威廉·莎士比亚，并深深地爱上了他。他是我爱上的第一个白人。"（14）在这一时期，她徜徉在文学的世界里，结识了很多作家和作品中形形色色的人物。她喜欢约瑟夫·鲁德亚德·吉卜林、埃德加·爱伦·坡、塞缪尔·巴特勒、威廉·梅克匹斯·萨克雷、威廉·亨利、保罗·劳伦斯·邓巴、休斯、约翰逊和杜波依斯，莎士比亚的诗句"可叹我时运不济，又遭人轻视"让她"感同身受"，"至于莎士比亚是白人这件事，我安慰自己道：他已经死了这么久了，有谁还会在乎呢？"（15）

哥哥贝利是安吉洛在该自传中一个无可替代的存在。哥哥在安吉洛的眼里是一位几乎完美的少年。贝利"一向无法无天，却很少受到处罚，因为他是亨德森/约翰逊家族的骄傲"，"一举一动，都像时钟一般精准"，"每天他不但可以完成家庭作业、杂务，比我读更多的书"，"参加集体游戏，常胜不败"，"敢在教堂里大声祈祷，敢在威利叔叔的鼻子底下偷泡菜"（23-24），"精致、优雅又文质彬彬"（23），"英俊"（23），有"丝绸般的好皮肤"，"头发打着漂亮的小卷自然下垂"（23）。而安吉洛的一句"尽管如此，贝利爱我"（23），显示出她的自豪。兄妹两人之间互相帮助、相互安慰，言无不尽，没有秘密。直到该自传结束，16岁的安吉洛发现自己怀孕后，依然首先写信给哥哥求安慰，求主意。漂亮的哥哥贝利，"在我的生命中就是降临的天国"（24），那里不容许有痛苦、忧愁和孤独。

种族歧视问题自然是贯穿安吉洛自传的始终。在儿时的她的眼里，种族关系是强与弱、富与穷，是劳动与享乐，是衣衫褴褛和衣冠楚楚的对比差异。在南方小镇奶奶家的斯坦普斯，"种族隔离是十分彻底的，多数黑人小孩根本就不知白人长什么样。但他们知道白人与黑人不一样，并且很可怕……"（26）。安吉洛一直觉得生活在自己身边的那些人才是人，而"白人不可能是人，因为他们的脚太小，皮肤太白，并且不用前脚掌走路，他们像马一样用脚后跟"（26）。安吉洛在此以小孩子的视角，反向定义了白人，既有天真幼稚的成分，也有蔑视、自信和种族文化意义上的逻辑自恰。

安吉洛对小镇的牧师及其教堂活动的生动描述精彩得无与伦比。而在这些精彩里，我们读到了她快乐有趣的童年。霍华德·托马斯牧师是她笔下一个呼之欲出的人物。"托马斯牧师每三个月会来我们教堂一次，说是巡察。他在我们教堂的日程可以说是千篇一律，周六晚上在阿妈家里借住，周日进行一次声如洪钟、富于激情的演讲，收齐三个月中募集来的钱款，听取教堂各团体的报告，与所有的成人握手，亲吻所有的孩子，然后走人。"（35）托马斯牧师"又肥又丑，笑起来就像是一只得了疝气的公猪"（35），"白人和'那事'"（38）永远是牧师乐意聊的话题；"每次周六晚餐时总是毫不客气地吃掉盘子里最大、最焦、最美味的烤鸡块"（36），才是牧师最大的"罪恶"。寥寥数笔，一个虚伪、贪婪、好吃、爱八卦的牧师形象跃然纸上。

梦罗姊妹大闹教堂一事，被安吉洛渲染成一场狂欢。梦罗每次来到教堂都会大喊大叫，声音震得教堂直颤。只要她一出现，整个教堂的领座员都会向她靠拢过来，因为她一旦发起狂来，三个女人都控制不住她。这一次，梦罗对着台上正在布道的泰勒牧师大声喊："听见没有，把那事儿说出来"（41）。这一喊，"大家的心瞬时提了起来，像是一条晾衣绳上吊着的无数袜子。下一刻，梦罗已经抓住了牧师的上衣袖子和后摆，把他拽得东倒西歪……泰勒牧师一直没有停止他的布道。领座员们纷纷向布道台赶去，显然已经失去了平日在教堂里的那份彬彬有礼和从容不迫。如果实话实说，那就是，他们一路飞奔过去营救牧师。后来，两个身着崭新主日礼服的教堂执事也加入了营救的行列。泰勒牧师在继续布道，每一次梦罗被拉开，他都会深吸一口气，接上下面的句子，但梦罗马上又会重新抓住他，并且抓得更牢。泰勒牧师一边布道，一边跳来跳去地躲闪……而梦罗'把那事儿说出来'的尖叫不时刺穿这低沉的声音……事态仍在发展……杰克逊执事又高又瘦，是个安静的人，他是主日学校的兼职教师，现在也加入了营救牧师的队伍。但此时，他忽然向后仰去，发出大树倒地的那种轰鸣，慌张中一只手打在了牧师的胳膊上……牧师显然没注意到有人袭击。

于是，布道的隆隆声停止了，泰勒牧师一惊之下躲到一边，然后上前一拳打在了杰克逊执事身上。威尔逊姊妹是领座员的组长，她在此时抓住了牧师的领带，在手上缠了几圈，猛地向下拽……三个人一起摔到了布道台后……所能看到的就是他们六条腿向天竖着，好像一堆引火柴"（41-42）。第二个星期天，大戏仍在上演，梦罗直接两拳打到泰勒牧师的后脑勺，牧师的"假牙就落在我的右脚边，露出空洞洞的笑，那空洞似乎可以装下整个世界"（44）。在这场教堂闹剧里，喧嚣、嘈杂、骚动、紧张、恼怒、滑稽、吵闹声、谩骂声、嬉笑声、祷告声混杂在一起，读者在不知不觉中被卷入这场狂欢里，体会着那场置之事外的滑稽感。而安吉洛和哥哥则笑得在地板上打滚，还因为如此放肆受到威利叔叔"一生中最严厉的一次惩罚"（46）。

安吉洛无忧无虑的童年生活因爱慕虚荣的爸爸的出现，即将被画上句号。1939年的圣诞节刚过，爸爸来接她和哥哥去妈妈那里生活。奶奶显得很忧伤，默默地买来旧布料为她做着新衣裳。"从现在起，你要做个乖孩子，听到没？不要让别人说，我没把你教育好，听到没？"（58）而她克制住心中的慌乱，克制住了眼泪，不敢去想象见到妈妈会怎样。"高大""魁梧"，"英俊得耀眼"，"车很干净"，"肩膀极宽，在我看来宽得连进门都得侧身"，"嗓音具有金属勺子敲击金属水桶般的磁性"，"说一口标准的英语……都会习惯性地夹带'哦'（er）音"，"头总是歪着……神态始终提醒着别人，他不相信任何人讲的任何话，包括自己正在说的"（55-56），是安吉洛对爸爸的第一印象，只有他帅气的外表，没有亲近，没有父爱。

二、眼花缭乱的城里百态

自传里第一次提及妈妈，连语言天赋极高的安吉洛都说自己"无从下笔"（61）。但第一次见面却让她立刻"体会了'目瞪口呆'和'一见钟情'"（61）。妈妈的美甚至让她"感到痛苦"，"皓齿朱唇（阿妈说用口红是一种罪），皮肤是鲜黄油般的棕色，干净得近乎透明。她的每一个微笑都从两颊荡漾开去，穿透墙壁，经过街道，传向远方"（61）。一直因为自己的长相普通怀疑自己不是爸妈的孩子的安吉洛，说自己即刻"明白她为什么要把我送走。她美得超凡脱俗，根本不可能弄个孩子跟在身边"（61）。

住在城里的外婆和舅舅们与小镇的奶奶和叔叔，像是来自两个世界里的两种人。圣路易斯市的黑人区在20世纪30年代是一个十足的"淘金热"小镇。酗酒、赌博及其相关行业随处可见，无人禁止；皮条客、赌徒、梦想着中彩票的人和威士忌推销员遍布街头，甚至很不幸地走进了他们雅致的客厅。外婆是混血儿，拥有白皙的肤色，说话带有德国口音，她曾经是一名护士；外公是来自西印度群岛的纯黑人。外公有一句让家人颇为自豪的名言："去你的上帝，我为我的老婆、孩子和狗而活。"（62）外婆的白皮肤为她赢得了很多尊重，外婆的六个孩子虽然都恶名在外，但各自活得随性自在。

安吉洛所在的文法学校，校园很大，但教师们粗鲁，学生们厌恶学习。她讽刺性地总结道，"把圆划上一千遍可以提高书法水平"（65）是她一年来学到的唯一的新东西。她不喜欢城里人的虚伪和做作，认为学校里的老师"很会装模作样，他们喜欢居高临下的姿态，更喜欢身为白人的优越感。他们，无论男女，都像爸爸一样满口的'哦'音，都紧并着两腿走路，都紧绷着嘴唇讲话"（66）。不过，她在这里学会了说"是"和"不是"，而原来只被允许说"是的，夫人"和"不是，夫人"。

半年后，安吉洛搬出去和妈妈住。妈妈漂亮时髦的外表让她觉得有隔阂，妈妈的男友弗里曼先生"看起来也像刚娶了娇妻的老男人一样，自卑又木讷"（71）。妈妈给她和哥哥提供了富足的物质生活，但却顾不上他们精神世界的空乏。不习惯城市里的生活方式，她常常在小说和漫画的世界里，随着主人公一起冒险，每一天都过得丰富而不同。"因为我们读了太多紧张刺激的故事，又天生一副善于想象的头脑，也可能是因为我们短暂的人生过于忙乱而奔波，贝利和我都有了自己的苦恼——贝利是身体上的，而我是精神上的。他患上了口吃；我常在深夜沉沦于梦魇、大汗淋漓。"（74）

第一次被妈妈的男友弗里曼猥亵后，她感到身体上的孤独，"从那以后，我更倾心阅读"，随心所欲地"呼吸来自另一个世界的新鲜空气"（78），生活稍稍有了色彩。8岁那年，她被弗里曼强暴，但从家人的关注和呵护中,她找到了温暖。弗里曼后来又被舅舅们打死后抛尸荒野,这又让她深感自责,她觉得弗里曼的死是自己在法庭上的指证所致。于是,"我必须停止说话"(91),她关起自己的心门,不再跟任何人说话,沉浸在寂静无声的世界里。

三、再回南方,疗愈创伤,确证自我

安吉洛和哥哥再次被送回斯坦普斯。她在这里通过阅读,通过反抗被命名,通过了解、认同黑人的传统文化和习俗,通过交友,通过思考生死,通过民族意识的觉醒和民族自豪感的生成,一边治愈身心的创伤,一边在寻找自己、确证自己的过程中慢慢成长。

这一次,奶奶的家、商店、学校和教堂,"乏味得就像一块过期的饼干,落满尘埃"(97)。小镇上的伯莎·弗劳尔斯夫人抛给她生命中的第一条救生索。像英国贵妇一样,弗劳尔斯夫人"吸引了我……我才开始为自己的黑人身份感到骄傲。她举止优雅得与电影和小说中的白人一样……我的名字在她的口中念出,平添了美感"(99-100)。在这一时期,在这位黑人夫人的影响、鼓励、鞭策下,安吉洛开始大量接触经典文学文本,"我曾凭借心智的成熟,轻车熟路地在那些天才的作品中寻找迷人的景色……被准许、甚或受邀进入陌生人的私人世界,分享他的喜悦和恐惧,这让我有机会用南方的苦艾草,来换取贝奥武甫的蜂蜜酒或奥利弗·特威斯特的热奶茶"(104)。文学的世界、南方的山水、弗劳尔斯夫人的关照,还有奶奶日复一日的祷告,让安吉洛打破沉默,终于开口说话了。

10岁时的安吉洛以实际行动勇敢地捍卫了自己姓名的周全。她被奶奶送到一个白种女人那里,上起了"淑女学堂",学习刺绣、钩织、梭编,洗烫衣物,布置银质餐具,以及烤肉和烹饪精致的素食。这位太太为求方便,随意强加给安吉洛自己喜欢的名字,让她备感屈辱,因为"我认识的所有人都极度害怕'被随意称呼'。对黑人想叫什么就叫什么,非常危险。这会被简单地理解为一种侮辱。因为几个世纪以来,黑人曾被称为黑鬼、黑鸡、脏鬼、黑鸟、乌鸦、皮鞋,或直接被称为鬼"(113)。为了报复,她听从了哥哥的建议,有意摔碎了这位太太最喜欢的鱼形瓷质砂锅和两个咖啡杯，以示反抗。她以反抗报复的方式，捍卫了自己的真实姓名，从某种意义上也守护住了自己的完整。

斯坦普斯黑人的日常生活和信仰，让 10 岁的安吉洛既同情，又疑惑。她同情黑人们艰苦的生活和麻木的生活状态，她怀疑他们虔诚的信仰得来的福报。"他们试着用微笑来驱散倦意，想表明疲惫对自己来说微不足道，他们的身体却不管不顾这些美好的希望，透露着实情。他们大笑时，肩膀却低垂着；他们又起腰来，想表现快乐时，他们的手却从屁股上慢慢滑落，好像裤子上打了蜡一样。"（124）然而，在她看来，"一个过去和未来时刻面临灭绝的种族，能够活下来，他们无不认为是借助了神的力量……而发人深省的是，当人们变得富足，他们的生活水平和方式推高了物质追求，道德标准却日渐沦丧，上帝也被人们抛诸脑后"（124-125）。所以，信仰的意义和力量让她很困惑，"女人们穿着男人的旧鞋，肿胀的双脚把里面撑得满满当当……这些人让自己整天像牛一样劳作，我觉得可恨又可气，而他们却还假装事情没有事实上那样糟"（125）。她不理解人们为什么选择带着一身疲惫去教堂，而不是躺在柔软的床上放松一下筋骨；她甚至觉得"黑人是一个自虐的种族，不是命运让我们过最穷苦的生活，而是我们希望生活就这个样子"（125）。在一年一度的地方培灵会上，她看到少男少女们眉来眼去，大人们心事重重，圣坛摇摇晃晃，随时可能倒塌，募捐桌一条腿陷进泥地，她不禁反问，"圣父会让他惟一的圣子与这群采棉工、佣人、洗衣妇、打零工的人混在一起吗？"（127）安吉洛用了相当长的篇幅和深深的同情心，细致描写了黑人的传统节日培灵会、社会底层的黑人们疲惫的身体、他们饥渴的灵魂、他们遥远的梦想，还有被他们自己忽略了的残酷真相。

这群满怀神圣的信仰却衣衫褴褛、疲惫不堪的黑人大众，在几个小时的狂欢之后回到现实，仍然有那么多的思虑、那么多的无奈、那么多的疑惑、那么多的期待！这样的反差全被 10 岁的安吉洛尽收眼底，并借助成年后的安吉洛用神奇的语言细数出来，黑夜，月亮，声音，餐饮，酒吧，晃动着的疯狂的人影，精神大不过肉体、梦想大于现实、世俗大于信仰的无助和无奈，上帝距离他们那么遥远，等等，而凡此种种，不只是纯粹的悲伤痛苦，还有愚昧、无知、天真、幼稚。

第九章 玛雅·安吉洛存在的勇气

当然，除了对黑人民众命运的思考和担忧，安吉洛并未忘记他们的民族自豪感。毕竟，在那样的历史背景下，值得他们欢呼的事情又有多少？

著名拳击运动员乔·刘易斯的那场世界重量级拳击争霸赛，激起了小镇黑人难得的荣誉感。人们挤在收音机跟前，"紧张的气氛很快就被一阵兴奋的喧闹打破，就像漆黑的天空划过一道刺目的闪电"（137），广播中传出来的"女士们、先生们"让她猜度广播员的称呼里，是否也包含眼前这些"一边汗流浃背地祈祷，一边静听'权威声音'的黑人"（138）。一句再平常不过的称呼语，让敏感的安吉洛听出了异样，这比历史事实本身更能说明黑人可怜的种族身份感。刘易斯被重拳击倒，"我的族人在呻吟，那是我们的人在倒下。这是又一次私刑，又一个黑人被吊在树上，又一个黑人妇女在途中遭到强奸，又一个黑人孩子被鞭打致残。这就像一群猎狗追逐在泥泞沼泽中逃跑的黑人奴隶，就像白人因为黑人女仆忘记件小事便甩给她一记耳光"（139）。安吉洛把种族情谊与种族歧视并置在一起，把历史与现实并置在一起，以此营造出人们对这场拳击比赛，更是黑人与白人之间的较量、角斗的紧张刺激氛围。而结果的至关性，不言而喻。

"店里的男人站直了身子，全神贯注地听着。女人们紧张地抱紧了怀里的孩子，几分钟前门廊里的嘻笑打闹一时间消失得无影无踪。这甚至可能是世界末日。如果乔输了，我们就又要回到无助的奴隶时代……我们真的可能像那些人说的一样，是人类中最低级的种族……我们就真的愚昧、丑陋、懒惰、肮脏，甚至更可怕的是，上帝也仇视我们，我们注定要永世挑水、劈柴，永永远远，无休无止。我们屏住呼吸。我们不敢抱有希望。我们静静地等待。"（139）一句"获胜者，世界重量级卫冕冠军——乔·刘易斯"（140）让人们情绪高涨，激动不已。"乔·刘易斯已经证明了我们是世界上最强大的种族，但即便是这种时候，倘若黑人和他的家人在寂静无人的乡间小路上被白人撞到，也不会有好结果。"（140）作为冷静的观察者，安吉洛看到了人们欢呼雀跃背后的历史凄凉。被压抑、压迫、压榨得太久，一点点松动都会被视为释放，视为希望，都值得自豪骄傲，不管和自己关联有多大，不管会不会真正改变自己的命运。那一刻，他们就是一个命运共同体，需要同呼吸、共命运、心连心。毕竟，这是他们生活中仅有的值得庆贺的事，而庆贺是他们日常生活生命中的最稀缺的乐事。

如果说小镇商店里收音机旁主要渲染的是声音和表情的话，那么斯坦普斯一年一度最大规模的池塘边空地举行的夏日炸鱼野餐会，在安吉洛的笔下则主要以味道、色彩取胜。扑面而来的生活的气息，让读者来不及躲，也不想躲开，而安吉洛她自己沉浸在其中，享受到的不仅是美食佳酿，更有精神上的给养。

这是小镇上一场不分信仰、男女、老少、肤色的聚会。会音乐的人带来了吉他、口琴、单簧和充当低音鼓的浴盆；"女孩们疯跑着，一会儿这里，一会儿那里，在这儿也待不住，在那儿也待不住，她们跟打破了的鸡蛋似的，在地上漫无目的地流淌……男孩子们像阳光下甩动的黑色鞭子，从树后猛地出现，又猛地消失"（141）；男人们坐在池塘边的树桩上钓鱼，姑娘们轮流给钓来的鱼去鳞清洗，忙碌的女人们身穿浆洗的围裙，一边给鱼撒盐，一边将它们沾好玉米糊丢进荷式大油锅里；捉迷藏的儿歌声在树林间回荡。为野餐会准备的食物丰富多样，就算是罗马美食家到场也会赞赏有加。嗞嗞作响的炸鸡、炸猪排、土豆泥、鸡蛋、整根火红的大腊肠、泡菜、农家烤火腿、丁香、菠萝、冰镇西瓜、橙黄色的松软蛋糕夹着深褐色的巧克力等，这个盛大的聚会被安吉洛全方位、多角度、立体式地描画出来，饭菜烧烤的香味儿从文字里散溢，让人忍不住想要扒拉扒拉文字，从中找美食尝尝；或干脆像在场的小孩子那样，"想去用手沾些糖霜放进嘴里"（142）。作为旁观者的安吉洛呢？要么仔细听、看、闻、想，要么一人坐在一片空地上，体会"天堂的模样"或是"躺着，直视天穹……正坠入一团无边无际的蓝色迷雾"的神秘（143-144）。

安吉洛人生的第一位朋友就是在这次聚会中遇到的。这位像"简·爱一样的姑娘"路易丝，可以和她一起"挑战未知的世界"（146），一起幻想，一起抬头看天空，一起体会"掉到天空里"（145）的感觉，一起探究永恒的世界。也是路易丝让安吉洛在到斯坦普斯保持三年的稳重之后，又重新变回了活泼开朗、胆大心细、想象力丰富的小姑娘。

11岁的安吉洛在参加完泰勒夫人的葬礼仪式后，第一次意识到自己也会死。死亡既然可以让泰勒夫人变成这个样子，"足以证明它的力量是不可抗拒的"（167）。这一段哥特式的书写，读来令人毛骨悚然。月黑风高夜，她回忆着葬礼的细节，听着大人讲着鬼故事，她还把《简·爱》里阁楼上的疯女人一起拉进想象的世界，自己吓唬自己。"当我向棺材里望去，她那表情呆板的脸无遮无拦地呈现在我的面前，好像忽然间变得空洞而邪恶……她脸颊上深深的凹陷一直延伸到耳根，嘴唇已经发黑，尽心的整容师为她涂了口红。她身上散发出淡淡的腐败气息。这种气息经久不去，似是怀抱贪婪而愤怒的渴望在寻求最后一丝生机。所有这一切让我感到天旋地转……"（166）

安吉洛的民族意识在她12岁小学毕业典礼上表现得淋漓尽致。她以最优秀的成绩、满怀的荣耀感，准备好扬帆起航。但毕业典礼上白人嘉宾发言中对黑人孩子过低的期望，让她恼怒而失望。她暗自想，白人孩子有机会成为伽利略、居里夫人、爱迪生等科学名人，而我们黑人男孩（女孩甚至都不在考虑之列）却只能努力成为杰西·欧文斯或乔·路易斯。后者的确是我们黑人世界的英雄，但凭什么一个来自小石城的白人官员有权决定他们就是我们唯一的梦想？谁又有权决定，如果我们当中有人想要成为科学家，就必须像乔治·华盛顿·卡佛一样先去擦鞋，好有钱去买劣质显微镜？又是何方神圣可以决定，一个人如果想要成为律师，就必须先花20年的时间摘棉花、锄玉米地、晚上读函授课，谁能决定，他仅仅因为是黑人，而必须进行这样的苦修？毕业典礼本是一个神圣的时刻和过程，意味着新衣、礼物、祝贺、文凭，但对她来说，"在走上台前就已结束"（183）。还好一首黑人的国歌《人人引吭高歌》让她和同学们振奋起来。她激动地写道："我们又一次战胜了，像曾经千百遍经历过的一样，我们又一次幸存下来。虽曾沉入冰冷黑暗的深渊，但我们的灵魂现在又一次地沐浴在明朗的阳光之下。我不再仅仅是骄傲的1940届毕业班的一员，还是伟大而美丽的黑人种族的一分子。我为此而自豪。"（188）

然而，火热的激情和自豪感改变不了现实的冷酷。奶奶带她去看牙医的经历，让她意识到种族主义的邪恶。她牙疼了几天几夜，最近的黑人牙医又离他们太远，奶奶决定带着她去看白人牙医——一位在大萧条时期接受过奶奶帮助的医生。尽管动身之前，她按照奶奶的指示忍着剧痛洗澡，从里到外换上浆洗熨烫好的衣服、刷牙漱口，但烈日下苦等一个多小时，换来的却是白人医生的"宁可把手伸进狗嘴里，也不给黑鬼看牙"（194）的原则。

重回南部奶奶家，安吉洛在逐渐长大。她领略过南方的自然山水之美，见识过黑人民众的狂欢场面，体会过种族自信心和荣耀，遭遇过被白人漠视、歧视的羞辱。在纷纷扰扰的社会环境下，在复杂多元的是是非非里，安吉洛逐渐建构着自己对社会、白人、人性、自我的认识。

四、重回加州，安吉洛在迅速长大

如果说奶奶是陪她走出黑暗的光，那么妈妈的善良和爱让她走出迷茫、绝望，让她相信了她自己。

奶奶在她 13 岁那年，送他们去加州和妈妈一起生活。那时候的她已经视书籍为陪伴、"侍奉我一生的巨灵"（205），从此她的内心不再干涸。从车站远远地看见妈妈的那一刻起，妈妈的光就开始多角度地照进了她的生活，尽管儿时的创伤还在。

察言观色永远是安吉洛的专长，妈妈在接他们回家的路上表情的微小变化、哥哥有时阴郁的脸、奶奶的故作镇定、爸爸的嬉笑等都没逃脱过她的观察。她像奶奶一样地小心翼翼，谨小慎微，但也轻快地活着。敏感是造物主给她们的礼物，无畏是她为自己一手驯养起来的气度！在接下来的成长中，有太多的无奈、陌生需要她认识、理解、辨别和应对，但勇气是她的精神武器。

妈妈温柔、美丽、雅致但却有力度的方式，影响着安吉洛思想的成长。她首先发现了妈妈的自信。"妈妈的美貌让她自信，而自信让她坦率真诚、无所畏惧……上帝给了她聪明的头脑，她就要好好用它来供养自己的母亲和孩子。"（211）浪漫时髦的妈妈有一天半夜叫醒了她和哥哥，关起厨房门为他们跳舞唱歌、办派对，"为我们带来了无限的幽默和想象力"（212）；而跟随妈妈品尝了那么多不同风味的小吃，让她意识到"这个世界上还有其他民族"（212）。她还发现，妈妈的脾气并没有变得更好，她有着"不偏不倚的天性，既不姑息纵容，也不心慈手软"（212）。对于妈妈的勇猛胆识，安吉洛是通过妈妈和她的生意合伙人的一次激烈冲突来表现的。"人人都知道，妈妈嬉笑怒骂、毫无顾忌，但没人会在她面前说脏话，更绝然没人敢骂她。"（212）这一次，妈妈提前做足了准备，朝着他开了两枪，差点打死他。

五、旧金山找到归属感

安吉洛的归属感不在自己的出生地圣路易斯，也不在奶奶所在的斯坦普斯，而生成于第二次世界大战时期混乱不堪的旧金山。在战乱时期，那里的人们观念混乱，种族矛盾突出，深受蓄奴制之害的黑人变得自大狂妄。工厂里的南方黑人、北方原住黑人、南方无知的白人相互之间摩擦不断，"傲慢与偏见并肩而行"（217）。但她却生平第一次感到"自己属于某个地方"，她"认同的是那个时代和那座城市"，只盼望自己长大成人，也带着旧金山"友善而矜持，冷静却不冷漠或拒人千里，高贵但不顽固"（216）的性情。她一度"变得勇敢无畏"，想"以傲慢为铠甲保护自己，我相信世界上没有人像我这样毫无偏见地爱着旧金山"（217），但最终却发现"它们如此苍白，根本不能代表旧金山"（217）。她发现黑人、白人之间的敌意"像城市脸上的脓包，时不时地溃烂、破裂"（218）；她发现"旧金山人或许曾站在金门大桥上发誓：种族主义将从这个四季如春的城市的中心消失。然而，可悲的是，他们错了"（218）。

安吉洛转学到乔治·华盛顿中学，这是她心目中一所真正意义上的学校。她有幸遇到了良师柯温小姐，后者发现并挖掘出她的潜力，帮她克服了和城里白人孩子们的距离感、自卑和胆怯。"柯温小姐并不偏爱哪个学生，班上也没有老师的宠儿……性格保守而坚定，从不把时间浪费在轻浮无谓的事情上……给人激励，而不令人生畏。当有一些老师刻意关照我（表现得对我很宽容）、另一些则无视我的时候，柯温小姐却似乎根本没有注意到我是个黑人，或与其他人有什么不同。"（221）安吉洛求学的日子就这样"在柯温小姐的讲台前、与贝利和妈妈共进晚餐的桌旁、在戏剧和舞蹈之间悠然飘过"（223）；而善于观察、善于学习总结、善于思考的安吉洛，在和世界、和他人、和自己的不断碰撞与对话中，认知能力在提高，心智在成长，毅力和勇气被一点点地淬炼出来。

安吉洛对黑人族群的生活情态、违法犯罪的认识和了解，大多来自继父克莱德尔·杰克逊。而她在对黑人们的穷困、狭隘、努力、智慧、乐观、犯罪的心态和行为的观察和思考中,既有遗憾和无奈,也有理解和同情。"在二十世纪的转折点尚未到来的岁月,这些生来黑皮肤的男人,原本毫无疑问要被时代碾成无用的碎末。然而,他们却以自己的智慧撬开了紧锁的社会之门。他们不但在'游戏'中变得富有,还获得了为同族人复仇的快感。我不可能把这些人看作罪犯,相反,我为他们的成就感到自豪。"(229)她发现,对于那些无关紧要的犯罪,黑人会感到不耐烦,很多人十分不理解为什么黑人不去抢更多的银行、不盗用更多的资金、不行贿更多的工会组织官员;而事实上,"我们是世界上最大规模的抢劫行为的受害者。人生需要某种平衡,我们做一点抢劫的事,没什么大不了"(230)。对一个缺乏正当途径与其他公民展开合法竞争的人来说,安吉洛的这种认识尤其具有吸引力,而且不无道理。

　　13岁的那年暑假,她和哥哥分别去了圣迭戈拜访爸爸。因为父亲的妻子并不友好,父亲也没能像她希望的那样照顾她,她经常去附近的图书馆读书打发时间。跟随父亲的那次墨西哥之行,她发现了爸爸性格的另一面,对爸爸有了进一步的认识,她的思维方式也发生了根本性的变化。

　　她认为,爸爸从来都不属于斯坦普斯,更不属于节奏缓慢、思想陈旧的约翰逊家族。"一个人生来即有高远的志向,却栖身于棉田农场之中,这是多么令人唏嘘的宿命。"(238)而只有在墨西哥的一家小酒吧里,爸爸才表现得"那样地轻松,那样地自信和游刃有余"(238)。也是这次出行让她变得更自信。爸爸醉得不省人事,从来没开过车的安吉洛凭着记忆和想象,驾驶着车沿着陡峭的山路返回美国,"这样的挑战让我兴奋莫名:我,玛格丽特,独自对抗着自然的伟力。我急速地转动着方向盘,脚踩着油门。那一刻,我主宰着墨西哥,主宰着权威、孤独、涉世之初的青葱岁月,还有贝利·约翰逊,我主宰着死亡、危险乃至地心引力"(243)。那一刻的安吉洛,找到了一种驾驭世界的勇气和力量,骄傲得不可一世,成了"跨越了险恶大山的英雄"(246),成了自我生命的主宰者。

　　安吉洛思维方式的根本性的变化来自她一个月流浪街头的日子。她被爸爸的妻子打伤后流血不止,随后被送往医院。从医院回来后,她跑出去住在一个破旧厂房的拖车里,结识了一帮狐朋狗友,学会了开车、骂街、跳舞、卖酒瓶。"不过一个月的光景,我的思维方式发生剧变……同伴们敞开心扉接纳了我，驱除了我原先那种时时袭上心头的不安全感……这些无家可归的孩子，战争狂热中的这些漏网之鱼，是他们最早让我领会到人类间的手足之情……我再也不会觉得自己被隔绝在人类之外。我们这个临时组成的共同体从不互相指责，无疑给我的人生定下某种宽容的基调。"（258-259）安吉洛如此总结这一段特殊的经历，"交出了一部分青春，换回了阅历，而我所收获的要比失去的更为珍贵"（260）。

妈妈适时的鼓励、老师的不偏不倚的关照鼓励、战后旧金山（尤其是黑人）的人文生态、跟随爸爸的墨西哥之行、一个夏天流浪街头的日子，成就了一个勇敢、自信、乐观的玛雅·安吉洛。

六、安吉洛的第一个梦想

15岁那年假期是安吉洛向命运发起挑战的开始。她想工作，想成为史上第一位"穿蓝色哔叽套装"的黑人有轨电车职员。她多次应聘都遭遇傲慢白人的拒绝。"我会得到那份工作。我要做一名售票员……我说到做到"（273），这段铿锵有力的话成了她想要独立的宣言书，帮助她实现了人生中的第一个不可能。

安吉洛的成功，妈妈功不可没。尽管安吉洛说自己讨厌"陈词滥调"（274），但妈妈抑扬顿挫的鼓励声赋予了它们全新的内容。在她被正式录取后，妈妈为她做了新套装。她的工作时间被排得杂乱无章，妈妈却说："你要了自己想要的东西，得到了就得付出代价。"（275）妈妈在那些日子里晚上不眠不休，要么等早晨4点半开车送她去电车车库，要么在黎明前接她下班；妈妈相信她有能力完全胜任驾驭自己的工作。安吉洛在此只字不提母亲的无私奉献，但字里行间散发的都是母亲的爱和温暖。是妈妈把15岁的她推进了社会，让她学会了"填写工作卡片、操作钱币兑换器、按键提示人们换乘……也能在车厢尾部一边随着摇摇晃晃的电车左摇右摆，一边带着甜美的微笑说服我的乘客们'请往里走'了"（275）。

春季课程开始，返回学校的安吉洛变得"更聪明、更成熟、更独立，有了银行账户，还给自己买了衣服，所以我确信我已经学习并掌握了一个神奇的妙方，从此可以融入同代人所过的快乐生活"（275）。然而，她同时也沮丧地意识到自己跟别的同学尤其是大多数白人同学们在见识、阅历、目标、梦想、生活状态和生活质量上的巨大差距。又是母亲的及时警告和提醒,她便不再逃学,尽管"上学的漫漫长日黯淡无光,看起来也没有什么能让这些日子闪亮起来"(276)。安吉洛对自己这段青葱岁月里的因无知而无畏、无惧的状态,描写得独到、客观又唯美。

"一个人孤独地站在懵懂青春的钢丝绳上,会体味到充分的自由所具有的那种激烈得灼人的美,感受到近乎永恒的悬而未决中所蕴含的威胁……大多数人都屈服于那说不清道不明、但极端残暴的压力,归入整齐划一的成年人队伍。与变成熟这种自上而下的压力持续地作斗争,在这种反抗面前,死亡或回避冲突倒成了容易的事……像明媚的时光,他们反抗着落日,却无奈地被二十四小时无休的一段段时期(它们被称为'日子')取代,是的,日子,那就是它们的名字,它们的数算方式。"(276-277)是的,谁又没有过这样热情、好奇、冒险、迷茫、孤独、焦虑的岁月呢?"美国黑人成年女性发展出一种咄咄逼人的性格,对此事实,他人往往感到惊讶、憎恶,甚至准备一争高下。人们不认为这种性格的形成是伴随幸存者的胜利而来的无可避免的结果,其实,就算人们不能心悦诚服地接受这个事实,至少也应表现出尊重。"(277)她想要展翅飞跃探险,她想要追求大梦,她想要属于自己的天空,她想要确证自己的机会,她更想要社会的理解。

七、16岁的少女妈妈

安吉洛16岁了。在读完《寂寞之井》这本有关女同性恋题材的书后,她怀疑自己的身体发育迟缓,担心自己如果是同性恋会遭遇跟书中人物一样悲苦的命运,便决定找个男朋友,以便向全世界,更重要的是向自己澄清自己的位置,并论证自己的性别身份。"我一个筋斗翻进我心底那间痛苦小屋……我不能躲在自愿做乖乖女的帷幕之后。我都快要被两股永无休止的力量压垮了……另一方面,是我那新近苏醒的性欲。我决定自己来掌控这一切。这就是我那可悲却贴切的心声。"(285)勇敢的安吉洛主动出击,引诱邻居家一个"长相俊朗,人见人爱"的男孩初尝禁果。三个星期过后，她发现自己怀孕了。"世界已经终结……我独自一人在噩梦中窒息。如果我能怀上孩子，那么显然说明我不是同性恋，这个事实带给我微不足道的快乐。"（289）在身心的重负之下，成长的这一段路上，她走得步履蹒跚。

毕业典礼结束后，她给继父留了纸条，"亲爱的爸爸和妈妈，此番让家人蒙羞，我深感抱歉，可我怀孕了。玛格丽特"（292）。第二天，妈妈就从阿拉斯加返回。了解到她是在自愿的前提下，妈妈举重若轻地说了一句话，"好吧，那就这样了。没必要毁掉三个人的生活"，想让安吉洛学妈妈那样，永远"寄希望于最好的可能，做最坏的打算，这样就不会对任何不好不坏的事感到突然"（292）。

安吉洛的儿子出生了，"爱和感激在心中交织在一起，拥有的幸福和天生的母性相伴而生"（293）。妈妈提议她和孩子一起睡，半夜里她被妈妈叫醒，发现自己"俯身趴着，胳膊弯成九十度。我的胳膊肘和前臂撑起了毛毯，像围起了一个帐篷，而宝宝就偎依在我身边"（294）。"妈妈低声说道：'你瞧，做得对，就用不着多想。如果你觉得一件事是对的，就用不着再去费心琢磨，去做就是了。'妈妈关了灯，我轻轻拍着儿子，又睡着了……"（294）

在一片母爱的温暖和一个新生命自带的希望中，在母亲那句永远有安抚功能的话语里，玛雅·安吉洛的第一本自传结束了。

回顾 16 年的人生，尽管孤独、焦虑、挫折、困顿、不幸、动荡不定常有，但安吉洛的回忆里，始终有奶奶给予的爱抚和关照，有哥哥适时的帮助和解惑，有老师的鼓励和支持，有妈妈无边的爱和指点，有经典作品带给她精神空间的丰饶，更有她自己挑战命运的坚强和勇气，为人母的安吉洛已经有足够的力量挑战未来！

在安吉洛随后的人生历程里，她先后做过侍者、厨师，但她所热爱的音乐、舞蹈、表演和诗歌，随即成为她生活的重心。文学大家玛雅·安吉洛还将继续打磨生活，演绎生命，继续高歌！

《肖申克的救赎》中有这样一段话，有一些鸟是关不住的，因为它们每一根羽毛都沾满自由的光辉，飞翔是它们唯一的使命。下一节，我们将通过对安吉洛的《妈妈和我和妈妈》的细读，详尽展示她是如何受妈妈爱的哺育，顶着生活的逆风，高唱着自己的灿烂人生。

第二节　安吉洛何以成为玛雅·安吉洛

《妈妈和我和妈妈》是安吉洛在耄耋之年出版的最后一本自传，填补了其"坎坷人生的最后空白"，回答了"我何以成为今天的自己"这一需要一生才能找到答案的问题。该自传共分为两部分："妈妈和我"与"我和妈妈"。前 13 章主要记述了在安吉洛的成长过程中，妈妈如何像一道光那样照进她的生活，帮助她走出迷茫和黑暗。后 16 章叙写了在安吉洛独立之后，妈妈是如何竭尽全力指导、帮助、塑造、解放她的。美国著名社会心理学家亚伯拉罕·马斯洛（Abraham Maslow）将人类的需要按等级层次划分为依次递升的五种需要，即生理需要、安全需要、社会需要、尊重需要和自我实现需要。如果说奶奶、哥哥在安吉洛 13 岁之前给了她生理需要、安全需要和社会需要的话，13 岁之后是妈妈满足了她尊重需要和自我实现需要，帮助她带着身心的创伤，在生命的旅程中勤勉努力、乘风破浪。

在该自传中，安吉洛谦卑地把自己弱化在文本里，看似聚焦于一些"凝固的时间点"，展示的是妈妈的品格和精神魅力，但和"最勇敢、最慷慨"的妈妈的形象并置的，还有一位顶天立地的斗士般的女儿玛雅·安吉洛。安吉洛说："妈妈给了我一份叫勇气的礼物，它们既大又小。小勇气被如此精细地编织进我的心灵，我几乎分不清哪里是她止步的地方，哪里是我启程的地方。"（191）[①]本节将重点展示作为一个黑人、穷人、女人的安吉洛，是如何在妈妈的爱护、鼓励和帮助下，成为今天的玛雅·安吉洛，一生都在高唱着生命的赞歌。同时，我们还刻意保留了妈妈在不同时期、不同场合说给安吉洛的话，因为"金玉良言"尚不足以表达妈妈的智慧，"受益匪浅"更是低估了妈妈对安吉洛的影响。

[①] 玛雅·安吉洛. 2020. 妈妈和我和妈妈[M]. 2 版. 陈瑜译. 上海：上海三联书店. 本节引文凡出自此书，皆只标明页码。

一、"妈妈和我"中的玛雅·安吉洛

有人说,人生际遇的好与坏关键在于生命里碰到什么人,只要能对你有所启发的人都是明灯。安吉洛的妈妈就是她生命里的明灯。她的妈妈薇薇安·巴克斯特(Vivian Baxter)于 20 世纪初出生在密苏里州圣路易斯市,出生时"又黑又穷",后来出脱得大方美丽,被人称为"拥有爆炸式黑发、肌肤散发着黄油色泽的女士"(3)。

安吉洛的外祖母有 1/8 的黑人血统,肤色跟白人一样。外祖父对孩子们的教育理念是"暴力",所以"打架"是外祖父家的孩子们的热门话题。作为姐姐的薇薇安,一直把让弟弟们"保持粗野的本性"视为自己的责任。这大概是安吉洛的妈妈一生洒脱勇敢、临危不惧的个性来源。

安吉洛在该自传中简单回顾了 16 岁之前的生活后,开始描写自己和妈妈之间情感的互动细节,彰显出母亲的慈爱、果敢、诚实和开明。

(一)爱的力量:妈妈的吻

当安吉洛从奶奶家返回加州,在火车站接站的母亲吻了她。"在阿肯色的那些年,我从来没有得到过亲吻。"(17)两个星期后,她和妈妈之间就开始了后来习惯性的"促膝长谈"。"我是你妈妈,我努力工作,累断了胳膊,累断了腿,就是为了你能有个遮风挡雨的地方住。你到学校上学,老师朝你微笑,你会随之微笑,甚至那些你不认识的同学朝你微笑,你也会笑。而我是你妈妈,如果你能为陌生人在你脸上硬挤出一个笑容的话,那么朝我笑一笑吧。我向你保证,我会很感激的。"(18)在妈妈的耐心引导下,她笑了,妈妈却哭了。"这是我第一次见你笑,一个好美的笑容,妈妈美丽的女儿会笑。"(19)正是从那一天开始,她"明白了一件事:我只要通过给另一个人笑脸就可以成为一位给予者……如果我的音乐让人愉悦,我就把音量放大;如果它令人厌烦,我就把音量调低。我可能永远不会被人看作慈善家,但是我确实期望人们认为我是仁慈的"(19)。她和妈妈之间的感情距离在缩小,"我开始喜欢她。我喜欢听她的笑声,因为我注意到她从不嘲笑任何人"(19)。从妈妈那里,她体会到善良和爱的神奇力量。

妈妈和哥哥之间似乎更为亲近的关系，曾让她心生嫉妒。哥哥对于从小被父母离弃一直耿耿于怀。妈妈解释说："爸爸和我几乎刚一结婚，就开始不喜欢对方了。等你们两个都出生后，我们不得不开始考虑，该拿你们怎么办。我们努力了将近一年，但是，我们意识到没有什么可以让我们俩待在一起……他的妈妈写信给我们，说把孩子送去她那里。"（29）妈妈反复解释，态度认真而坦诚，"我想念你们，但是我知道你们待在对你们来说最好的地方……我没有耐心……还没有做好当一个母亲的准备。我正在向你们解释，但不是道歉。如果我把你们留在身边，我们都会非常难过"（29）。继父的一席话，打消了她和哥哥的恐惧和不信任："我相信，你们知道一切，但是仍有一些事情我可以教你们……我想让你们明白，如果不努力，你们会一无所有。如果你们认为自己可以不劳而获，那唯一的可能就是你们会被利用。如果你们叫我克莱德尔爸爸，我会很开心。我非常爱你们的母亲，我会永远照顾你们三个"（32-33）。随后的日子里，妈妈、继父、家里的保管员和厨师、她和哥哥，各自选定了自己喜欢被称呼的名字，家里气氛友善和睦。

坦诚不说谎是妈妈坚持了一生的好品质，母女俩就此相互赏识。妈妈敬佩"我不惜任何代价都要说实话的决心"（44）。妈妈的宽容和谅解是她学到的人生另一课。妈妈把放有几千美金和几箱酒的钱柜的钥匙交给了她，她偷了妈妈的酒跟同伴们分享被发现后，她挨了训，还差点挨了打。"在这个事件中，我错了，我感谢薇薇安足够宽容，接受了我的歉意。"（47）

如前文所述，安吉洛成为美国铁路系统工作的第一位黑人职员，除了她自己的坚持、毅力和执着，也与妈妈的鼓励、支持不无关系。在这一段工作结束后，她和妈妈之间有这样一段对话：

她说："好啦，你得到了一份工作，我也得到了一份。你是售票员，我是你每天黎明前的保安。你从这段经历中学到了什么？"

我说："我了解到你很可能是我拥有的最好的保护者。"

她问："从你自己身上学到什么？"

我说："我认识到我不害怕工作，就这些了。"

她说："不，你懂得了你拥有力量，力量和信念。我爱你，我为你自豪。有了这两点，你可以去任何地方，每一个地方。"（63）

妈妈的全力支持和鼓励给她披上了精神和心理的铠甲,让她一路披荆斩棘,步步为营。

然而,妈妈的爱有张有弛,决不姑息,也不溺爱。15岁时,因她晚上出去玩回家太晚,妈妈动手打了她。"鲜血滑进我的嘴里,我尝了尝味道。"(68)第二天,妈妈后悔不已,跪在地上祈求女儿的谅解,"我疯了,我失去了理智。我记得那个杂种在你7岁时对你做的事,我无法想象另外一个人占有你、玷污你,甚至可能杀了你"(70-71)。她见识到妈妈的"强悍和力量",也领悟到妈妈的脆弱和柔软。

妈妈在得知她怀孕的消息后,从阿拉斯加返回家,只问了三个问题:

"你知道孩子父亲是谁?"

"是的,夫人,只是一次。"

"你爱他吗?"

我说:"不。"

"他爱你吗?"

我说:"不。"

"好吧,那就这样吧,我们不要毁了三个人的人生……谢谢宝贝,继续向前走吧。"(83-84)

听了妈妈这句话,"宽心的泪水洗刷着我的脸。她没有恨我,或让我恨我自己。她给了我她一直表现出来的尊重,她关心我和我的孩子"(84)。在安吉洛住院待产期间,做过护士的妈妈全程陪护,回到家后又悉心照顾她和宝宝。"我想着我妈妈,觉得她很神奇。她从来没让我感到我让家庭蒙羞。小婴孩没在计划中,我要重新规划学业,但是对薇薇安·巴克斯特来说,生活就是生活。我未婚生子不是什么错误,这很简单,只是有点不方便。"(86)妈妈的开明、大度、宽容,尤其是对她的尊重,使她可以无畏未来路,坚定地生活下去。

(二)安吉洛的独立生活

在儿子两个月大时,安吉洛找到了工作,她和儿子从妈妈家搬了出去。妈妈"一半同情,一半骄傲。她说:'好的,你走吧,但是记得,当你穿过我家大门的台阶时,你已经长大成人……在恋爱关系中、在朋友之间、在社会上、在工作领域，你可能一直都得去适应别人，但是不要让任何人改变你的主意。然后记得，你永远可以回家。'"（86-87）。从此开始，安吉洛"把薇薇安·巴克斯特当作了母亲。偶尔，出于习惯，我叫她女士，但是她对待我的方式、她对我宝贝的爱，让她赢得了被称为母亲的权利"（87）。妈妈用一言一行让她"获得了自由"，让她在社会中"获得了解放"，让她"绽放生命"。从那时起，安吉洛"掌握着自己的生活"，也会告诉自己的儿子"我和你在一起"（87）。但作为读者的我们知道，"妈妈和我"中16岁的安吉洛所掌握的自己生活的能力，既来自妈妈的爱，也来自她自己的努力图强和不言弃。

二、"我和妈妈"中的玛雅·安吉洛

在"我和妈妈"这一节中，安吉洛有了工作，成了家，而妈妈始终站在她的后边，看着她慢慢独立成长。但妈妈却总能在合适的时候，以其果敢决断、雷厉风行的性格，冲在女儿的前面，给予她足够的母爱、理解和指点。

16岁的安吉洛独立了。"独立"的滋味五味杂陈，"是令人兴奋的饮料，如果喝进嘴里，它会对大脑产生和新酿的红酒一样的影响。它的口感不是一直令人心动，但这不重要，它令人上瘾，每喝一口，你就想要更多"（91）。22岁那年，安吉洛和5岁的儿子住在旧金山，她同时打着两份工。而妈妈则搬进了一栋维多利亚时代装修繁华的大房子里。每两周妈妈会把安吉洛的儿子盖伊接回家，安吉洛只能每个月在约定的时间去一次妈妈家。有一天，她在街上和妈妈告别，妈妈突然从身后叫住她说，"宝贝，我一直在想，现在我确定了，你是我遇见过的最伟大的女性"，"你非常友善，非常聪明，这些并非总能集中在一个人身上。埃莉娜·罗斯福夫人（Mrs. Eleanor Roosevelt）、玛丽·麦克劳德·贝休恩博士（Dr. Mary McLeod Bethune）和我母亲是这样的人——现在你也在那个名单里了"（94-95）。妈妈亲了亲她，转身横穿马路走向自己的高级轿车，而她则在寒风中缩紧身体，穿过大街去等有轨电车。安吉洛始终告诫自己可以接受妈妈和她的智慧，但不能接受妈妈的钱，甚至搭她的车。她这样自我鼓励，"可能她是对的，她很聪明，经常说她不会因为惧怕任何人而说谎……也许我真的会成为一个人物。想象一下"（95）。妈妈的一个吻、一番话给了她极大的精神鼓励。从此她痛下决心，改掉了抽烟、喝酒和骂人的坏习惯，学着妈妈的样子，坚强、干净地活着。

　　妈妈鼓励她独立，也精心护佑她成长，更愿意舍命去救她。安吉洛新交的男友因听信谣言，把她打得不省人事后关了起来。妈妈动用了她的所有人脉找到了安吉洛，为没有保护好自己的女儿痛心、内疚。按照妈妈一贯的行事风格，马克必须死，而且是死在她的枪口下。妈妈为安吉洛密谋了报复计划，但安吉洛临场却放弃了开枪。妈妈却不带任何抱怨和失望地说："这一点你不像我，也不像你亨德森奶奶。我会当街像杀条狗一样杀了他。你是美好的甜心，是一个比我好的女人。"（105）安吉洛的放弃避免了一场残杀，妈妈的理解让她学会了宽厚；而妈妈的"从此大街上你不会再看到他了"的承诺，让她感受到了温暖和安全。

　　儿子盖伊因过敏症需要悉心护养，而安吉洛每天得打双份工才能维持生活。生活的重担一度让她焦虑不堪，甚至崩溃。妈妈再次用言行将她从困顿之中解救出来，同时巧妙地避开了任何可能伤及她自尊的言辞或行为。"我知道你太骄傲，所以不会借钱，你永远不会乞求，但真相是：你有一个身体不好的孩子，有一个爱你的母亲。我不想借给你任何钱，但是我真的想对你的未来投资1000美元。这不是借贷，也不是礼物，这是一项投资……你必须另外找一份酬劳不错的工作，因为我要收5%的利息。我知道你很讲公平，你也知道我很强硬……"（108）安吉洛接受了妈妈的"投资"，陪儿子过了一段悠闲的日子。听说安吉洛和盖伊在马路上欢跳，玩得像个孩子，妈妈说："不，她不在玩，她在做一个好妈妈。"（110）妈妈的这番解释里既带着一些自责和内疚，更有她的智慧和清透。

　　安吉洛和希腊裔海军乔西的婚姻被聪明的妈妈一眼看到结果。安吉洛和乔西交往几个星期后闪婚，妈妈的态度是暴怒和反对。"你怎么能说跟一个白人结婚……但是如果你嫁给一个白人，就跟一个穷鬼爱上一个有钱人一样容易"；"他究竟会给你带来什么——他朋友的轻视和你朋友的怀疑？这就是新婚礼物"；"告诉我你为什么打算嫁给他？"（114-115）妈妈这一连串的反问里满是对女儿这次婚姻的质疑。薇薇安女士"蹬着她的高跟鞋，转身阔步走向大门，'祝你好运'"（115），便从旧金山搬去了洛杉矶。妈妈生着气搬去了洛杉矶，却留下了对女儿的担心和挂念。

尽管反对女儿的婚姻，但妈妈也真心祝福她幸福美满。安吉洛和丈夫之间因工作、兴趣爱好和信仰等产生分歧，她不得不辞去自己喜欢的工作，在人寿保险公司当文员。妈妈带着自己的闺蜜来看她，"宝贝，请原谅我。我不在乎你是不是跟一头驴结婚，我再也不会走开，丢下你一个人。我把洛蒂带来见你……希望你们能互相认识，我相信，你们会互相喜欢的"（121）。安吉洛的妈妈并没有站出来反对，而是努力接受。第一次见乔西，妈妈不卑不亢，她用得体的语言，试图保住女儿的幸福。但再次登门时，妈妈对女儿说："我知道，宝贝，我知道他不喜欢我，我理解。如果他对你和盖伊不好，我也不喜欢他。不要担心，我会想出办法，让我们好好相处。"（127）妈妈还专门办了一个规模很大的暖屋派对，尽力向乔西示好。在安吉洛和其丈夫和平分手后，妈妈平淡地说了句"正常的"（136），安顿了女儿的后悔和慌乱。安吉洛重新找了份工作，她的生活又蹒跚着走上了一条平坦的大道。而妈妈像每日准时升起的太阳适时地照亮她的迷途，并治疗她精神上的伤疤。

为了挣更多的钱来抚养孩子，安吉洛打算去当脱衣舞娘，妈妈没有一丝犹豫，立即给予她鼓励，还帮她改变舞蹈服装和形式。"你不要光着身子在台上摆姿势，你一定要真正地跳舞。"（138）在她取得一些成就后，妈妈继续鼓励她说："我不吃惊。在这个世界上你会走很远，宝贝，因为你敢于冒任何险。那是你必须做的，你准备做到你所知道的最好，而且，如果你没有成功，你也知道，你该做的就是再试一次。"（139）在妈妈的鼓励下，安吉洛凭借自己的才华，在旧金山迅速成名。她不断结交真正的艺术家朋友，一步步迈向文学和艺术的殿堂。

如何在一个存在种族歧视的社会里把儿子培养成一个开朗快乐的孩子，让安吉洛焦虑不堪。她从声乐老师那里讨来了终身受益的办法。老师给了她一本黄色便签和一支圆珠笔，让她写下自己的感恩。"写下来并且想一想，全世界数以百万计的人听不到唱诗班的合唱、听不到交响乐、听不到他们自己宝贝的哭声……"（154）玛雅写到黄色便签第一页最后一行时，疯狂的心魔就被赶跑。此后"无论我的白天是暴风骤雨还是艳阳高照，我的黑夜是辉煌荣耀还是孤独寂寞，我都保有一种感恩的心态。我生命的航船可能行驶在平静的海面上，也可能波涛汹涌。我活着的富有挑战的日子可能光明而充满希望，也可能暗无天日。但从那次冲突开始，如果负面情绪坚持占据我的脑海，我总是记得，还会有明天。而今天，我是有福的"（155）。安吉洛摆脱了焦虑，带着一颗感恩的心，迎接自己生命的明天。

（一）又一个突破：安吉洛的写作生涯

32岁的安吉洛接受了诗人休斯和小说家约翰·基伦的建议，来到纽约试运气。这一次，她想做个真正的作家。而那时候的妈妈已经成功加入海上联盟，登船出海了。妈妈的那句"如果你能在纽约成功，那么你能在任何地方成功"（160），让安吉洛下定了决心，加入了哈莱姆作家工会，母子俩"过着没有结余的奢侈生活"（160）。仅仅一年之后，安吉洛就成了电视节目的嘉宾，正式开始了自己的写作生涯。

安吉洛零距离接触到一些伟大的艺术珍品，也是妈妈给的机会。生命中第一次，她对艺术产生了"生理反应"，"我几乎可以听见艺术，好像它是一部交响乐作品的伟大和弦"（175）。妈妈住在一个白人公寓里，照看一位患上失忆症的白人老太太斯坦恩夫人。安吉洛借此机会，亲眼观看了斯坦恩夫人客厅里毕加索、马蒂斯、鲁奥的绘画真迹后，"我战栗着……我说不出话来……眼泪从我脸上滑落"（173-174）。斯坦恩夫人解释说："有时艺术家看见其他艺术家的作品时，会有非常奇怪的反应。"（175）你女儿哭了，因为她是一位非常敏感的艺术家（175）。安吉洛回想着老太太的话感叹道："她遗忘了她一生绝大部分的事情，她忘记了她嫁给一个男人超过50年，但是她记得艺术。"（175）这次和伟大艺术的面对面，让她感受到艺术的魅力和艺术的生命力。

妈妈总是在安吉洛遇到困境时，站出来帮她清除一切障碍。1972年，安吉洛的一个剧本在斯德哥尔摩拍摄，她为剧本写的音乐也在瑞典录音室录制。在拍摄的过程中，安吉洛突发奇想要成为一名导演，她每天早早地去片场学习，但女主角以影响发挥为由，拒绝安吉洛在场；男演员也因为片酬问题想罢演。安吉洛曾跪地求男演员无效，她断然拒绝了男演员想要她提供性服务的暗示。工作陷入僵局，安吉洛打电话求妈妈帮忙。第二天，脚蹬高跟鞋、穿着典型的薇薇安·巴克斯特套装、披着紫貂皮披肩、钻石闪烁着光芒的妈妈，就出现在机场。到了酒店，妈妈对着调酒师说："无论我女儿需不需要，给她一杯威士忌加冰，我也要一杯威士忌加冰。你有什么喜欢的，就给这个地方每人一杯。"（182）妈妈以自己强大的气场一落地就把控了斯德哥尔摩。妈妈宽慰她说："比起一个季节，一匹马更需要一条尾巴……宝贝，现在他们对待你好像你是一条马尾巴。让我来告诉你你不得不做的一切，就是把你的工作完成。如果这些人活着，他们会回到你这里……我在这里，我把自己的全部带给你，我是你的妈妈。"（183）妈妈的自信、能力和智慧，驱散了笼罩在安吉洛生活中的阴霾，安吉洛事业的晴日拨云可见。下面这一大段描述中，表现出安吉洛慈爱、勤苦、力量感十足的母亲。"当我穿过附近的小草坪到我们住的楼房时，我会看见妈妈站在窗边；手里拿着一个杯子，脸上挂着大大的微笑。我会搭乘玻璃电梯上到她的楼层，妈妈会用一杯冒热气的咖啡迎接我。每天早上，她说同样的话：'嗨，宝贝，进来，给你咖啡和一个吻。'……让我感觉自己像一个小女孩，被准许坐在她的大腿上。她抚摸着我的肩膀、我的背，低声耳语，我不再为自己感到难过。"（184）妈妈做了一桌好菜，并邀请了剧组所有的人。"她是一个健谈的人，会逗我的朋友，就像他们是她的朋友似的……当她想让人喜欢她时，每个人都会爱上她……我的母亲在人前人后夸奖我……"（185）妈妈的用心和真心换来了剧组人员对安吉洛明显友好的态度。那个曾威胁说要逃跑的男演员开始奉承她是位了不起的作家，导演开拍时也不再要求她走开。她第一次真正理解了妈妈重要，不是因为她喂养、爱护、拥抱，甚至宠溺自己，而是因为妈妈能以"一种有趣、也许怪异而又不谙世事的方式站在罅隙里，站在未知和已知之间"（185-186）支持、鼓励、影响她，让她变得更有价值。"你是我的女儿，不要因为茶是热的就喝，你是属于自己的女人。"（186）妈妈适时的鼓励给她插上自信的双翼，让她勇敢地追求做自己。

就像她从未放弃与命运抗争一样，她一直没有放弃对爱的追求。1961~1966年，安吉洛旅居非洲，在埃及和加纳的出版行业工作，还担任过加纳大学音乐戏剧学院的行政助理。在此期间，安吉洛爱上了南非的自由斗士媒克（Vusumzi Make），尽管双方都曾努力稳固彼此的关系，但无果而终。随后安吉洛在接受了维克森林大学的雷诺兹终身教授一职后，搬去了北卡罗来纳州。一年之后她意识到，自己不该是一个可以教书的作家，而是一个会写作的教师。而她余生当教师的决定，再次得到妈妈的支持和鼓励。

对亲情的思考一直贯穿在安吉洛的所有作品中。有关哥哥的生活，她在该自传中做了交代。"在我的生命里，贝利永远是最珍贵的人。"（198）哥哥贝利对妈妈一直有怨在心，长大后他用毒品麻痹自己，孤独感伴随了他的一生。妈妈说："贝利有他自己的人生。他从未原谅我把你们俩送去阿肯色。我很难过，他不能让这些不快过去，但是我已经尽我所能，我无法消除历史。"（202）妈妈给了女儿安吉洛自己能给的一切，但却对儿子贝利无能为力。"作为一个女人，她没法成为一个男人，但是作为一个母亲，她没法成为一个父亲。"（203）是的，争强好胜的妈妈也失望、也后悔，也有无能为力的时候。但她敢于坦诚地面对过去，面对自己的问题和缺陷，这让女儿看到了勇气。

（二）爱在生离死别时

精神永不倒的妈妈身体病倒了，得了肺癌，生命仅剩三个月。一个电话把安吉洛从异国他乡唤了回来。妈妈"脸色苍白泛青，眼神散乱，但是一看到我就笑了"（205）。安吉洛把妈妈接到自己的家照顾，还接来了妈妈的闺蜜罗莎作陪。为了治疗的需要，放射科医生给妈妈的胸部、背部涂了红、黄色的颜料。妈妈把安吉洛叫到她房间里，脱去自己的睡袍，"你一直很喜欢艺术，现在看看你的母亲"，"我让你想起毕加索了吗？"（207）罹患重病不久于人世的妈妈还在避重就轻地逗女儿开心。妈妈的超脱和乐观让安吉洛明白，尽管妈妈不能痊愈，但她选择变得更好。

得知安吉洛被英国埃克塞特大学聘为荣誉访问教授的消息，妈妈带着骄傲，低声而坚定地说："去，让他们看看你拼读你的名字——女一人。你回来的时候，我会在这里。"（211）这是安吉洛从妈妈那里听到的最后一次鼓励。当她从机场赶到医院再次看到妈妈时，妈妈已深度昏迷。"我还是跟她说话。她的手在我的手心里，一动不动。"（213）第三天去看望妈妈，安吉洛握着妈妈的手，做了人间看似无情却最具深情的告别："有人告诉我,有一些人需要获得准许才能离开。我不知道你是否在等待,但是我可以说,你或许已经做了来到这里该做的一切……你曾是一名坚强的工人……你曾是一名轮船装配工、护士、房地产经纪人和理发师。如果我的记忆准确无误的话,许多男人和一些女人,冒着他们生命的危险来爱你。你是小小孩的糟糕妈妈,但作为一个年轻成年人的母亲,没有人比你更伟大。"(214)

"她捏了我的手,两下。"(214)这是妈妈给予安吉洛最后的爱和力量。很难想象,妈妈用了多大的力气才完成这一次握手;很难想象,看到女儿一贯都有很多或探寻或问候或鼓励的话要讲的妈妈,还有多少未说出的话;很难想象,那一刻的安吉洛是怎样放下妈妈的手、捂着心里的伤。"我看着妈妈没有生命气息的身体,回想起她的激情和智慧,知道她值得拥有一个爱她的女儿和一段美好的回忆。是的,她拥有。"(215)的确,妈妈拥有过敢爱敢恨、敢作敢当的洒脱人生;同样重要的是,她以自己生命的力量,扶持、激励出一个像她一样敢爱敢恨、敢作敢当的、爱她的女儿。

在该自传出版后,《时代》杂志的记者在采访中问安吉洛还会写几部自传,安吉洛曾说自己马上就要过85岁生日了,不知道还能活多久,但可能会一直写下去,直到上帝说:"玛雅,玛雅·安吉洛,你的时间到了。"安吉洛的生命时间终止在2014年5月28日,享年86岁。她说过,她"写这本书是为了探究,爱是如何治愈创伤,如何帮助人们实现不可实现的梦想,或走出人生难以想象的低谷"(2)。我们相信,"妈妈和我"以及"我和妈妈",一定都疗愈好了彼此的伤痕,在天堂里继续唱着她们的生命之歌。

结　语

安吉洛的两部自传用生动传神的语言,记叙了自己的生命历程,尽管有喜有悲,时张时弛,但始终有一种强大的力量贯穿文本始终,那是对她家人的关切和厚爱,更是她自身强大的生命力和勇气。

安吉洛在《致女儿书》中指出，"人总携着家里的影子、梦境、恐惧与恶龙，藏在皮肤之下，眼睛的犄角旮旯里，或是耳垂的软骨里"（安吉洛，2020b：4）。在安吉洛前16年的生命历程中，家人的影响为她的人生奠定了坚固的精神基础。3～8岁的安吉洛在阿肯色奶奶家度过了一段快乐时光。8岁时跟妈妈一起生活，外婆、外公、舅舅们的生活态度和强悍的家风，让她见识了城市黑人生存的韧劲。同一年她被妈妈的男友强奸，身心受到严重摧残。弗雷曼被舅舅们打死，她很是内疚，从此闭口沉默多年，避免再惹麻烦。又是南方的人、事、情、物治愈了她的创伤。她重新回到了妈妈身边，而妈妈给予了她全方位的关怀、引导。16岁的安吉洛以优异的成绩从中学毕业，同时也成了一位单亲少女妈妈。妈妈的慈爱、乐观、开明让她摆脱了重重焦虑，开始积极面对未来。

如果说安吉洛的首部自传确认了她是谁的话，她的最后一部自传则告诉我们，她何以成为赫赫有名的传记大家玛雅·安吉洛。时隔半个多世纪后，《妈妈和我和妈妈》中的安吉洛早已成长为冲出笼中的鸟儿，一路高歌猛进。勇气是她的底色，自强是她的武器，妈妈的爱一路为她保驾护航，她活得热烈充实，活力四射。

安吉洛在一次毕业典礼的发言中重复了她在《致女儿书》的一段话："在所有品质中，年轻、美貌、聪敏、善良、宽容，勇气才是你们最伟大的成就。因为缺失了它，你们无法将其他美德一以贯之。"（安吉洛，2020b：150-151）在长达86年的漫漫人生中，安吉洛始终都在孜孜进取，日日求索。在生活的千磨万击中，安吉洛把自己活成了一个尼采所谓的"超越了传统道德和价值观念的限制，能够充分发挥自己的潜力并创造自己的价值"的超人。

致敬伟大的作家玛雅·安吉洛！其实，我们都该为生命的价值和意义高歌！

第十章　安吉拉·戴维斯的政治生命与梦想

> 网，必被跃起的牛犊之角撕裂。
> ——安吉拉·戴维斯

引　言

安吉拉·戴维斯是当代著名的美国政治活动家、哲学家和作家。她一生都致力于反种族歧视、性别歧视以及推动监狱制度改革的运动。戴维斯迄今为止出版有十多部有关阶级、性别、种族和抨击美国监狱系统的专著。《安吉拉·戴维斯自传》是一本典型的政治自传，她在叙写自己30岁之前的生命生活学习的基础上，重点回顾自己参与政治生活的风风雨雨。除了序言和后记，文本由"地网"、"磐石"、"水域"、"火焰"、"高墙"和"桥梁"六部分组成，每一个标题都是对她某一段特殊生存情态的隐喻。她打破常规的线性的传记书写传统，开篇的"地网"是对当局以"谋杀、绑架和共谋罪"为她布下的天罗地网的记述[①]；"磐石"则描述了她坚定的信心、信仰、责任和勇气的源头；"水域"一章回顾了她独自一人去纽约求学，漂洋过海到法国、德国读书，在暗流涌动的环境里"潜泳"、前途未卜的经历；"火焰"一章叙写的是她投入政治斗争的热情和勇气；"高墙"则是她身陷囹圄后的所见所闻、所思所想；最后一章"桥梁"记录了她依靠集体的力量，冲出高墙，跨上通往未来之路的艰难的过程。

如前所述，人类存在一种与生俱来、无法逃避的焦虑，这种焦虑源于

[①] 笔者注：如果读者知道诺贝尔文学奖得主托尼·莫里森是该自传的主编，也就理解为什么该自传叙事会以这样非同寻常的方式开启。这是莫里森开启自己小说的惯常方式。

个体对自身存在、对现实、对未来的不确定性和不安全感。勇气则是一种对抗这种焦虑的方式，个体通过勇敢地面对和解决生活中的困难、挑战和不确定性，获得更多的自信和力量，进而肯定自身的存在。戴维斯的故事告诉我们，有的人生来就自带信念感、正义感、责任感和使命感。为了建构、改善，或彻底改变某种人文、社会、地域环境，为了某些人、某个阶级、某个种族的贫苦命运，为了身边大大小小的不公，他们会自觉地思考、质疑、愤慨、呼吁、抗争，甚至不惜为此失去自由或是生命，他们积极参与其中，乐此不疲。戴维斯就是这样一位影响过美国监狱制度的人物。尽管她也有困境中的孤独，也有对死亡的恐惧，但她拥有更多的是胆识，是勇气。她从小志存高远，擅长见微知著，从上小学起就为那些吃不饱、穿着破旧的同学鸣不平，社区里白人对黑人的排斥、嫌弃、枪杀，黑人学校简陋破损的校园环境和历史课本知识的狭隘，街上饭店和商店里白人高傲的眼神和态度，监狱里狱卒们对黑人和女性囚犯的高压和歧视、对政治犯（尤其是黑人）的种种非法关押和规训，等等，都让她义愤填膺，立志竭尽自己所能，改变这些乱象和邪恶。本章将以该自传文本的自然结构为框架，详尽展示戴维斯在30年的生命过程中，如何以风风火火的行动力，关心社会和政治，关心并努力改变弱者的生命生活困境，进而实现自我生命价值。

第一节 难逃地网

像谍战片一样，《安吉拉·戴维斯自传》一开始就把读者带入一个惊心动魄的追捕场面。月黑风高、伪装、逃跑、警察、特工、警笛声、黑洞洞的枪口、从一个朋友家到另一个朋友家、从一个城市到另一个城市、汽车、地铁、火车、飞机等，在这些词语所营造的昏暗意象里，戴维斯被押上了警车，警车随后驶入了空军机场。一路上，她每一个不当的言语、动作和反抗，都可能成为被枪杀的"正当"理由。

戴维斯被列入美国联邦调查局十大通缉犯之一，缘由如下。第一，索莱达州立监狱一直实行的是"种族隔离政策，监狱内黑白肤色的囚犯们关系紧张，最简单无害的碰面也会引发一场暴乱"（228）[①]。一名守卫在囚犯间的冲突中被某人无意推下栏杆摔死了。三名黑人青年乔治·杰克逊、约翰·克拉切特和弗利塔·德拉姆戈借此被指控谋杀罪，成了白人守卫之死的替罪羊，而"激进分子"是唯一的证据。戴维斯在了解了此案后，立即开始筹款、宣传、组织集会进行声援。第二，主持詹姆斯·麦克莱恩审判的法官在马林县法院暴动中被杀，地区检察官也受了伤，持枪者所使用的 380 自动手枪型号刚好与戴维斯名下登记的手枪型号一致。第三，两年前美国共产党组织的车卢蒙巴俱乐部和"团结兄弟"保卫委员会举办了一场为杰克逊筹款的晚会。会后警方搜查了他们的集结地，抓走了在场的所有人。那一时期，戴维斯因信仰共产主义刚被加州大学解雇。由于以上种种所谓的"罪证"，联邦调查局布网抓捕戴维斯，甚至将搜寻的范围扩大到了加拿大。

于是，戴维斯开始了东躲西藏、担惊受怕的日子。她跟朋友一起投奔了在芝加哥的朋友大卫。跟大卫住在同一栋楼的罗伯特·洛曼告了密，她们随即乘汽车去了纽约，再换乘火车到了迈阿密。戴维斯在迈阿密起草了一份声明，阐述了乔纳森的冤案，有意暗示自己已经离开了美国，并声明她的斗争还将继续。1970 年 10 月 13 日，她和朋友偷偷返回纽约，秘密生活了两个月后，在一家汽车旅馆被抓，随后被羁押在纽约女子拘留所，与一群患有心理疾病的女囚关在一起。

戴维斯始终明白，若自己的任何一项罪名成立都将意味着死刑。是监狱之外回荡着的"释放安吉拉·戴维斯""释放所有政治犯"的口号，给了她信心。她为自己变成大新闻而局促不安，因为她明白对自己的指控其实"诋毁的是黑人解放运动、左派组织，当然也有共产党员"（28）。在等待审判的期间，她努力避免把自己的困境个人化，不断地告诉自己，"我没有权利为自己的命运不安。我怎么能纵容哪怕是最轻微的自怜？我带着我的决心前行，我有远大的目标"（32）。看着女在押犯都是黑人或波多

[①] Davis, A. 1974. Angela Davis: An Autobiography[M]. New York: Random House. 本章引文凡出自此书，皆只标明页码。

黎各人，见证了监狱内残酷的现状和糟糕的生活环境，戴维斯再度鼓足勇气，开始了她在狱中的斗争。

在关押期间，戴维斯不断提出新要求来争取自己的权益。她想要去图书馆读书，她想要为每天都必须服用氯丙嗪保持安静的精神病患者做点事情。她在看守所内的第一次小规模斗争取得了胜利，是在她的好友兼律师玛格丽特的帮助下完成的。她终于搬离了精神病囚犯区，却又被单独置于最严密的"保护"之下。她选择以绝食对抗被单独关押，并带动起狱友们的集体绝食。戴维斯依靠果汁、大量饮水、身体锻炼、《纽约时报》、一两本书，还有玛格丽特和约翰的来访，在看守所一天天地坚持着。

戴维斯失去自由的沉重和绝望，被高墙之外"释放安吉拉！释放我们所有的姐妹"的示威游行声释缓。"想到这座坚不可摧的堡垒，想到所有把我和仅仅几百码之外的同伴们隔开的东西，想到我的孤独禁闭，我也许比以往任何时候都更感到被囚禁的沉重。"（48）于是她努力"把沮丧转化成力量，拒绝自怜"，连在牢房里与老鼠的斗争，也被她想象成"与这个系统进行的更大规模的斗争。把在夜晚为抵御这些怪物而做的一切准备，想象成是为了抵御更大的敌人而设置的路障"（50）。

戴维斯以自己特有的政治敏感看穿了监狱里奉行的实用主义策略。她认为所谓的看电影、上教堂等活动毫无意义，只不过是为了转移囚犯们的注意力而已。所以图书馆成了她安抚灵魂的地方。埃德加·斯诺关于中国革命的系列丛书、杜波依斯的自传，以及一本不知名作者写的关于共产主义的书，让她备受鼓舞。她把这里所谓的囚犯文化，如女囚之间建立家庭、扮演不同角色以及同性恋现象等视为一种抵御恐怖、自我防御的对策，视为一种无声的抵抗方式，"从根本上说是一种反抗，一种绝望的反抗。但不可能触及到监狱制度"（54）。狱中对囚犯身心健康的忽视，患者、孕妇的悲惨遭遇，瘾君子满身脓疮、整夜尖叫，地狱般的牢狱，让她寝食难安，暗自下决心尽自己所能进行抗争。

戴维斯发现，监狱里的一项政策，即允许有些人通过担保而无须缴纳保释金即可被释放，带有明显的种族主义色彩。她还发现，这里超过一半的人尚未被定罪，因为保释制度在本质上偏向于相对富裕的人群，因而只剩下穷人，尤其是黑人和波多黎各人。她进而意识到，如何取保候审成了看守所里嫌犯面临的最大问题，而政治犯在被审判有罪之前都应该是自由的。这成了她联合狱中姐妹进行抗争的契机。她抓住一切机会就狱中的种族主义政策跟狱友们展开讨论，还依据自己在古巴的所见所闻，给姐妹们解释"社会主义在根除种族主义问题上的作用"（62）。她亲自带领大家强身健体，"我渴望加强这种团结意识，我知道它需要的不仅仅是书籍和讨论。为了更有成效，我邀请姐妹们和我一起在走廊上锻炼"（64）。在她在拘留所最后的日子里，纽约的一些妇女团体开始为拘留所里的妇女募集保释金，戴维斯带领大家想出了一个理想的解决方案：以走廊为单位，集体选举决定谁可以获得募捐来的保释金；而且保释成功出去的姐妹，必须和基金会一起工作，继续筹集资金，为组织的进一步发展出力。

1970年12月21日，保释基金联盟和"纽约释放安吉拉·戴维斯委员会"在高墙之外发起了一场声势浩大的示威游行。为了响应墙外群众的热情，戴维斯召集囚犯们聚集在走廊里，齐声喊口号予以回应。她鼓励大家除了喊"释放安吉拉"，还轮流喊出每个人的名字。当晚，牢房里的女囚们继续高喊口号，高唱圣歌，拿鞋子敲打牢房的铁窗，在监狱内部引起了一场反抗的浪潮。当晚后半夜，戴维斯被狱警叫醒，随后连夜办理了引渡手续，最终她被移交给了加州的法警。"除了武装人员、警察、两个州的总检察长办公室成员外，连军队也参与了进来。"（71）引渡过程气氛紧张，她十分惶恐，"如果我在走向飞机时绊倒了怎么办？他们会不会立即开枪？他们立即开枪的话，我会被打得千疮百孔。这次行动是秘密进行的，远离媒体的视线，如果他们说我试图逃跑，就没有人可以反驳他们"（72）。

枪管一路紧随着戴维斯的步伐，从东岸到西岸。前景茫茫，她不知道等待她的是什么。尽管有家人、朋友、狱友，甚至街头民众的支持，尽管她从来没有放弃斗争，但戴维斯终究没有跳出庞大的国家机器和主流文化的大网。戴维斯给"地网"一章选用的题记是"网，必被跃起的牛犊之角撕裂"（8）。是的，她必然会以自己的勇气和胆识，冲破这一政治与种族之网，获得自由。

第二节 心如磐石

26岁的黑人姑娘戴维斯勇敢地对抗着20世纪70年代美国的司法机构。实际上，她这种冲锋陷阵的精神早在她小时候就已经崭露头角。

戴维斯出生于一个黑人中产家庭，父母皆接受过大学教育。父亲经营着一个小型加油站，母亲是一名小学老师。5岁时，当他们一家5口从亚拉巴马州伯明翰市区搬到了靠近白人住宅区的时候，戴维斯就已经看清了白人对黑人的蛮横态度。"他们皱着眉头，站在100英尺外瞪着我们……街对面的一对老夫妇，一直坐在他们的门廊上，眼睛里充满了挑衅。"（74）所以，他们家的抽屉里一直藏着枪，时刻保持警惕。

随着越来越多的黑人搬进他们所在的白人住宅区，"爆炸、死亡、白人仇恨、白人、更多的死亡"（75）就成了当时大人们谈话的主题，他们的社区很快因此被称为炸药山。母亲总在说"爱是上帝注定的。白人对我们的仇恨既不是天生的，也不会是永恒的"（76），希望女儿"忘记种族矛盾，看到白人内在的善。她不想让我惦记枪和仇恨，希望和平友好和谐……不想让我惦记藏在抽屉里的枪，不想让我想起曾尖叫着来我们家寻求帮助的黑人妇女……"（76）。然而，戴维斯却一直尝试做着各种努力，挑战白人的权威，寻找各种方式维护自己小小的尊严。

她和小伙伴们会站在家门前的草坪上，冲着白人汽车大声喊着"白佬！乡巴佬！"，然后再冲着白人惊讶的表情大笑，以此寻求"找到维护我们尊严的方法"（76）。

戴维斯对黑人历史的认知，来自小时候祖母家那个古老的家庭农场。从祖母身上，她看到了奴隶制的样子。祖母是在《解放黑人奴隶宣言》颁布的几年后出生的，祖母的父母也曾是奴隶。而祖母的离世让她第一次思考生死。"葬礼之后，故乡的土地于我，成了一种难以言喻的、令人敬畏的画面，那里上演着我们民族历史的舞台。"（78）她和祖母之间一种奇怪的、牢不可破的、宗教般的关联，就此结束了。

纽约和伯明翰的差异让小时候的戴维斯理解了黑白之间肤色线的本质。在纽约，她可以跟黑人、白人小朋友一起玩耍，公交车上，她可以坐在司机后面的座位上；然而在她的家乡伯明翰，当她第一次跑向司机后面的座位时，却使得一车的白人、黑人都感到不自在。不仅如此，在伯明翰的电影院、饭店和厕所，白人和黑人隔离的界限分明。黑人想喝水或上厕所，必须得找写着"有色"字样的标牌。戴维斯一直以为纽约是黑白世界的融合体，是一个相对而言不会受南方种族主义束缚的地方。但是，后来发生的几起事件改变了她对纽约和谐的种族关系的想象。

戴维斯从小就有着强烈的种族观念，为黑白世界之间的差距感到难过和委屈，并一直在寻找机会改变这种情况。她承认童年时期的自己对白人世界有着矛盾的态度，既有本能的厌恶，也有一种本能的嫉妒。她"永远没有想过要成为白人……但每当我的欲望与禁忌发生冲突时，脑海里便充满了梦想……幻想着自己戴上一张白色面具，随意走进剧院或游乐园或任何想去的地方。在彻底享受到这些便利后，在白人种族主义者面前做一个戏剧性的、看台式的露面，以一个横扫姿势，撕下白人的脸面，并在狂笑中叫他们都是傻瓜"（81）。几年后，这个幻想竟然成真。她和妹妹装作不懂英语的法国人去商店买鞋，被店员热情接待，经理亲自出面为她们提供服务。"一开始，店里的白人看到两个黑人坐在'只限白人'的区域时很困惑，但当他们听到我们的口音和用法语交谈时，似乎因为看到远道而来的黑人而高兴和兴奋。"（82）最后，两人撂下一句话，"黑人就是假装一下他们来自另一个国家，你们就会把我们当显贵"（82），然后大笑着跑开了。两个小女孩能够做出这样的行为，背后所需的胆识和勇气，可想而知。

戴维斯在5岁上学以后，才明白了黑人内部也存在着阶级差别。她原以为每个人的生活跟她家一样：有不错的一日三餐，有一年四季换洗的衣服，鞋底磨出了洞可以进城买双新的。但上学后她才知道"人饿了却没有好饭吃，冷了没有暖和的衣服穿，病了没有权利接受医疗"（84）的事实。看到许多小朋友买不起薯片当午餐，看到最好的朋友默默地站在食堂外看着其他孩子吃午饭，她偷来父亲的硬币送给他们。"比起我的良心，他们的饥饿感更强烈。"（84）她在想，"如果有孩子挨饿，一定是哪里出了问题，如果我什么都不做，那是我的不对"（84）。戴维斯看到了贫穷，并意识到必须主动地从自己做起，才可能解决问题。

从小学开始，戴维斯就对黑人民族及其历史产生了强烈的认同感。官方国歌里的"坚持自由"和"黑人国歌"中隐含的抵抗，给她留下了深刻的印象。"我高声唱歌并不是想引起别人注意，但我总是把最后几句唱得震耳欲聋：'迎着初升的太阳，直到新的一天诞生，让我们勇往直前，直到胜利！'"（86）她从"黑人国歌"里，听出了力量；从那些足以写进《美国黑人名人录》或《乌木》杂志"值得尊敬的黑人"身上，她感受到了自豪和荣耀。

七八岁时，戴维斯就质疑过布克的教育理念和老师的观点。"老师警告我们必须锻炼自己，艰苦劳作，做更多的牺牲，只有这样才能克服所有障碍。"（87）但努力就能得到回报"对于我来说意味着那些没有'成功'的人是因为缺乏渴望和意志力，这句话毫无道理。如果真是这样，那我们大多数人岂不是像白人经常说的那样，真的是懒惰和不负责任"（87）。尽管如此，她自己却从来没有放弃过努力，一直按照"一分辛劳一分收获来塑造自己，下决心要向全世界证明自己和任何白人一样优秀、聪明、有能力取得成就"（88）。

戴维斯讨厌关键时刻大人的沉默。"世界上没有什么比无所作为和沉默更让我愤怒的了。"（89）在她看来，白人来参观学校时直接称呼成年老师的名字，无异于羞辱。每当这时，她都试着破译老师脸上的情绪："默许、哀求、蔑视，或者还有意识到如果还击肯定会丢掉工作的痛苦。"（88）她用一次次勇敢的举动，抗议着周边人的无所作为。她曾看到两条狗相互撕咬、鲜血直流，旁边观战的人当中没有人去阻止，她主动冲上去把这两条狗拉开。"这样的冲动在我以后的生活里经常出现，有的短暂，但许多是持久而致命的。我经常忍不住插手。"（89）

在戴维斯上初高中时，美国如火如荼的民权运动不仅唤醒了沉睡中的一些亚拉巴马州黑人，也让她激动万分，跃跃欲试。校区楼房、木地板破旧不堪，古老的墙壁上满是涂鸦，老师们忙于维持课堂秩序，历史课本上把内战写成"南方独立战争"（94），学校里的"暴力几乎到了自相残杀的地步"（95）等，都是她眼里的不应该，都让她对当地黑人的政治麻木深感失望。"单从帕克高中的冷清气氛来看,你永远都不会知道 1955 年 12 月 4 日的蒙哥马利大游行,罗莎·帕克斯拒绝坐到校车的后排,或者 100 英里之外马丁·路德·金领导的那场大规模的抵制公交车运动,又或者事实上,伯明翰也应该有一个萌芽状态的公交车运动。"(95)于是,她选择和小伙伴们一起自发地走出去,选择坐在校车前面的座位上,以表达对远方民权运动的支持。

1956 年的圣诞夜,黑人牧师的家被炸弹炸毁,但幸运的是,牧师本人逃过一劫。第二天,亚拉巴马基督教人权运动发起了伯明翰公交车抗议活动。当时只有 12 岁的她也在谋求机会做点贡献,以迎接历史大变革的到来。"那几天我很烦躁。一些事情正在发生,这可能会改变我们的生活。"(96)然而,校外的运动,"几乎没有波及我们的校园。每天的课程照旧,黑人中产阶级的校外社会生活如常"(96)。

14 岁上高三时,戴维斯成功申请到了纳什维尔的菲斯克大学的提前入学项目和专为南方黑人设立的美国朋友服务委员会的实验项目。前者是美国最负盛名的黑人大学之一,可以帮她实现做儿科医生的梦想;后者是她比较喜欢的纽约。最终她选择了后者,"带着渴望和忧虑注视着未来——一个充满挑战,但也有失败的可能的未来"(100)。

戴维斯对未来的期待和想象,在她来到学校后彻底破灭。这里的老师们思想保守,政治主张杂乱,从自由派到激进派,包括共产主义无所不有。"我感觉自己好像独自在陌生的水域游泳,不知道我是在什么暗流,或深或浅的水域,还是沼泽或流沙中。没有一个导师了解我的优缺点。"(102)在历史课上,她初次接触社会主义的概念,仿若一个全新的世界展现在她眼前。她第一次知道世上有一种各尽所能、按需分配的理想的社会主义经济制度。她被空想社会主义的思想所吸引,被"决心完全孤立自己,以便建立一个新的微型社会主义者——人类社会"(102)的思想所震撼。她泡在图书馆,翻阅了所有关于罗伯特·欧文(Robert Owen)和其他运动领袖的资料,意识到"也许我身上的浪漫主义色彩把我吸引到了乌托邦社会主义者那里。我在考虑如何解决我的人民被白人剥削,但苦于找不到从压迫、种族主义和不公正的现实世界过渡到共产主义的方法。也许在某个地方,某些人会从资本主义的腐败中拯救他们的灵魂,但小型的集体主义、共产主义农业社会绝对不是解放数以百万计的人的途径"（102）。

《共产党宣言》中阐述了将无产阶级视为一切被压迫人民的救世主的思想，"如同闪电击中了我"，她"被其中蕴含的共产主义革命的可能性迷住了"（103）。她如饥似渴地读着这本书，从中找到了许多疑难问题的答案。她尝试在工人阶级运动的背景下看待黑人的问题，从而获得了一些关于如何废除资本主义的理解。"以前所有的历史运动都是少数民族的运动，或者是为了少数民族的利益。而无产阶级运动是绝大多数人、为绝大多数人谋利益的独立运动。无产阶级，即当今社会的最下层，如果不炸开官方社会的整个上层，就无法站起来。"（103）《共产党宣言》中的这段话给她留下了极其深刻的印象，成了她以后革命斗争的指导方针。这些知识"像一位外科专家那样，切除了我眼中的白内障"（103），帮她看清了资本主义社会的运行机制，看到了穷苦阶级受苦的根源，也看到了希望。尤其是最后一句话"全世界无产者，团结起来"（104），让她产生了投身共产主义运动的强烈愿望。

有了参与革命斗争的强烈愿望，也有了斗争的目标和方向，戴维斯加入了一个马克思列宁主义进步组织，参与了该组织发动的一系列和平示威活动。她的政治斗争觉悟在不断提高，并在此过程中积累了一定的实践经验。对黑人民众和弱者不可遏制的同情，让她赋予自己以责任和使命，她始终被召唤着走在斗争的队伍里，发挥着自己所有的能量。在纽约的这几年，是令她兴奋又紧张的几年。"我在那块石头上有个家，你不明白吗？"（74），是她为"磐石"一章选择的题记。戴维斯从来没有后悔过自己的决定，她在马克思主义思想这块石头上安了家，从此之后解放穷苦阶级的信念坚如磐石，从来没有动摇过。

第三节　在"水域"中摸爬滚打

戴维斯的大学生活开始于1961年9月的布兰迪斯大学。校内布兰迪斯先生的雕像，恰似刚刚入学找不到未来的戴维斯，伸展着双臂，想要展翅飞翔，但无处可去。

布兰迪斯大学里仅有三名黑人学生，并且都是女生，加上受加缪、萨特存在主义思想的影响，戴维斯感到了疏离、孤独和生命的虚无，她常常选择远离学校的社交生活。尽管她宣称自己为共产主义者，但那些政客们居高临下的态度让她对这种小型的校园运动很排斥。从鲍德温、赫伯特·马尔库塞和其他几位教授和研究生的演讲中，她找到了方向，把自己视为整个政治运动的一份子。当很多同学对越南战争危机的反应是出于自私，是对古巴人民的危险毫不在乎，是对核冲突爆发可能毁灭数百万无辜人民的后果不感兴趣时，她却积极参加各种集会、宣讲会和示威活动，表达自己的主张。

第二年，获得艺术节奖学金的戴维斯去了巴黎。见证过被炸的北非人经常光顾的咖啡馆、黑暗小巷中血淋淋的尸体、地铁站里反阿尔及利亚的涂鸦，"我本希望通过旅行去发现新的地方、新的经历，结果发现哪里都一样，同样的经历传递出共同的信息：挣扎"（112）。巴黎之行还让戴维斯懂得了外语的重要性。在上大二时，她主修了法语，完全沉浸在福楼拜、巴尔扎克、萨特、波德莱尔、兰波、普鲁斯特等作家的作品中。

马尔科姆的出现完全打乱了戴维斯平静的校园生活。尽管她并不完全认同马尔科姆的观点，但马尔科姆及其随从们的穿着、气质，以及针对白人的雄辩的演讲内容，深深地吸引了她。"马尔科姆把白人贬得一文不值……他的言论让黑人听到了非同寻常，让白人听到了不安。但有趣的是，他们只专注于保护自己，从未想到可以做一些事情来反对种族主义。"（116）

作为唯一一个黑人学生，戴维斯申请到汉密尔顿学院的法国预科项目，该项目正式开启了她在巴黎的留学生活。1963年9月16日，《国际先驱论坛报》上刊登了伯明翰16街浸信会教堂爆炸案，四个被炸身亡的女孩中，两个是她儿时的伙伴。她禁不住放声大哭，同学们在竭力安慰。但她却觉得"他们根本不懂种族主义，他们安慰我，就好像我的朋友是刚刚在飞机失事中丧生一样"（118）。因为在她看来，它不仅仅是由少数极端分子引发的爆炸案，它更是种族主义的铁证，整个社会都应对此谋杀负责。她还从肯尼迪被枪杀后美国留学生的反应中，读出了不公。巴黎的美国留学生们跑到美国大使馆表达哀思，她说自己并不幸灾乐祸，但她无法认同他们的哭泣。"我不知道当他们读到《国际先驱论坛报》关于卡罗尔、辛西娅、艾迪梅和丹尼斯被谋杀的报道时,有多少人流下了眼泪或真正感到悲伤。"(121)生命对于每个人都一样,黑人之死为什么轻如鸿毛,是她最关心的问题。

尽管她的专业方向是文学,但戴维斯更喜欢马克思及其先驱与后继者的哲学思想。阅读他们的书"给了我一种安全感和舒适感"(121)。回国后,她旁听了马尔库塞有关法国大革命以来欧洲政治思想的系列讲座,还被邀请参加了马尔库塞主持的关于康德"纯粹理性批判"的研讨会,从而学到了更专业、生动的哲学史知识。

就读于布兰迪斯大学的最后一年,戴维斯成功申请到去德国法兰克福大学攻读哲学专业的奖学金。在那里,她参加了哈贝马斯、内格特等哲学大师的课程和讲座,全面、扎实地提升了自己的理论知识;在德国参加的示威游行活动中,她积累了一定的实践经验。这一时期,美国国内的民权运动热火朝天,黑人解放运动正在发生着决定性的变化。"国内的斗争越激烈,我就越感到沮丧。我在推进我的学业,加深对哲学的理解,但我越发感到孤立。我离战场太远,无法分析斗争情势,甚至没有足够的知识和理解力对这场运动做出判断。"(132)戴维斯陷入了两难,她既想回国投身于民权运动,又想留下来完成博士学业。最终她放弃了对个人更有利的学术环境,选择回到加州大学圣迭戈分校学习工作,为解放黑人的大事业而尽力。

第三章"水域"的题记,戴维斯选取了 20 世纪西班牙著名诗人费德里科·加西亚·洛尔卡(Federico Garcia Lorca)的一句诗行。"我走入了《创世纪》中混沌初开、波涛汹涌、洪水滔滔的风景。"(107)戴维斯陷身于人生这一段"水域"里,尽管巨浪滔滔,但她带着对人类命运的悲情和对生命的热爱,目光坚定,目标明确。

第四节 火焰般的斗争热情

1967 年,戴维斯在回国途中参加了在伦敦召开的"解放的辩证法"的学术会议。会后她意识到,"当白人被不加区别地视为敌人时,是不可能找到政治解决办法的……只要黑人对种族主义的反应依然纯粹情绪化,那我们就解决不了任何问题"(135)。她明白为了实现最终目标,黑人解放斗争必须成为革命运动的一部分,且这场运动必须朝着社会主义的方向推进;她更明白了黑人工人阶级在整个斗争中起着重要的领导作用。然而,她更想知道的是自己下一步该怎么办。

回国后,她积极寻找相关组织未果,无奈之下,她最终选择回到了圣迭戈。生来就是个活动家的戴维斯,感到沮丧、焦虑,甚至绝望。"我就像一个探险家,多年之后带着奇珍异宝回到祖国,却无人可赠……我在校园里闲逛,看公告栏,读报纸,和认识的每一个交谈:我的人民在哪里呢?如果不能很快找到发泄口,我想成为解放运动一份子的想法,会被这些无法抑制的欲望搅得粉碎。"(137)无奈之下,她先加入了校园内一个激进学生组织,参与策划了一场场反对越南战争的行动。

在 1967 年的美国,群众还没意识到停战的急迫性。戴维斯和这个小团体在圣迭戈的大街上竭力宣传反战思想。人们的敌对态度不仅没有让她气馁,反而增强了她的斗志和决心。他们受到了当地警察的打压,没能成功救出被抓捕的学生,而她还被戴上了手铐。坐在警车里,她望着车窗外的人群,感到了无助、无奈和深深的无力感;她为没人理解,也没人情愿理解她和她刚刚开始的事业而感到失望。被关押在县监狱的女子监区期间,她也没有停止活动,她用火柴棒把一些宣传口号写在墙上,以备后来的姐妹们看。在校方的抗议下,23 岁的戴维斯和监狱的第一次打交道,以地方检察官撤销指控并正式道歉结束了。几天后,戴维斯加入了圣迭戈州立大学的黑人学生委员会,随即开始为黑人海员埃德·林恩的案件准备宣传活动。

1967 年 11 月,戴维斯第一次参加瓦茨的第二浸信会教堂举行的黑人青年聚会。她发现黑人组织之间在斗争的方针、形式和最终目的方面存在着普遍分歧。会议结束后,在一个小型的家庭会议上,她结识了许多黑豹党[①]的成员,找到了"真正的力量和目标"(145)。

[①] 黑豹党是一个小型的干部团体,该团体的目标是对黑人运动进行理论分析,同时在现有的运动中发展组织。

第十章 安吉拉·戴维斯的政治生命与梦想

戴维斯在组织声援埃德·林恩案的集会过程中，遭遇了她以后的政治生涯中经常遇到的性别歧视问题。黑人男性活动家总把其政治活动与男性身份相混淆，把有能力的黑人女性的参与视为对其领导地位的威胁。戴维斯渴望找到一个真正严肃的集体，以便开展革命工作。1967年11月，她正式加入黑豹党，跟她的同事们一起，发起了西海岸黑人解放运动，声援释放"最广为人知的政治犯、黑人战斗精神的重要象征"（150）的休伊·牛顿。他们在洛杉矶最大的室内体育馆组织了一次声势浩大的集会，演讲者中有大名鼎鼎的黑人政治家、歌手拉普·布朗等。然而，其中有些人的演讲内容却让戴维斯颇感不安。斯托克利宣扬的社会主义是"白人的事，马克思是白人，与黑人解放运动无关"（151）。"……作为黑人，我们必须忘记社会主义，这是欧洲人的创造，必须开始考虑非洲的公社主义等观念"（151），这让戴维斯很失望。她清晰地意识到，他们这次组织的群众运动的动机和目的不该被模糊化，集会的核心本应是呼吁大家支持休伊·牛顿。

后来黑豹党人布朗被联邦调查局逮捕入狱，戴维斯和同志们又开始为布朗筹集保释金。他们到处发请愿书，挨家挨户募捐，借此吸纳了相当数量的兄弟姐妹，还在阿灵顿附近的杰斐逊大道成立了活动总部。戴维斯开始"公开、自由、脚踏实地地为自己的人民做事情了"（153）。

她带头建立了一个自治组织，带着新手的热情，建立了一所"解放学校"并担任校长。在得知18岁的黑人小伙格雷戈被警察以偷车、喝酒罪名枪杀后，他们立即组织了一场抵抗运动：他们向社区散发了传单，学生非暴力协调委员会成员还组成了一个人民法庭委员会，把与此案相关的信息及时传播到街道市民、工厂、教堂以及任何有黑人的地方。尽管没有改变审判结果，但这次运动为其将来进行科学、正规的斗争奠定了基础，也让她"理解了群众行动的真正价值"（158）。

1968年4月4日，黑人民权运动领袖马丁·路德·金被枪杀。戴维斯悲伤之余，感到很自责，"因为我们曾严厉批评过金博士的非暴力立场。但谁也没有料到他会被刺客的子弹击中，没想到他也需要我们的保护。我们也没有意识到他斗争的新概念——包括所有肤色的穷人、全世界被压迫的人民——可能会给敌人带来巨大的威胁"（159）。当天，他们开始广泛发动群众、学生，组织了一场大规模的政治活动，重新发起反对种族主义的斗争。事实证明，他们看起来保守的策略却避免了和全副武装的警察的正面冲突，避免了无畏的流血牺牲。"接下来的几天内，我们觉得自己就像站在一座随时可能爆发的正在沸腾的火山上……到4月6日，全国共有20人死亡……1000人受伤，2000人被捕。23个城市处于叛乱状态。"(161)随后，他们的办公室被警察突袭，办公用具被砸，材料被撕毁，3个留守人员被抓。他们随即召开新闻发布会向媒体展示警察的恶行。

1968年4月底，随着洛杉矶黑人解放阵线组织的发展壮大，领导阶层有关性别歧视的问题再次凸显，再加上戴维斯在课程中渗透马克思主义思想，她因此受到了批评，并被解除了"解放学校"的校长职务。戴维斯在自传中用大量的篇幅，对此做了深刻的反思。"我也不是完全没有责任，有时候我也赞同左派中流行的某些反共观念……自称马克思主义者的我，可能在某种程度上鼓励了普遍存在的不斗争态度。从那时起，我努力获取需要的信息，以便决定是否要成为党员。"(168)在这一时期，她更加渴望成为一个严肃的革命政党的一部分，"想要一个锚，一个基地，一个停泊处；想要有共同意识形态的同志"(169)，"因为我知道，要想胜利，我们必须战斗，而这场胜利是由人民群众和广大劳动人民共同发动的。我知道，这场斗争必须由一个团体来领导，一个在成员和组织结构上更具持久性、在意识形态上更具实质性的政党来领导"(169)。

1968年7月，戴维斯正式加入美国共产党。她顺利通过了博士阶段的考试，一边从事研究和教学工作，一边在洛杉矶从事政治工作，并坚持定期参加每周党的会议。那个时候，黑豹党吸引着全国各地大量的年轻黑人，他们团结一致，为美国黑人解放斗争、为洛杉矶地区的运动、为社区组织的战略等做了大量的工作。第一行动计划就是向加州大学圣迭戈分校提出要求，希望校方支持他们设立的卢蒙巴-萨帕塔学院，以满足黑人学生、墨西哥裔学生和工人阶级出身的白人学生的需求。在财政大臣拒绝这一请求后，他们组织了更多的集会，举行了示威活动，并采取了对抗措施。最终校方作出了让步，同意建立第三级学院，从而为黑人和贫困的白人学生提供了更多的入学机会。这是他们政治斗争的真正突破。

1969年，戴维斯作为共产主义代表团的成员访问了古巴。在古巴，她亲自下田干活，体验了劳动人民的辛苦；她参观了学校、医院、儿童保育中心、历史景点等文化、自然景观；她见识了这个新的社会主义国家的风土人情、物质生活和政治生活；她还看到了反对种族主义的激烈斗争的成果。古巴之行使她"在政治上更加成熟"，而"古巴人民无限的革命热情"在她的"生活中留下了永久的印记"（195）。

在戴维斯回国后不久，一名联邦调查局的特工在校园报纸上发表了针对她的文章，又把她推到了政治斗争的风口浪尖上。这篇文章指出，她不仅是美国共产党员，也是民主社会学生会和黑豹党的成员，结果"全州人民群情激愤。恐吓电话和信件大量涌入哲学系；我甚至收到了炸弹威胁。校园警察时刻处于警戒状态"（197）。一时间，她的人身安全受到严重威胁，校方也随即决定解雇她。她的家人也因此受到牵连，母亲的朋友们疏远了，父亲加油站的老客户纷纷流失，身为足球运动员的弟弟明显感受到身边人的沉默，而妹妹的家遭到了警察的突袭，妹夫因此受伤。

同一时期，戴维斯目睹了黑豹党的总部被洛杉矶警察局突袭，她和同志们联合了一个基层组织，号召黑人社区各个部门共同抵抗，印发了数千份传单和有关文献。她亲自参与了基层活动，录制了现场公告，并举行了新闻发布会。他们第二天的活动集结了近万人，周围挂满了要求警察停止镇压群众、停止进攻黑豹党、立即释放被捕的黑豹党人的标语和横幅。戴维斯在演讲中指控警察局局长、洛杉矶市市长、美国司法部部长，甚至总统合谋摧毁黑豹党的事实。她强调，"我们对黑豹党的辩护也是对我们自己的辩护。如果政府可以对他们进行种族主义侵略，那么它很快就会针对其他组织，并最终吞噬整个社区"（216）。集会结束后，游行示威的队伍浩浩荡荡地向监狱进发。这是一次非同寻常的胜利。此后，社区警察暴力执法现象减少，洛杉矶警察不再那样自信和傲慢，社区人的集体荣誉感、自豪感和勇气也明显上升。戴维斯以自己扎实的理论知识和群众斗争经验、以自己的胆识和勇气，一直冲在斗争的最前线，在枪口下和警察斗智斗勇。

接下来，戴维斯的关注点转向了监狱的囚禁制度，尤其是针对黑人、弱者和穷人的规训与惩罚。她意识到，"如果我们不为监狱里的兄弟姐妹开展支持运动，我们就根本不是革命者"（226）。《洛杉矶时报》（*Los Angeles Times*）的头条刊登了索莱达州立监狱三名黑人囚犯杀害了一名警卫的新闻。三幅黑人照片引起了戴维斯的注意，"面部表情平静、坚强，腰上挂着锁链，手臂绑在身体两侧跟腿锁在一起"（226），索莱达州立监狱早已臭名远扬，"种族之间哪怕是最无害的会面，也注定能发酵成一场恶战"（228）。

戴维斯在了解到这一事件的实情后，全情投入筹款、宣传、研究等工作。"在加州大学洛杉矶分校，我作为黑人女性、共产主义者、革命者，在为自己的权利而战，以保住我的工作。在索莱达州立监狱，乔治·杰克逊、约翰·克拉切特、弗利塔·德拉姆戈作为黑人、革命者，在为他们的权利而战，以保住自己的性命。同样的斗争。同样的敌人。"（231）一场轰轰烈烈解救索莱达三兄弟的战斗，正式打响。在短短的几周内，这场运动在黑人社区、大学校园和整个城市的左翼政治圈成了热议话题。戴维斯组织并集结了热心市民及其师生参会，她亲自到各处演讲，参加听证会，并明确表示自己演讲所得的所有酬金都将捐给索莱达三兄弟，以作为辩护基金。在这一时期，戴维斯和三人中的其中之一乔治·杰克逊因志同道合而互生爱意。

审判法庭在大规模群众的示威和集会压力之下，把索莱达三兄弟的庭审地点更换到旧金山，这是他们胜利的第一步。就在同一天，加州大学洛杉矶分校董事会决定在下一学年解聘戴维斯。随后的一段时间，戴维斯一边忙于组织、参加抗议活动，一边阅读资料赶写她的博士学位论文。她逐渐明白了一个报仇的方法："要通过斗争、通过政治斗争、通过群众运动才能为高墙内的所有人的命运而战。"（253）

"火焰"一章的题记选自在纽约地铁上被白人警察开枪打死的黑人诗人亨利·杜马斯的一句诗行，"在那些日子里，我们将以圣洁的翅膀组成高高的白色穹顶，挡住来自太阳的食火者，我们将以可怕的力量进行围攻"（134）。在这一时期，戴维斯以火焰般的热情，和她的同志们一起，不畏艰险、不怕牺牲地投身于为她的人民谋平等、谋尊严的斗争。尽管她最终没有逃离"食火者"的追捕，但"圣洁的翅膀"为其组建的"穹顶"，必定会赋予她冲破牢笼的勇气和力量。

第五节 高墙内外

从第五章"高墙"开始，戴维斯全部选用日记体的形式展开，讲述了她被引渡回加州，被关进马林县监狱待审，以及如何成功被宣判无罪释放的过程。她聚焦于某些"凝固的时间点"，详尽展示她在狱中的几个特殊的日子。细节内容爆炸式地呈现在读者面前，暴力、枪杀、流血、警车、集会、游行、口号、演讲、死亡、追赶、逃跑、法庭、警察监狱等，这些词语并置在一起，充满了焦虑、惊恐和愤慨的情绪，同时散发出火药味，与第一章"地网"遥相呼应。

1970年12月22日，押送戴维斯的警车刚驶进马林县监狱的门口，她就听到一群人高喊着"释放安吉拉·戴维斯和所有政治犯"（255），"让她重新焕发了活力"（256）；而她的内心在为"不得不屈从于种族主义狱卒而愤怒的同时，为终于有时间独自思考而宽慰"（256）。初来乍到，"黑暗像棺材盖一样盖在我身上，结束了我在马林县监狱的第一天"（258）。高墙之外，"解救安吉拉·戴维斯全国联合委员会"宣布成立，委员们准备动员广大群众以响应对她的庭审。

1971年1月5日，戴维斯第一次走上法庭，"场内响起了雷鸣般的掌声，我的眼睛被闪光灯和强光闪得睁不开。我直视着观众席，竭力想看到一张张熟悉的面孔，我举起拳头，对他们的到来表示感谢"（263）。

在关押期间，戴维斯和狱卒们针锋相对，做着各种抗争。女狱警以戴维斯私藏刀片为由，曾阻止她接见来访者和律师。女狱警还以"保护她的生命"为借口，将她单独关押，但戴维斯的阅读写作从来没有停止过。这一时期，戴维斯还和伯克利自由言论运动的领导人之一贝提娜合作，共同撰写了《如果他们在早晨来：抗议之声》（*If They Come in the Morning: Voices of Resistance*，1971年）一书。在这本书中，她们重新评估了政治犯的传统定义，旨在加深人们对高墙之内政治犯的了解，进而为政治犯以及那些在警察、法院、监狱机构内遭受种族主义迫害的受害人发声。

1971年8月21日，戴维斯挚爱的乔治被圣昆廷监狱的警卫谋杀。她因失去一位同志和革命领袖，失去一段无法挽回的爱情而陷入悲恸中。"乔治象征着我们这些身陷囹圄的人的意志，象征着被压迫者总能团结起来的力量……他的作品激励过全世界的人们。"（286）她将悲痛转化为力量，立即着手起草声明，向新闻界公示。"乔治的死像一块磁铁，吸引着我保持坚强，更加深了我对狱卒的仇恨、对刑罚制度的蔑视，加强了我与其他囚犯的团结，给了我与杀死他的邪恶种族主义进行持久斗争的勇气和能量。"（289）戴维斯越挫越勇，她的目标更清晰，斗争的勇气更足，力量感也更强。

　　1971年8月3日，戴维斯站在庭审现场，沉着冷静地质疑法官在选择陪审团成员时的偏颇，并提出了把庭审地点转到更利于辩方开展工作的旧金山的请求。最终，法官选择了一个折中的庭审地点。在得到国内外人民的声援后，她的关押条件得到了有限的改善。"我的兄弟姐妹们凭借他们巨大的活动能力，迅速地改善了我的监狱生活状况……当时我就下定决心，如果我获得自由，我会用我的生命来支持我的兄弟姐妹们在高墙之内的事业。"（297）

　　那一时期，加州最高法院以违宪为由取消了死刑罪。戴维斯终于有机会获得保释。那一刻，她想到的不仅仅是自己，还有那些曾经死在监狱里的同伴、那些像她一样仍被关押着的无辜的黑人政治犯。"我的思绪飞向圣昆廷监狱中正在等待着死刑判决的兄弟们……"（299）在去保释听证会的路上，戴维斯望着窗外，惦念的是街边的黑人和第三世界穷苦人的命运。"看到孩子们在街上玩耍，我心生喜悦；看着路上走去给富人干活的黑人女佣的脸，我很悲伤……还有一个荒凉肮脏的莫菲特机场，从那里起飞的飞机曾杀害老挝人、越南人和柬埔寨人。"（302）复杂的心情让她觉得自己好像走在一条迷途上。"如果否认保释的可能性，悲观情绪会让我跌入抑郁的深渊。如果我成功地说服自己今天就是那一天，我有可能从狂喜坠入更深的深渊……我拼命保持平衡，一直在彻底的悲观主义和无节制的乐观主义之间寻找平衡点。"（303）这是戴维斯在16个月监禁即将结束之际，一段充满矛盾、惶恐、焦虑又兴奋的心绪描述，喜乐与悲伤、沮丧与希望、过去和未来、成功与失败等种种情态扭结在一起，更像是黎明前的黑暗，是沉重，也是希望。

高墙内外，曙光乍现。屈服于公众的压力，法官判决戴维斯可以保释。她甚至还没有走出牢房，就开始准备为他人争取正义了。"我回到牢房里躺下，感到一种深深的悲伤。为什么是我而不是其他人，让我有一种负罪感。但我知道，只有当我用自由去帮助那些和我处境相同的人，我的自由才有意义。"（307）"我们在高速公路上叫着，笑着，亲吻着对方。我出来了，没有警卫，没有警车，没有手铐。"（308）她享受着自由的滋味，而这一切是高墙内外共同努力的结果，"是人民的力量"（304）。

对于第五章"高墙"的题记，戴维斯援引的是美国当代诗人华莱士·史蒂文斯（Wallace Stevens）的几句诗行，"蜡烛和墙壁之间的手，在墙上越变越大……一定是这双手想要在墙上越变越大，大过墙壁，重过墙壁"（255）。是的，戴维斯和她的同志们通过努力赢得了国内外民众的理解、支持，并调动起人民群众的斗争热情和力量。这些力量必定会战胜不公，战胜邪恶，为自己，为他们的人民，为全世界的劳苦大众。

第六节 墙塌即桥

在最后一章"桥梁"中，戴维斯回顾了自己和朋友们努力为她的无罪释放做过的各种准备。美国俚语"墙倒了就是桥梁"是"桥梁"一章的题记。的确，她的思想和意识、信念和梦想、迷惘和焦虑、胆识和勇气，她读过的书，走过的路，经历过的悲喜，一起推倒了束缚她的高墙，成了她如今奔向自由的桥梁。

戴维斯被无罪释放了。不得不说，为了某种正义的事业，每一点点的进步都是某些人竭尽一切精力、耐力、生命力换来的！"伟大"其实大多时候是个贫乏、空洞的词，但对于不到30岁的黑人姑娘戴维斯来说，却丰美无比，有宽度、有深度、有厚度。1972年3月27日，戴维斯的庭审过程一波三折。庭审持续了三天，休庭期间她还被警察怀疑卷入西雅图一次黑人劫机事件而被强制带走。

等待判决结果，是最痛苦的时刻。"我一分钟都坐不住，只好跳起来，慢慢地缓解了一下紧张情绪。我站起来踱步，又不得不坐下。房间太小，容不下我的精力。我只能咬紧牙关，指甲深深地抠进手心……"（356）而当书记员最后一次宣读无罪时，"我们尖叫着、笑着、哭着，拥抱在一起，根本没听到法官的小木槌发出的砰砰声。"（357）在这一段内容中，戴维斯的文字紧凑、简洁，语言的节奏如同她的心跳狂喜，有力，也有序。

在随后的新闻发布会上，面对聚集在法院门前的群众，在暴乱发生的22个月后，戴维斯除了表达感谢，还铿锵有力地说："现在是运用我们的武力释放鲁切尔、圣昆丁监狱6号和所有其他政治犯的时候了。"（358）随后在和家人朋友聚会时，她藏起自己的喜悦，因为她明白这场运动斗争还有很长的路要走。"这将是短暂的。工作。奋斗。对抗就像一条铺满石块的路，摆在我们面前。我们一定会走过去的……"（358）

戴维斯深感肩上政治责任的重大，也明白团结是反对种族主义和政治迫害的有力武器。获得自由还不到一周，她就风尘仆仆地去了芝加哥、底特律、纽约、达拉斯、亚特兰大等城市，参加并组织集会、演讲，为政治犯宣传筹集资金，收集信息。她于1972年还出访了苏联、德国、保加利亚、捷克斯洛伐克、古巴和智利等国家，向那些曾为了她声援过自己的陌生人表达感谢。写该自传的后记时，戴维斯和她的同志们正准备着1974年7月4日带领数千人到北卡罗来纳州进行一次全国性的示威，以拯救那些政治领袖和无辜的兄弟姐妹们。她相信，"我们——你和我——是他们获得生命和自由的唯一希望"（361）。这种希望无疑也是通向未来的桥梁。

结　　语

在戴维斯这本政治自传中，她带着哲学的思辨、逻辑和认知力，记述了自己30岁之前的生命历程，尤其是她自觉地卷入其中的各种政治、种族斗争的过程。没有华丽的辞藻，没有刻意修辞，但她密集地展示了那些读来令人惊心动魄的斗争事件和场景。戴维斯凭借敏锐的政治嗅觉和勇气，自觉自愿地担负起穷苦人尤其是黑人的命运，她冒着生命的危险，在一个并不宽松的社会环境里，走南闯北、东奔西走，呼吁、宣传、组织并实施着一个个大大小小的计划目标。她心里似乎永远有一团不会熄灭的"火焰"，散发着理性光芒；她以"磐石"般的信心和决心，冲击着束缚住她和她的人民的政治、种族的"地网"和"高墙"；她在暗流涌动的"水域"里，乘风破浪，恣意搏击。

然而，我们知道，她与彼岸之间仍有距离，她的前路必定会有险滩暗礁，但以全球人的命运为己任、连死亡都敢蔑视的人，又惧怕什么呢？毕竟，心若有所向，何惧道阻且长！

结 束 语

法国作家菲利普·勒热纳认为，自传是"由一个真实的人，关于自己的存在所写作的回顾性的散文体叙述，重点在于他的个人生活，特别是他的人格的故事"（转引自唐岫敏等，2012：113）。这一定义提醒我们，阅读自传的第一乐趣，并非透过文本看宏大历史，而是从字里行间中亲密接触一个个鲜活的生命，阅读一个个有趣的灵魂。

存在主义心理学认为，人类存在一种与生俱来的、无法逃避的焦虑。这种焦虑源于个体对自身存在、对现实和未来的不确定性和不安全感，源于个体对生活意义和目标的缺失、对生活目标和方向感的缺乏，也源于个体对自身行为、决策和价值观的不满和自责。同时，个体会通过勇敢面对和解决生活中的困难、挑战和不确定性，来减轻自身的焦虑感，活出生命的意义。借此，存在的勇气从焦虑感中被析出。正如蒂利希所言，勇气不仅仅是忍受困难的能力，更是对与我们息息相关事物的深刻智慧。它赋予我们力量，使我们能够超越人生中那些源自虚无的威胁、困顿与焦虑不安，直接而坚定地肯定自己本质性的存在样态。又如梅所言，勇气是对待自身的一种内在素质。因此，焦虑之于作家，不仅是一种艺术表现内容，也是一种艺术表现风格和艺术创作主题。或者说，写作也是勇气本身。

众所周知，人的生命具有创造性的目标和使命。作家们的自我写作，是给自己的生命赋予意义和目标的创造性活动，是对自我人生的把脉，也是完成自我审视，进而拥有自己又力图达到自己的过程。对自传作品中存在性焦虑的探寻，正是对传主们的自我和存在的探索和追问，而生成于焦虑、对抗焦虑的存在的勇气，自然成为我们关注的核心主题。

本书选择具有一定影响力和代表性的十位非裔美国作家的自传作品作为研究对象，较为全面、系统地梳理、探讨了这群人生命历程中的存在性焦虑以及由此生成或激发出的存在的勇气，借此展现传主们的精彩人生和生命的力量。

非裔美国作家们饱满热烈的生命中，蕴含着种种深刻的人生经验和智慧。相近、相似的种族主义环境，时代风行的偏差和弊端，原生家庭、事业、爱情、婚姻等诸多不顺，使他们都经历过对命运与死亡、空虚与无意义、罪疚与谴责的焦虑，都或多或少、或深或浅地孤单过、无助过、痛苦过、挣扎过。但他们大多选择把焦虑化作勇气和力量，拒绝安稳和顺应，一次次地突破自己的边界，去体验生命，去拥抱生活。

生而为奴的道格拉斯更像是鲁迅笔下的猛士，血雨腥风是他的生活原貌，但他选择了孤勇前行，不仅解放了自己，也为他人的自由努力过。

自由人诺瑟普经历了长达12年为奴的生活。他把隐忍化作力量爆发，靠着忍耐和坚持，成就了他最后的自由，活出了常人活不出的那一面。

激情澎湃、幽默风趣的赫斯顿勇者无畏，行者无疆。她人生路上的坎坎坷坷，也让她走了更多、更远的路。

休斯的人生中，铿锵有力的不只是他的诗歌节奏。凭着一腔孤勇，他漂洋过海，开拓了生活边界，体验了新的生活。

布克虽然身处黑暗，但心却向着光明。他创造出一条知识改变命运的路径，这条路径不仅救赎了自己，也让成千上万的美国黑人看到了希望。

赖特踌躇满志，又自我怀疑。在生活的至暗时刻，他没有自怜，没有绝望，内心强大到成为一种力量，最终找到了自己，也成就了自己。

对提着脑袋闯天下的马尔科姆而言，信念是他的目标和动力，也是他的勇气和决心。他可以游戏人生、恣情纵欲，也能为了黑人乃至全人类的命运奔走。

博学多才的杜波依斯智者不悔，勇者不惧。他近百年的人生，活得通透、坚定，并且成绩斐然。

传记大家安吉洛在生活的千磨万击之后，依然坚劲如故。他乘长风破万浪，一路高歌，活得铿锵有力，精彩纷呈。

集使命感、责任感于一身的戴维斯，本可以安然富足活一生，但她却选择逆流而上，为诸多的不公平做着无畏的抗争。解放劳苦大众的信念，就是她成功的支柱。

纳尔逊·曼德拉说过，勇敢并不是没有恐惧，而是克服恐惧，去做那些需要做的事情。人生海海，市井百态，这群非裔作家们有的云淡风轻，有的雷厉风行，有的叱咤风云，有的静水流深，但有勇气的加持，纵有万千种困顿焦虑、千万条放弃的理由，他们唯独做到了坚持，也都借力焦虑，活出了苏轼所谓的"拣尽寒枝不肯栖"的孤独但不妥协的人生。

休斯在其诗歌《关于商业剧院的笔记》（*Note on Commercial Theatre*，1940年）中有这样几句诗行：

你带走了我的忧郁，
在百老汇上歌唱，
……你把它们做了修改
所以听起来不再像我。
是的，你拿走了我的蓝调然后转身离开。
你同时带走了还有我的灵性灵魂
……
但总有一天会有人
站起来议论我，
写我
写我又黑又美——
唱关于我的歌
演关于我的戏剧！
我估计那会是
我自己！
是的，我自己。

是的。在生命难以超脱的时刻，这群非裔美国作家们站起来了。他们拿起自己擅长的笔，书写着关于自己的"戏剧"，奋力张扬着黑人民众的"黑"与"美"，唱响了一曲曲气势磅礴的生命之歌。

落笔至此，不得不说，我们热切地爱着这群人，爱着这群人的故事，爱着蕴藏在其中的传主们内在的精神性，爱生命，爱生活。

参 考 文 献

阿尔伯特·埃利斯. 2014. 控制焦虑[M]. 李卫娟译. 北京：机械工业出版社.
阿兰·德波顿. 2009. 身份的焦虑[M]. 陈广兴，南治国译. 上海：上海译文出版社.
埃里克·方纳. 2010. 给我自由！一部美国的历史（上下卷）[M]. 王希译. 北京：商务印书馆.
艾里希·弗洛姆. 2017. 论不服从[M]. 叶安宁译. 上海：上海译文出版社.
巴赫金. 1998. 拉伯雷研究[M]. 李兆林，夏忠宪，等译. 石家庄：河北教育出版社.
保罗·蒂利希. 2018. 存在的勇气[M]. 钱雪松译. 北京：中国轻工业出版社.
保罗·蒂利希. 2019. 存在的勇气[M]. 成穷，王作虹译. 北京：商务印书馆.
本·雅格达. 2020. 伪装的艺术：回忆录小史[M]. 王喆，殷圆圆译. 北京：北京联合出版公司.
博·雅各布森. 2022. 存在主义心理学的邀请[M]. 郑世彦译. 北京：北京联合出版公司.
陈剑晖. 2004. 中国现当代散文的诗学建构[M]. 南昌：江西高校出版社.
陈兰村. 1999. 中国传记文学发展史[M]. 北京：语文出版社.
丁鹏. 2008. 美国黑人权利宪法保障制度变迁研究[D]. 沈阳：辽宁大学博士学位论文.
杜波依斯. 1996. 威·爱·伯·杜波依斯自传：九旬老人回首往事的自述[M]. 邹德真，等译. 北京：中国大百科全书出版社.
菲力浦·勒热纳. 2013. 自传契约[M]. 杨国政译. 北京：北京大学出版社.
费迪南·费尔曼. 2000. 生命哲学[M]. 李健鸣译. 北京：华夏出版社.
冯沪祥. 2002. 中西生死哲学[M]. 北京：北京大学出版社.
高辛勇讲演. 1997. 修辞学与文学阅读[M]. 北京：北京大学出版社.
格兰特. 1987. 美国黑人斗争史：1619至今的历史、文献与分析[M]. 郭瀛，等译. 北京：中国社会科学出版社.
顾学稼，陈必录，姚波，等. 1992. 美国史纲要[M]. 成都：四川大学出版社.
哈罗德·布鲁姆. 2016. 影响的剖析：文学作为生活方式[M]. 金雯译. 南京：译林出版社.
海德格尔. 2016. 存在与时间（中文修订第二版）[M]. 陈嘉映，王庆节译. 北京：商务印书馆.
赫伯特·马尔库塞. 1989. 单向度的人：发达工业社会意识形态研究[M]. 刘继译. 上海：上海译文出版社.
赫尔曼·黑塞. 2017. 悉达多：一首印度的诗[M]. 姜乙译. 天津：天津人民出版社.
亨利·亚当斯. 2014. 亨利·亚当斯的教育[M]. 成墨初，张灿编译. 武汉：武汉大学出版社.
嵇敏. 2011. 美国黑人女权主义视域下的女性书写[M]. 北京：科学出版社.

吉尔·德勒兹. 2019. 差异与重复[M]. 安靖, 张子岳译. 上海: 华东师范大学出版社.
加斯东·巴什拉. 2005. 火的精神分析[M]. 杜小真, 顾嘉琛译. 长沙: 岳麓书社.
焦小婷. 2017. 非裔美国作家自传研究[M]. 北京: 科学出版社.
焦小婷. 2022. 文学之约: 我的读书札记[M]. 郑州: 河南大学出版社.
金莉, 等. 2010. 20世纪美国女性小说研究[M]. 北京: 北京大学出版社.
卡尔·古斯塔夫·荣格. 2011. 荣格谈人生信仰[M]. 石磊编译. 天津: 天津社会科学院出版社.
卡尔·古斯塔夫·荣格. 2014. 荣格自传: 梦、记忆和思考[M]. 高鸣译. 南昌: 江西人民出版社.
卡伦·霍妮. 2017. 如何化解内心的焦虑[M]. 王丹华译. 北京: 新世界出版社.
卡伦·霍尼. 2017. 自我的挣扎[M]. 贾宁译. 南京: 译林出版社.
朗格. 1986. 情感与形式[M]. 刘大基, 等译. 北京: 中国社会科学出版社.
李德顺. 2007. 价值论[M]. 2版. 北京: 中国人民大学出版社.
李涛. 2017. "边缘话语"与文化焦虑: 拜厄特四部曲"精神障碍者"形象研究[J]. 国外文学, (3): 86-93, 158.
李夏旭. 2021. 现代心理咨询实务[M]. 上海: 文汇出版社.
李祥年. 1993. 传记文学概论[M]. 合肥: 安徽文艺出版社.
梁庆标. 2015. 传记家的报复: 新近西方传记研究译文集[M]. 桂林: 广西师范大学出版社.
林贤治. 2000. 五十年: 散文与自由的一种观察[J]. 书屋, (3): 17-79.
林芸. 2014. A. S. 拜厄特的"冗词"与语言焦虑[J]. 外国文学评论, (4): 140-151.
刘明录. 2013. 自我迷失与生存焦虑: 论品特戏剧中的谎言叙述[J]. 戏剧文学, (10): 91-98.
刘小枫. 2011. 诗化哲学（重订本）[M]. 2版. 上海: 华东师范大学出版社.
罗洛·梅. 2008. 人的自我寻求[M]. 郭本禹, 方红译. 北京: 中国人民大学出版社.
罗洛·梅. 2010. 心理学与人类困境[M]. 郭本禹, 方红译. 北京: 中国人民大学出版社.
罗洛·梅. 2013. 权力与无知: 寻求暴力的根源[M]. 郭本禹, 方红译. 北京: 中国人民大学出版社.
罗洛·梅. 2016. 焦虑的意义[M]. 朱侃如译. 桂林: 漓江出版社.
罗小云. 2017. 叛逆与回归: 菲利普·罗斯作品的身份焦虑[J]. 外国语文, (1): 7-11.
洛克. 2014. 洛克谈人权与自由[M]. 石磊编译. 天津: 天津社会科学院出版社.
马丁·海德格尔. 1996. 海德格尔选集(上卷)[M]. 孙周兴选编. 上海: 生活·读书·新知上海三联书店.
马丁·海德格尔. 2004. 海德格尔存在哲学[M]. 孙周兴, 等译. 北京: 九州出版社.
玛雅·安吉洛. 2013. 我知道笼中鸟为何歌唱[M]. 于霄, 王笑红译. 上海: 上海三联书店.
玛雅·安吉洛. 2020a. 妈妈和我和妈妈[M]. 2版. 陈瑜译. 上海: 上海三联书店.
玛雅·安吉洛. 2020b. 致女儿书[M]. 黄静远译. 上海: 上海三联书店.
毛延生. 2012. "身份焦虑"的话语异化表征: 以《A&P》的库助文体学分析为例[J]. 中南大学学报(社会科学版), (2): 200-206.

尼采. 2000. 权力意志[M]. 贺骥译. 桂林: 漓江出版社.
欧文·D. 亚隆. 2015. 存在主义心理治疗[M]. 黄铮, 张怡玲, 沈东郁译. 北京: 商务印书馆.
欧文·耶乐姆. 1997. 爱情刽子手[M]. 吕健忠译. 海口: 海南出版社.
庞好农. 2013. 非裔美国文学史: 1619-2010[M]. 北京: 中央编译出版社.
全展. 2007. 传记文学: 阐释与批评[M]. 武汉: 湖北人民出版社.
荣格. 2013. 红书[M]. 林子钧, 张涛译. 北京: 中央编译出版社.
盛宁. 1997. 文学: 鉴赏与思考[M]. 北京: 生活·读书·新知三联书店.
史普罗. 2020. 思想的结果: 理解塑造当今世界的观念[M]. 胡自信译. 上海: 上海三联书店.
舒尔兹. 1988. 成长心理学: 健康人格的各种模式[M]. 李文湉译. 北京: 生活·读书·新知三联书店.
斯科特·施托塞尔. 2019. 好的焦虑[M]. 林琳译. 北京: 中信出版社.
宋春香. 2009. 他者文化语境中的狂欢理论[M]. 北京: 中国社会科学出版社.
孙丙堂, 崔鑫. 2019. 兰斯顿·休斯诗歌中的自然意象分析[J]. 上海理工大学学报(社会科学版), (2): 152-155, 178.
所罗门·诺瑟普. 2014. 为奴十二载[M]. 常非译. 北京: 北京大学出版社.
唐岫敏, 等. 2012. 英国传记发展史[M]. 上海: 上海外语教育出版社.
王成军. 2023. 20 世纪中西自传理论的话语模式研究[M]. 北京: 九州出版社.
王家湘. 2006. 20 世纪美国黑人小说史[M]. 南京: 译林出版社.
维克多·E. 弗兰克尔. 2018. 活出生命的意义[M]. 吕娜译. 北京: 华夏出版社.
温军超. 2015. 认同、拯救与荒谬: 《救赎》的三重奏[J]. 芒种, (3): 115-116.
翁德修, 都岚岚. 2000. 美国黑人女性文学[M]. 长春: 吉林大学出版社.
吴承学, 沙红兵. 2020. 身份的焦虑: 中国古代对于"文人"的认同与期待[J]. 复旦学报(社会科学版), (1): 25-39.
吴晓东. 2003. 从卡夫卡到昆德拉: 20 世纪的小说和小说家[M]. 北京: 生活·读书·新知三联书店.
夏忠宪. 2000. 巴赫金狂欢化诗学研究: 俄国形式主义研究[M]. 北京: 北京师范大学出版社.
谢纳. 2010. 空间生产与文化表征: 空间转向视阈中的文学研究[M]. 北京: 中国人民大学出版社.
徐彬. 2018. 卡里尔·菲利普斯小说中的离散叙事与国民身份焦虑[J]. 外国文学研究, (1): 118-127.
徐学. 1995. 当代台湾散文中的生命体验[J]. 台湾研究集刊, (1): 51-60.
许志伟. 2007. 基督教思想评论（第六辑）[M]. 上海: 上海人民出版社.
杨金才. 1999. 19 世纪美国自传文学与自我表现[J]. 国外文学, (3): 51-56.
杨正润. 2009. 现代传记学[M]. 南京: 南京大学出版社.
伊布拉姆·X. 肯迪. 2020. 天生的标签: 美国种族主义思想的历史[M]. 朱叶娜, 高鑫译. 北京: 社会科学文献出版社.
尤瓦尔·赫拉利. 2017. 未来简史[M]. 林俊宏译. 北京: 中信出版社.

约翰·菲斯克. 2001. 解读大众文化[M]. 杨全强译. 南京: 南京大学出版社.
约瑟夫·勒杜. 2021. 重新认识焦虑: 从新情绪科学到焦虑治疗新方法[M]. 张晶, 刘睿哲译. 北京: 机械工业出版社.
曾大兴. 2015. 物候与文学家的生命意识: 论气候影响文学的途径[J]. 学术研究, (6): 152-158.
张立新. 2006. 《白鲸》对于美国文学与文化中"白色"象征意义的重新建构[J]. 国外文学, (3): 61-69, 125-126.
张新科. 2012. 中国古典传记文学的生命价值[M]. 北京: 人民出版社.
赵白生. 2003. 传记文学理论[M]. 北京: 北京大学出版社.
赵静蓉. 2015. 文化记忆与身份认同[M]. 北京: 生活·读书·新知三联书店.
钟亚妹. 2018. 斯图亚特·霍尔的文化身份理论研究[D]. 济南: 山东大学硕士学位论文.
朱东润. 2006. 八代传叙文学述论[M]. 上海: 复旦大学出版社.
朱寿桐. 2006. 文学与人生十五讲[M]. 北京: 北京大学出版社.
Anderson, L. 2001. Autobiography[M]. London: Routledge.
Baldwin, J. 1998. Go Tell It on the Mountain[M]. New York: Penguin Putnam, Inc.
Barlow, D. H. 2002. Anxiety and Its Disorders: The Nature and Treatment of Anxiety and Panic[M]. 2nd ed. New York: The Guilford Press.
Beaulieu, E. A. 2006. Writing African American Women: An Encyclopedia of Literature by and about Women of Color[M]. Westport: Greenwood Press.
Berrios, G. E. 1996. Anxiety and cognate disorders[A]. In G. E. Berrios (Ed.), The History of Mental Symptoms. Descriptive Psychopathology Since the Nineteenth Century (pp. 263-288)[M]. Cambridge: Cambridge University Press.
Crocq, M. A. 2015. A history of anxiety: From Hippocrates to DSM[J]. Dialogues in Clinical Neuroscience, 17(3): 319-325.
Davis, A. 1974. Angela Davis: An Autobiography[M]. New York: Random House.
Douglass, F. 1845. Narrative of the Life of Frederick Douglass, an American Slave. Written by Himself[M]. London: G. Kershaw & Son.
Dunning, B. 2015. *My Age of Anxiety: Fear, Hope, Dread, and the Search for Peace of Mind* by Scott Stossel, New York, NY: Alfred A Knopf, 2013. $27.95. ISBN 978-0-307-26987-4[J]. British Journal of Psychology, 106(1): 174-175.
Eakin, P. J. 2014. Fictions in Autobiography: Studies in the Art of Self-Invention[M]. Princeton: Princeton University Press.
Ellison, R. & Callahan, J. F. 1995. The Collected Essays of Ralph Ellison[M]. New York: Modern Library.
Evans, M. 1999. Missing Persons: The Impossibility of Auto/Biography[M]. London: Routledge.
Fishburn, K. 1997. The Problem of Embodiment in Early African American Narrative[M]. Westport: Greenwood Press.
Frye, N. 1957. The Anatomy of Criticism: Four Essays[M]. Princeton: Princeton University Press.

Garber, M. 2012. Vested Interests: Cross-dressing and Cultural Anxiety[M]. New York: Routledge.
Gates, Jr. H. L. 1994. Colored People: A Memoir[M]. New York: Knopf.
Giddings, P. 2006. When and Where I Enter: The Impact of Black Women on Race and Sex in America[M]. New York: Amistad.
Grillo, R. D. 2003. Cultural essentialism and cultural anxiety[J]. Anthropological Theory, 3(2): 157-173.
Horney, K. 2013. The Neurotic Personality of Our Time[M]. London: Routledge.
Horwitz, E. K. 2010. Foreign and second language anxiety[J]. Language Teaching, 43(2): 154-167.
Hurston, Z. N. 2005. Dust Tracks on a Road[M]. New York: Harper Perennial.
Jantz, G. L. & Wall, K. 2021. The Anxiety Reset: A Life-Changing Approach to Overcoming Fear, Stress, Worry, Panic Attacks, OCD and More[M]. Illinois: Tyndale House Publishers.
Jorden, C. L. 1993. A Bibliographical Guide to African-American Women Writers[M]. Westport: Greenwood Press.
Kaplan, J. 1996. A culture of biography[A]. In D. Salwak (Ed.), The Literary Biography: Problems and Solutions (pp. 76-81)[M]. Iowa City: University of Iowa Press.
Kendal, P. M. 1965. The Art of Biography[M]. London: Londres, George Allen.
LeDoux, J. 2015. Anxious: The Modern Mind in the Age of Anxiety[M]. London: Oneworld Publications.
Lee, H. 1997. Virginia Woolf[M]. London: Vintage.
Longaker, M. 2016. English Biography in the Eighteenth Century[M]. Philadelphia: University of Pennsylvania Press.
Lynch, M. F. 1996. A glimpse of the hidden God: Dialectical visions in Baldwin's *Go Tell It on the Mountain*[A]. In T. Harris (Ed.), New Essays on Go Tell It on the Mountain (pp. 29-58)[M]. Cambridge: Cambridge University Press.
Macpherson, H. S. 2007. Courting Failure: Women and the Law in Twentieth-Century Literature[M]. Akon: University of Akron Press.
Malcolm, X. 1987. The Autobiography of Malcolm X[M]. Washington: Turtleback Books.
Markman, A. B. & Gentner, D. 2000. Structure mapping in the comparison process[J]. The American Journal of Psychology, 113(4): 501-538.
Marks, H. S. 1968. *12 Years a Slave* by Solomon Northop, Sue Eahin[J]. Tennessee Historical Quarterly, 27(3): 292-293.
Maurois, A. 1962. Aspects of Biography[M]. Roberts, S. C. (Tran.). Cambridge: Cambridge University Press.
McLennan, R. 2013. American Autobiography[M]. Edinburgh: Edinburgh University Press.
Mentzer, R. A. 2007. Fasting, piety, and political anxiety among french reformed protestants[J]. Church History, 76: 330-362.

Moody, A. 1968. Coming of Age in Mississippi[M]. New York: Dial Press.
North, R. 2000. Notes of Me: The Autobiography of Roger North[M]. Toronto: University of Toronto Press.
Piersen, W. D. 1993. Black Legacy: America's Hidden Heritage[M]. Amherst: University of Massachusetts Press.
Riley, P. 2004. Character and Conversion in Autobiography: Augustine, Montaigne, Descartes, Rousseau, and Sartre[M]. Charlottesville: University of Virginia Press.
Schreiber, E. J. 2002. Subversive Voices: Eroticizing the Other in William Faulkner and Toni Morrison[M]. Knoxville: The University of Tennessee Press.
Shonkoff, J. P., Slopen, N., Williams, D. R. 2021. Early childhood adversity, toxic stress, and the impacts of racism on the foundations of health[J]. Annual Review of Public Health, 42: 115-134.
Sproul, R. C. 2009. The Consequences of Ideas: Understanding the Concepts that Shaped Our World[M]. Stanford: Crossway.
Stevenson, B. E. 2014. *12 Years a Slave*: Narrative, history, and film[J]. The Journal of African American History, 99(1/2): 106-118.
Sundquist, E. J. 1993. To Wake the Nations: Race in the Making of American Literature[M]. Cambridge: Harvard University Press.
Uban, A. 2014. Art as an ally to public history: *12 Years a Slave and Django Unchained*[J]. The Public Historian, 36(1): 81-86.
Vidler, A. 2000. Warped Space: Art, Architecture, and Anxiety in Modern Culture[M]. Cambridge: MIT.
Warren, K. W. 2012. What Was African American Literature?[M]. Cambridge: Harvard University Press.
Wordsworth, W. & Coleridge, S. T. 1991. Lyrical Ballads[M]. 2nd end. London: Routledge.
Wright, R. 1966. Black Boy[M]. New York: Harper & Row, Publishers, Inc.
Wright, R. 1996. Eight Men: Short Stories[M]. New York: Harper Perennial.
Xu, D. J. 2007. Race and Form: Towards a Contextualized Narratology of African American Autobiography[M]. New York: Peter Lang.

后　　记

　　笔者从 2002 年阅读第一本非裔美国作家的作品——托尼·莫里森的处女作《最蓝的眼睛》（*The Bluest Eye*，1970 年）开始，一发而不可收地读完了她的所有作品，并出版了由博士学位论文整理而成的专著《多元的梦想——"百衲被"审美与托尼·莫里森的艺术诉求》（2008 年）。经过十几年的阅读积累，笔者于 2017 年从近 60 万的读书笔记中精心梳理，出版了有关非裔美国文学的第二本专著《非裔美国作家自传研究》（2017 年）。2022 年出版的《文学之约：我的文学札记》中，也有数篇相关的文章。即将由河南大学出版社出版的专著《托尼·莫里森作品中"恶的书写"研究》，更是针对非裔美国作家的深度研究。

　　笔者才疏学浅，所发表的学术研究内容皆源自常年不间断的阅读和数倍的读书笔记，思想性不一定深刻，但笔者对非裔作家的阅读、研究兴趣却从未间断。眼前的这本《非裔美国作家自传中的存在性焦虑研究》，正是近五年来的阅读习得。

　　多年来，笔者教授非裔美国文学课程，阅读非裔美国作家的作品，关注非裔美国人的新闻，并每日浏览哈佛大学的合作导师 Henry Louis Gates 教授推送的有关非裔美国人的网络杂志《根》等。笔者始终关注着这一特殊人群的生存情态，建立起了对他们生存、生活多角度、多层次的认识和深刻理解。

　　阅读是一种灵魂的越狱和摆渡。随着阅读和思考的深入，从这一特殊群体的沉重的历史画廊和跌宕起伏的生命故事里，笔者体悟到了他们能够直面挫败和焦虑的坚韧和勇气，看到了他们活出有意义的人生和努力，当然也有其民族的劣根性。无论作家们采用何种冷静、热情、戏谑或伤感的调性，皆掩饰不住他们有趣的灵魂和语言天赋，他们的文笔智性而不华丽，机敏而不傲娇，令人每每陶醉其中，无法自拔。这无疑是自传的最大特质之一吧！不得不承认，这份阅读经历和体验实实在在地影响了笔者的日常生活和人生态度，改变了笔者对生命、对人性、对世界、对自我的觉知和认识。作为读者的我们活出了自己，也重新体验了他们的生命质素，有悲有欣，有苦有乐，有声有色，有滋有味，这或许也是生命的另一种维度。毕竟，生命只有一次，而生活却有万象。

尼采说过，人应该把自己的一生做成一件艺术品，把其中丑陋的东西删掉，或者通过某种组织，让它成为整体美的一部分。这也是笔者对待自传作品中某些虚构成分的态度。毕竟，我们知道，不管如何记录一个人的一生，生活的记录永远也无法等同于生活本身。不管怎样，我们从这些寻常而不普通的人生故事中，看到了美，看到了光，看到了价值和意义。

借此，笔者永远感谢这群熟悉的陌生人；也真诚希望本书的内容，尤其是这群对生命倾注热爱和雄心的传主们，能够给那些被焦虑、空寂、无意义和无目的感侵扰的人们，以鼓励，以慰藉，以方向。

由于笔者拙笨愚钝，本书难免有疏漏和认知偏颇，敬请读者批评指正。

2023 年 12 月 26 日